Library Science

Information Science

Archival Science

图书情报档案学术丛书

国家社科基金项目"社会治理视角下的档案制度变迁研究"（项目编号:14BTQ069）

社会治理视角下的
档案制度变迁研究

Research on Archives System Change from the Perspective
of Social Governance

陆阳 等 著

WUHAN UNIVERSITY PRESS
武汉大学出版社

图书在版编目（CIP）数据

社会治理视角下的档案制度变迁研究/陆阳等著.—武汉：武汉大学出版社,2022.10
图书情报档案学术丛书
ISBN 978-7-307-23230-3

Ⅰ.社…　Ⅱ.陆…　Ⅲ.文书档案—规章制度—研究—中国
Ⅳ.G279.29

中国版本图书馆 CIP 数据核字（2022）第 132821 号

责任编辑:詹　蜜　　责任校对:汪欣怡　　版式设计:马　佳

出版发行:武汉大学出版社　（430072　武昌　珞珈山）
（电子邮箱: cbs22@ whu.edu.cn　网址：www.wdp.com.cn）
印刷:武汉中远印务有限公司
开本:720×1000　1/16　印张:21.5　字数:309 千字　插页:2
版次:2022 年 10 月第 1 版　　2022 年 10 月第 1 次印刷
ISBN 978-7-307-23230-3　　定价:78.00 元

目　　录

1　绪　　论

1.1　研究缘起

社会治理与档案制度变迁的研究缘于政策、理论与实践三个方面的背景。首先，在政策环境方面，党的十八届三中全会明确提出了"社会治理"理念，在《中共中央关于全面深化改革若干重大问题的决定》中表述为："创新社会治理，必须着眼于维护最广大人民根本利益，最大限度增加和谐因素，增强社会发展活力，提高社会治理水平"。① 此处的"社会治理"指政府、社会组织以及公民等各类主体，通过平等的合作型伙伴关系，依法对社会事务和社会生活进行规范和管理，最终实现公共利益最大化的过程。习近平总书记还进一步指出了国家治理的系统性："国家治理体系是在党领导下管理国家的制度体系，包括经济、政治、文化、社会、生态文明和党的建设等各领域体制机制、法律法规安排，也就是一整套紧密相

1

----

① 中华人民共和国中央人民政府网. 中共中央关于全面深化改革若干重大问题的决定[EB/OL]. [2020-11-01]. http：//www.gov.cn/jrzg/2013-11/15/content_2528179.htm.

连、相互协调的国家制度"。① 作为国家制度组成部分的档案制度同样也包含在国家治理体系之中，在这一背景下，2014年2月，中共中央办公厅、国务院办公厅印发《关于加强和改进新形势下档案工作的意见》，提出了"建立健全覆盖人民群众的档案资源体系"和"建立健全方便人民群众的档案利用体系"的观点。② 反映出档案事业跟随社会发展趋势，积极回应新型社会治理方式要求的行动决心。当前档案事业的发展亟待适应社会治理的新型社会发展理念，在政府主导的前提下，提升各类档案形成与管理、服务主体的公共服务能力、发挥广大公民的主观能动性，以满足最广大人民的档案形成、管理与利用的需求。

其次，在理论方面发生了两个转向，第一个转向是从关注档案制度的管理规则表现转向探索档案制度的本质。传统研究倾向于将档案制度视为应用层面的管理规则进行讨论，因此研究成果多集中于围绕档案管理制度总体规则和各环节的具体规则本身展开。此类研究代表性的学术成果梳理了自商至清的档案管理制度历史沿革，以及古代专题档案制度，对于档案管理各个环节的规则本身进行了较为详尽的阐释。③ 近年来则有学者开始关注档案制度的本质属性，认为档案制度与政治制度、经济制度一样是具有明确功能指向的规则系统，如从社会控制的角度讨论了档案制度的本质。④ 但总体而言，对于作为社会制度安排中一环的档案制度本质的研究还相当薄弱。为此，亟待引入跨学科的相关理论工具，推进对档案制度本质的研究与认识，而社会科学领域的制度研究领域成果丰硕，颇

---

① 中华人民共和国中央人民政府网. 习近平：切实把思想统一到党的十八届三中全会精神上来[EB/OL]. [2020-12-03]. http：//www.gov.cn/ldhd/2013-12/31/content_2557965.htm.

② 中共中央办公厅、国务院办公厅印发《关于加强和改进新形势下档案工作的意见》[J]. 中国档案，2014(5)：12-14.

③ 赵彦昌. 中国档案管理制度研究[M]. 北京：人民出版社，2011：1-4.

④ 陆阳. 论社会控制视角下的档案制度[J]. 档案学通讯，2015(4)：9-13.

具理论参考价值。沿着制度研究的路径，可以探讨档案制度的构成要素为何，档案制度受到何种外部关键因素影响，档案制度的变迁逻辑如何，引发了怎样的档案制度变迁等富于理论深度的主题领域。第二个转向则表现为以国家为基础的档案事务关注领域转向以社会为基础的多元主体档案事务领域，"口述档案""公共档案馆""民生档案""社群档案""家庭档案""个人档案""档案与权力"等话题渐渐成为研究热点。这些研究热点的共性均传达出重视除政府组织之外的其他非政府组织、社会团体、公民的作用，并考虑这些群体的档案利益需求。

再次，在实践方面，档案的社会化利用与全民参与管理正在蓬勃发展。例如社群档案这一档案实践创新在各国崭露头角，许多国家开展了大量各类项目对特定的社群档案资源进行挖掘和保护，档案机构积极参与上述社群档案资源的建设。例如澳大利亚国家档案馆在"强制收养历史项目"中通过建设数字档案平台，让强制收养群体以叙述故事、提供照片和影像记录等方式自主参与强制收养历史档案的构建工作，借助社群自身的力量积累历史记录、再现社会记忆。① 美国北卡罗来纳大学南部历史档案馆发起的"社群主导的档案馆"项目，指导当地社群建立档案馆留存美国南部历史的实践，旨在赋予社群讲述自己的故事，留存自己的记忆，同时也表明了社群档案工作参与模式。② 在家庭档案的建设方面，我国档案机构的实践颇为引人关注。2002 年，沈阳市档案开始探索家庭建档工作，2004 年举办"沈阳市 10 万家庭档案珍藏展览"，10 万家庭的"家史"见证了 55 年来中国的历史巨变。③ 2007 年，沈阳通过了《家庭建档沈阳宣言》，提出档案管理部门要将家庭建档作为本职

① 谭必勇，陈珍．社群档案视域下公共档案资源体系的多元化建设路径——以澳大利亚国家档案馆"强制收养历史项目"为例[J]．档案学研究，2017(6)：117-124．

② 黄霄羽，陈可彦．论社群档案工作参与模式[J]．档案学通讯，2017(5)：89-94．

③ 饶邦安．10 万户家庭档案述说新中国 55 年辉煌[N]．中国档案报，2004-10-07．

工作之一，号召全社会对家庭建档活动的参与和支持，共同促进家庭建档工作的健康发展。① 此外，还有档案事务社会化的各类丰富多彩的实践，如美国国家档案馆的"公民档案工作者"项目和英国国家档案馆的"档案志愿者"项目②，我国深圳市档案馆提供面向普通市民，包括祖籍在深圳的香港平民的档案服务，并且将档案馆办成社会课堂，为学生提供社会教育。③ 上海市虹口区档案馆工作人员走访上海虹镇老街的拆迁居民，记录他们在虹镇老街生活的片段与感想，出版发行《别了，虹镇老街》一书，以普通百姓的视角记述这个曾经上海市最大棚户区的全貌与其中的人情世故。

上述政策、理论与实践背景都在表明档案界愈发重视政府之外的社会力量，档案思维重点正在由行政——精英转向社会——公众，国家与社会关系正在发生着的深刻变化，也在向档案事务领域辐射并带来深远影响。

1.2　研究意义

基于社会治理的档案制度变迁研究，不同于以往以单一的档案学视角看待档案现象与档案问题，而是将社科领域的制度理论、公共管理中的社会治理理论、经济学制度变迁理论融入档案学领域，其研究具有理论及实践的双重意义。

1.2.1　理论意义

首先，本研究适应国家治理模式发展的需要。西方理论界在

---

① 档案学研究《编辑部》."家庭建档与和谐社会建设高层论坛"在沈阳举行[J].档案学研究，2007(5)：7.

② 闫静.档案事业公众参与特点及新趋势探析——基于英国"档案志愿者"和美国"公民档案工作者"的思考[J].档案学研究，2014(3)：81-84.

③ 金洁慧.上海市公共档案馆管理研究[D].苏州：苏州大学，2006.

20世纪70年代便开始关注社会治理这一话题，我国于21世纪初也开始探讨国家与社会管理方式的转变。在此之后，社会治理理论在社会学、政治学、经济学等领域相继进行了讨论。在党的十八届三中全会中对社会治理创新方式的正式提出，推动越来越多的学科领域关注理论研究与社会治理的融合。档案学的研究与档案事业的发展是在国家方针政策的指导下有序发展的，因此，从社会治理的角度看待档案制度问题，无疑与国家当前的治理思想保持一致，与时俱进方能造就富有时代活力的档案事业和档案理论。

其次，开拓了档案制度研究的思维与角度。从以往国内外学者的研究情况来看，他们对于档案制度的研究大多集中于对档案管理制度的具体阐述，研究成果多集中于围绕档案管理制度总体规则和各环节的具体规则本身展开。而对于档案制度的实质虽有关注，但深度与广度均显不足。引入制度研究的分析视角，可以拓展对于档案制度质的研究认知，将档案制度置于社会系统中，作为社会系统的一个组成部分来探讨它在其间的地位与作用，揭示出其作为国家治理规则的一个组成部分所受到的来自国家治理模式的影响，深刻挖掘其与国家治理模式的相关关系，由档案制度所扮演的信息配置规则角色本源入手，引导研究从深层次解决档案制度从哪里来、往哪里去的问题。

再次，引入了经济学中的制度变迁理论。在档案制度变迁研究中运用制度变迁解释框架中由三大基石理论共同构成的综合分析框架，从国家作用、信息产权与意识形态等三个方面来分析档案制度变迁的动力因素，解决了档案制度变迁分析研究中静态描述过多，而动态分析鲜见的问题，使得对于档案制度变迁的动力机制分析更为立体与全面。

最后，对于档案制度变迁的方式也进行了深入的分析。制度变迁理论是政治学与制度经济学体系的共同关注领域，制度变迁方式又是制度变迁理论的核心部分。对档案制度变迁方式的分析可以体现档案制度变迁的方向、速度及突破口等路径选择，是对档案制度变迁规律进行深层次探讨的重要角度。将档案制度变迁的动力因素与变迁方式结合在一起，有利于更为全面地揭示档案制度变迁的

5

全貌。

1.2.2 实践意义

第一，为档案制度变革和创新提供实践指导。运用制度分析方法，通过历史分析和实证研究厘清档案制度演变的规则与规律，结合变迁动力因素与变迁方式的深入研究，更好地引导档案制度的设计，把握档案制度在社会治理背景下的变迁方向，在档案制度安排中设计出更好地符合其变迁规律和发展趋势的规则系统。

第二，有助于推动档案事业的长远发展。通过对档案制度与国家治理模式伴生关系，以及对档案制度的变迁动力因素与变迁方式的分析，更好地解释档案制度的变迁方向是朝向国家——社会过渡的总体方向，促进未来对于民生档案、社群档案、家庭档案、个人档案等多元档案类型及档案事务的包容性发展与多元主休协调共治的实践推动，进一步促进社会治理理念下档案权利的公共利益最大化，为档案事业开拓全新的局面。

第三，转变档案制度设计理念。通过深入分析社会治理方向对于档案制度设计的牵引性和向心力，改善档案行政部门的制度设计逻辑，从国家—社会—公民三位一体的视角出发进行制度安排。同时将国家主导的档案权利分配逻辑转换为档案权利的全民参与生产与全链条公平配置逻辑。

1.3 研究重点与难点

本书研究旨在全面梳理社会治理背景下档案制度变迁的发展全过程，力争运用跨学科的交叉解释框架勾勒和解释"全景式"档案制度变迁图景，从档案制度与社会治理模式之间的伴生关系，档案制度变迁的国家、信息产权与意识形态三大推动要素演进，档案制度变迁方式的强制—中间扩散—诱致方式的表现与转换路径，最终展示在社会治理方向的牵引下，档案制度变迁的逻辑与实现路径。

1.3.1 理论与方法的适用性分析

本书中所采用的社会治理模式类型框架、制度变迁三大动力要素框架以及制度变迁方式类型框架是来自社科领域、经济学领域、公共管理领域的理论工具，将这些复杂的理论工具运用于档案制度研究领域，是否能够切合本领域的实际情况，解释是否充分适当都是研究中不断探索和追寻的方向。

1.3.2 社会治理模式与档案制度变迁的历程及伴生关系分析

首先，社会治理模式划分的时间断限并无成熟可靠的可供借鉴的划分模型，为寻找合理的划分依据，需进行独立的划分和探索。其次，所涉及的中外档案制度组成部分的选取，以及代表性的时代、国家与制度的选择均是繁复的工作。再次，伴生关系的分析，即档案制度的呈现与社会治理模式之间到底存在怎样的关系，需要投入大量的研究精力进行探索与分析。

1.3.3 制度变迁三大动力因素框架运用于档案制度变迁分析

经济学制度变迁的国家、产权与意识形态这三大要素如何作用于档案制度的变迁过程，发生了怎么样的变化，这是档案领域从未综合运用过的分析框架，需要课题组进行独创性的研究。

1.3.4 制度变迁方式在档案制度变迁过程中的表现与迁移逻辑

制度变迁方式中的强制性变迁、中间扩散性变迁与诱致性变迁在档案制度变迁历程中的表现如何，分别表现出怎么样的特征，三

7

类变迁方式之间的转换关系又是什么，背后的迁移逻辑究竟为何。此类内容在档案学研究领域中也未曾出现过，需要课题组开创性地借鉴其他学科理论工具进行分析和探索。

1.4　核心概念界定

本课题包含多个贯穿整个课题研究、影响课题逻辑演进的核心概念，这些概念既有来自本学科，也有来自其他学科的，共同构成整个研究的基本概念体系。需要在展开研究前对其进行界定，以便读者理解本课题研究范围与场域内的基本概念，奠定本课题后续研究的概念基础。

1.4.1　社会治理

社会治理的提出可追溯至 20 世纪西方政府与市场的地位之争，自由资本主义时期西方国家政府充当"守夜人"给予企业自由经营与竞争的宽松环境，对市场的鲜少干预导致国家因社会的大量私利、不公现象出现大面积混乱；随后政府为解决社会混乱问题施行对市场的全面而强有力的监控，又使国家出现官员牟利、权力过盛的政府失灵现象。在治理理论领域具有突出贡献的几位学者分别对治理有不同的定义，其中有学者将治理定义为一系列由共同的目标支持的活动，是包括政府机制与非政府机制在内的、对有效政府管理进行补充的行为，[①] 该定义强调了社会组织对于政府职能无法管理或疏于管理的领域的弥补性作用。另有学者认为治理具有网络化特点，以自组织形式介入市场与政府的关系，并实现资源分配与协

---

① 俞可平. 当代西方主流学术名著译丛[M]. 南昌：江西人民出版社，2001：16.

调。① 还有学者指出治理是政府管理方式的新发展，既包含政府机构也包含非正式、非政府机构。并明确指出公共机构与私人机构在治理模式下两者界限会逐渐模糊，政府的权威性减少而更倾向于采用引导方式参与治理过程。② 我国学者俞可平提出治理是一种公共管理活动和公共管理过程，以必要的治理方式运用一定权力引导社会关系与公民行为来达到最大化的公共利益。他将"善治"理论与中国传统的善政善治概念相结合，形成中国化的有效的社会治理理论。③ 在他看来，"善治"是"使公共利益最大化的社会管理过程"，其本质特征，在于"它是政府与公民对公共生活的合作管理，是政治国家与市民社会的一种新颖关系，是两者的最佳状态"。④ 由此，他提出包括合法性、法治、透明性、责任性、回应性、有效性、参与、稳定、廉洁和公正在内的 10 个社会治理的基本要素。这一思想成为政治学、公共管理学等学术领域研究的风向标，对档案学界也有极好的借鉴意义。北京大学教授王浦劬则认为中国本土语境中的社会治理是在执政党领导下，由政府组织主导，吸纳社会组织等多方面治理主体参与，对社会公共事务进行的治理活动。⑤ 国内这两种代表性的定义是吸收国外理论经典精华，并立足于我国政治现实所建立的较为科学、可参考的定义基础。

受此启发，将"社会治理"一词的内涵进行更深入的剖析，可以认为，本书中所论述的"社会治理"，是指赋予国家、社会组织以及公民不同的权力及权限，依法对社会事务及社会生活进行规范和管理，以使公共利益最大化的社会管理过程。其本质特征在于它是国家、社会组织以及公民三方对公共生活的共同管理，强调在各

① 田凯，黄金. 国外治理理论研究：进程与争鸣［J］. 政治学研究，2015(6)：47-58.

② 翁士洪，顾丽梅. 治理理论：一种调试的新制度主义理论［J］. 南京社会科学，2013(6)：49-56.

③ 俞可平. 全球治理引论［J］. 马克思主义与现实，2002(1)：20-32.

④ 俞可平. 全球治理引论［J］. 马克思主义与现实，2002(1)：20-32.

⑤ 王浦劬. 国家治理、政府治理和社会治理的含义及其相互关系［J］. 国家行政学院学报，2014(3)：11-17.

自权力范围内三方之间的紧密协调与合作，其最终目的是获得政治国家、社会团体及公民社会的最佳状态，实现社会和谐。这种"社会治理"，是在法制基础上对传统社会单一的、垄断的治理模式的变革，主张治理主体的多元性、平等性、透明性、责任性以及有效性，从而建构一个协作化、网络化的治理体系。

1.4.2　制度及其构成

1.4.2.1　制度

　　制度的定义多样而复杂，而本课题则基于诺斯的制度定义进行讨论。他在《经济史上的结构与变迁》一书中提出："制度是为约束在谋求财富或本人效用最大化中个人行为而制定的一组规章、依循程序和伦理道德行为准则。"① 在《制度、制度变迁与经济绩效》一书中说"制度是一个社会的游戏规则，更规范地说，它们是为决定人们的相互关系而人为设定的一些制约。"② 从以上表述可归纳出诺斯认为制度就是约束和制约个体行动的准则和规则，准则和规则中包含了正式制度和非正式制度两种意涵。综上所述，制度无非是约束和规范个人行为的各种规则和约束。③ 而诺斯探讨的制度内涵更加符合这一综合定义。

　　与制度相关联的两个基本概念也在此一并说明：制度安排与制度结构。林毅夫认为："制度安排的定义是管束特定行动模型和关系的一套行为规则。"制度结构则是"社会中正式的和不正式的制度安排的总和"。④ 制度安排通常指具体制度，就是我们通常所说的

① 诺斯．经济史上的结构与变迁[M]．厉以平，译．北京：商务印书馆，1992：227.

② 诺斯．制度、制度变迁与经济绩效[M]．刘守英，译．上海：上海三联书店，1994：3.

③ 袁庆明．新制度经济学[M]．上海：复旦大学出版社，2012：210.

④ 科斯，阿尔钦，诺斯，等．财产权利和制度变迁——产权学派和新制度学派译文集[M]．刘守英，等译．上海：上海人民出版社，1994：377.

制度，档案制度就是一项具体的制度安排。制度结构则更为宏观，包括了正式制度和非正式制度。

1.4.2.2　制度的构成

诺斯认为制度由正式规则（Formal rules）、非正式约束（Informal constraints）和实施机制（Enforcement mechanisms）组成。① 正式制度主要是指有意识创造和实施的一系列法律、法规和各项规章等正式制度。非正式制度则是在人们长期交往中自发形成的，固化于人的记忆中，如伦理道德、风俗习惯、行为守则以及行为规范等。实施机制包括三个方面，一是为信赖制度而自觉遵守制度的一方人，二是一方对另一方的报复，三是包括制度制定方以及军队等的强制干预。诺斯以拉丁美洲和美国的经历为对比分析，认为美国在殖民地时期，便为经济和国家组织奠定了基本的制度基础，而拉丁美洲在殖民地时期缺少美国在殖民地时期就已经形成的非正式规则和实施机制，以致拉丁美洲抄袭美国宪法但并不适应拉美国家实际国情，结果照搬这种不适应国情的制度成为拉美国家社会动荡的根源。由此可见，正式制度的制定须与相应的非正式制度与实施机制相呼应，才能促进制度的实施和执行。

1.4.3　档案制度及其功能指向

所谓档案制度，"就是在一定历史条件下形成的与档案事务相关的体系安排及特定成员在档案相关事务中所共同遵守的行为规则。档案制度既包括档案机构及其业务的安排，又包括具体业务过程中需要遵守的规则，如归档制度、鉴定制度、利用制度等"。②

档案制度呈现为一系列规则，但我们不能把这一系列规则看成简单的客观条款，事实上，任何制度都有着深刻的自我意识与功能

---

① 诺斯. 不确定性世界的企业领导[J]. 李游游，郑兴，译. 经济学家，2006(4)：65-69.

② 陆阳. 权力的档案与档案的权力[J]. 档案学通讯，2008(5)：19-22.

导向。档案制度作为整个制度体系的附属部分，与政治制度，经济制度乃至文化制度一样都具备着更深层次的功能指向。档案制度作为一项专门领域的制度，从形式上来看，它负责协调和控制档案管理事务的全过程，提供和限制档案活动的可能范围，并且负责协调个人与组织在档案行为中的冲突。但是从本质上来讲，它与一切制度一样，都首先具备维护优势集团利益的作用。

当前的基本认识是档案制度从起源之初乃至整个古代社会侧重于表达社会控制功能，而发展到近现代则呈现走向社会治理功能指向的趋势。其功能指向并非一成不变，不同时期不同阶段的档案制度，显现不同的特征。

档案制度既不是全然的设计更不是全然的自然演化结果，而是受到既存制度提供的可能性基础下的自然演化结合有意设计，同时可能产生设计外结果的一种专业制度。虽然我们认同档案制度是自然演化与设计结合交织的结果，但其中制度设计部分更值得关注。因为任何制度的设计与安排都是有明确功能指向的，而档案制度的功能导向从根本上来讲是确定的，就是要使得优势集团取得基于档案信息占有的社会控制优势，所有自然演化的部分最终都将为这一根本功能性质服务。为此，优势集团的制度设计思路就是影响档案制度功能指向的核心所在，而社会控制走向社会治理的思路变革就是档案制度设计得以突破和创新的前提基础。

1.4.4　制度变迁

制度变迁可以被理解为一种效益更高的制度(即所谓"目标模式")对另一种制度(即所谓"起点模式")的替代过程。① 从这个定义中可以看出，制度变迁收益超过成本对促进制度变迁起着关键作用，也即制度变迁主体只有在预期收益大于预期成本的情况下，才会去推动制度变迁，这也是新制度经济学十分强调的理性"经济

① 苗壮. 制度变迁中的改革战略选择问题[J]. 经济研究，1992(10)：72-80.

人"的假设。制度变迁主体作为理性经济人，进行制度变迁的动力在于谋求最大的潜在利益，使得外部利益内在化。当谋求的新制度安排所能提供的收益小于或等于改变旧制度安排所付出成本的时候，制度变迁就会暂时停止，此时便达到了制度均衡。而当周围环境再次发生改变时，又会发生新的制度需求，制度变迁又将开启。于是制度变迁也可看作制度非均衡到均衡再到非均衡的循环往复发展过程。

制度变迁理论的主要内容是由老制度主义、新制度主义和马克思主义理论学派构成，以凡勃伦为代表的老制度主义学者认为制度是人们思想和习惯长期积累的产物，并通过关键因素"技术变迁"促成制度在累积因果的过程中实现变迁。① 新制度主义代表人物、制度变迁研究领域的伟大学者诺斯认为，制度中的变迁是制度创立、变更及随着时间变化而被打破的方式。② 他还于 1995 年在北京大学中国经济研究中心成立大会上进一步阐释制度在与组织的频繁交互情况下会进行转变，点明竞争环境下组织能通过产权安排、思想角色变化、技能学习等对制度进行修改。马克思认为制度变迁是指社会中制度的发展过程，他以生产力决定生产关系、经济基础决定上层建筑的论点将制度变迁的根本动力归因于生产力的发展，并通过所有制变迁、政治法律制度变迁和微观制度变迁进行层级传导。③

目前在已成型的制度变迁理论体系中，诺斯的制度变迁理论实现了对制度概念、变迁来源和动力、制度功能等多方面的理论性架构，吸收了老制度主义与马克思主义的可鉴之处，融合发展成一套对经济学甚至人类社会制度发展都颇具影响力的成熟理论，在政治学、社会学制度变迁研究中也具有相当大的参考意义，特别是唤起

---

① 黄鑫鼎. 制度变迁理论的回顾与展望[J]. 科学决策，2009(9)：86-94.

② 诺斯. 经济史中的结构与变迁[M]. 陈郁，罗华平，等译. 上海：上海人民出版社，1994：225.

③ 梁謇. 马克思与诺斯制度变迁理论的比较研究[J]. 北方论丛，2007(4)：141-144.

了早期政治制度学派从研究制度根源转向研究制度的持续变迁过程，打破了政治学一贯保守的形态描述弱点。诺斯更是首创国家、产权和意识形态三位一体的分析方法，确定了制度结构下的变迁动力演进体系，这成为社会科学中制度研究思维发生跨越式变化的首要因素。

1.4.5　制度变迁的三大动力要素

诺斯的制度变迁理论将很大一部分重心放在围绕制度变迁的动力研究上，并基于动力研究提出了三个影响制度变迁的变量，"对经济活动产生动力的产权、界定和实施产权的国家以及决定影响人们对客观存在变化的不同反应——意识形态"。①

1.4.5.1　国家理论

在国家理论的部分，诺斯结合了传统的掠夺论与契约论两派观点，经过批判吸收，创立了符合显示国家发展的"暴力潜能"②分配论。他认为国家兼具契约性与掠夺性，既寻求作为统治者的租金优势，又致力于保证全社会的产出与福利。

1.4.5.2　产权理论

在产权理论的部分，诺斯认为有效率的组织"需要在制度上做出安排和确立所有权以便造成一种刺激，将个人的经济努力变成私人收益率接近社会收益率的活动"③，以此指出明确产权的必要性。他将经济领域的产权解释为人与人之间的经济关系，且这种关系能体现在产权的排他性、内在化与激励性中。排他性意味着产权在竞

①　诺斯. 经济史中的结构与变迁[M]. 陈郁，罗华平，等译. 上海：上海人民出版社，1994：7.
②　诺斯. 经济史中的结构与变迁[M]. 陈郁，罗华平，等译. 上海：上海人民出版社，1994：14.
③　诺斯. 西方世界的兴起[M]. 厉以平，等译. 北京：华夏出版社，1999：5.

争社会中为保证更有效率的组织形式应得到界定；内部化意味着产权结构通过将私人收益在最大范围内接近社会收益而实现效率化提升，实现交易成本外部化；激励性意味着产权是"国家统治者的欲望与交换当事人努力降低交易费用的企图彼此合作"①的产物，降低交易费用、保证预期收益是合理产权结构的最终目标。

1.4.5.3 意识形态理论

在意识形态理论的部分，诺斯为了解决经济学中的"搭便车"问题对意识形态做出了系统的理论论述。他指出，"理解驱动人类做出制度构建的潜在力量"②非常重要，而这种意识形态是一种为减少人类社会相互作用的不确定性而加之在生活上的结构。诺斯在他的共享心智模型中认为能够降低交易成本的制度必须通过共有信念的驱动才能建立，该模型会受到社会交往与环境反馈的影响。

1.4.6 制度变迁方式及其分类

1.4.6.1 制度变迁方式

"制度变迁方式关联着制度变迁过程的诸多特征，理解变迁方式是理解制度均衡和变迁过程并对其进行动态分析的出发点。"③这一阐释说明制度变迁方式在制度变迁的过程中影响着制度变迁，进一步推论其对制度变迁的结果也会产生较大的影响。可见，制度变迁方式深刻影响着制度变迁的效率和制度变迁的最终效果。

杨瑞龙明确定义了制度变迁方式，"所谓制度变迁方式（改革方式）是指制度创新主体为实现一定的目标所采取的制度变迁形

① 诺斯.经济史中的结构与变迁[M].陈郁，罗华平，等译.上海：上海人民出版社，1994：17.
② 诺斯.理解经济变迁过程[M].钟正生，邢华，等译.北京：中国人民大学出版社，2008：12.
③ 杨立华.制度变迁方式的经典模型及其知识驱动性多维断移分析框架[J].江苏行政学院学报，2011(1)：74-81.

式、速度、突破口、时间路径等的总和"。① 根据充当第一行动集团的经济主体和特点的不同,可以把制度变迁分为由政府主导的"自上而下"的强制性制度变迁方式,和以个人和一群人自发进行的"自下而上"的诱致性制度变迁方式。同时,中国学者根据中国经济发展的实际状况,还提出了其他处于二者之间的制度变迁方式以及制度变迁方式的相互转换。

1.4.6.2　强制性、诱致性与中间扩散性制度变迁类型

强制性和诱致性制度变迁方式,是国内外学者关注度和认同度较高的两种方式。诱致性制度变迁方式可从拉坦-速水模型所提出的需求和供给的共同致力下形成的制度变迁解释中得到初步的理解,但其并没有赋予诱致性制度变迁方式以明确的定义。拉坦-速水模型认为引起需求的主要因素是技术、要素禀赋相对价格的变化,而供给的实现则依赖社会科学知识及法律、商业、社会服务和计划领域的进步,两者共同促进制度变迁。

林毅夫根据中国国情,进一步提出了强制性制度变迁方式,并连同诱致性变迁方式一起给出具体定义。"强制性制度变迁是指政府通过法律、命令等推动的变迁。诱致性制度变迁指的是现行制度安排的变更或替代,或者是新制度安排的创造,它由个人或一群(个)人在响应获利机会时自发倡导、组织和实行。"②林毅夫认为诱致性制度变迁方式可在正式制度和非正式制度中发挥作用,而强制性制度变迁方式则在正式制度中发挥明显的作用。

诱致性制度变迁是基于一致同意原则的制度变迁,意识形态较为统一,但其因面临外部性和搭便车的困难,导致制度变迁成本较高,因此在诱致性制度变迁发展的后期,需要政府对其承认并提供后续的拉动力,也即采取强制性变迁方式,这样才能保证制度变迁

---

① 杨瑞龙.论我国制度变迁方式与制度选择目标的冲突及其协调[J].经济研究,1994(5):40-49,10.

② 科斯,阿尔钦,诺斯.财产权利和制度变迁——产权学派和新制度学派译文集[M].刘守英,等译.上海:上海人民出版社,1994:374.

从个人扩散到整体社会，及制度变迁的速度和效果。强制性制度变迁能保证制度的供给，但由于政府的偏好和有界理性、意识形态刚性、社会科学知识等的局限性，会产生制度供给过剩和制度效率低下等问题。同时也需明白，纯粹的强制性和诱致性制度变迁存在的可能性较小，大多数情况是两者都有相互影响，并且发展过程中互为补充。

我国学者结合中国实践，在强制性和诱致性制度变迁方式之间，加入了"中间"的制度变迁方式，杨瑞龙将其称为中间扩散型、金祥荣和史晋川称为准需求诱致型。杨瑞龙认为存在制度变迁的三个阶段：供给主导型、中间扩散型和需求诱致型，主要是想突出地方政府的制度创新需求和能力，在制度创新中发挥承上启下的作用，主要任务是沟通上层的制度供给和微观的制度需求。① 金祥荣基于"温州模式"及浙江改革经验提出了"供给主导型、准需求诱致型和需求诱致型"三种制度变迁方式。在准需求诱致型的制度变迁中，让企业家等去充当第一行动集团的角色，从地方政府的目标函数和行为动机出发，默许是一种理性行为。② 这也是强调地方政府的作用，但主要是发挥默许和保护企业家的制度创新行为的作用。

1.5 研究的基本路径

1.5.1 理论选择

要探索社会治理视角下的档案制度变迁的全貌，首先要结合社会治理这一总体分析背景，将社会治理模式的变化与其映射在档案

17

① 杨瑞龙. 我国制度变迁方式转换的三阶段论——兼论地方政府的制度创新行为[J]. 经济研究，1998(1)：5-12.

② 金祥荣. 多种制度变迁方式并存和渐进转换的改革道路——"温州模式"及浙江改革经验[J]. 浙江大学学报(人文社会科学版)，2000(4)：138-145.

制度中的表现揭示出来，为此我们选择了"社会治理模式的理论分析框架"，将社会治理模式分为三种类型，一是以国家为主体，以权治为途径的统治型社会治理模式；二是以国家、社会组织为主体，以法治为途径的管理型社会治理模式；三是以国家、社会组织、公民为主体，以德治为途径的服务型社会治理模式，并在此框架下做出合理假设：即社会治理模式的不同导致档案制度的呈现不同。

其次，在解释不同社会治理模式下档案制度变迁过程的具体动力因素时，以诺斯的三大基石理论为基础，从国家、信息产权与意识形态三个角度研究了档案制度变迁的动力演进，对这三大动力因素进行了社会治理前后作用于档案制度的不同表现的分析。"社会治理视角下档案制度变迁动力因素转型的理论分析框架"构建了从国家控权到多元主体分权的治理框架，将前治理阶段与社会治理阶段的国家、信息产权与意识形态三大动力因素的转变对档案制度变迁的影响进行了深入分析。

再次，为了更深刻认识档案制度变迁的内在过程，把握和理解不同档案制度变迁方式所产生的不同的制度变迁速度和效率，以及新制度安排的合法性认同和执行效果。本课题进一步选择了"制度变迁方式"这一框架深入解释档案制度变迁的三种方式：强制性制度变迁方式、中间扩散性制度变迁方式、诱致式制度变迁方式，并对三种档案制度变迁方式与社会治理背景间的关系，即变迁方式的演进逻辑进行了深入探讨。

1.5.2　逻辑思路和内容框架

1.5.2.1　逻辑思路

首先是分析社会治理背景下档案制度变迁的历程，从而可以观察到随着社会治理方式的变化，从统治型治理模式到管理型治理模式，再到服务型治理模式，这三个社会治理模式与档案制度变迁之间的关系，社会治理模式对档案制度的表现及特征带来了何种影响；其次，讨论档案制度在朝向社会治理方向变迁过程中的具体动力要素，档案制度变迁的动力机制框架借鉴了经济学中诺斯分析制度变迁的三大动力：国家、产权、意识形态，并进一步将产权明确为信息产权，分析了这三大动力要素如何随着社会治理方式的变化而作用于档案制度本身；再次，讨论档案制度变迁方式是如何朝向社会治理方向进行调整，从强制变迁到中间扩散，再到诱致式变迁。不同类型的档案制度变迁方式存在历时性与共时性特征，并且随着社会治理方式的显现，档案制度变迁方式正在同步进化，显示出档案制度变迁方式的逻辑进路与社会治理要求的同向性质；最后，在充分解释了档案制度变迁与社会治理模式、动力因素转型与变迁方式演进之间的关系后，课题组提出了走向社会治理的档案制度的创新逻辑、实现基础与实现路径。

1.5.2.2　内容框架

第一部分，社会治理背景下档案制度变迁研究的相关理论研究综述。本章将梳理与社会治理、制度变迁研究、制度变迁动力要素、档案制度研究等多方面的国内外文献，为下文的分析奠定坚实的理论基础。

第二部分，档案制度的构成要素与起源本质。探讨社会治理背景下档案制度的变迁，首先要了解档案制度的构成要素及其本质，认清档案制度的构成要素及相互间的关系，建立与深化对档案制度本质的认识，对于明确其在宏观制度背景中的定位与可能的变迁方向有着重要的引导作用，为下文档案制度变迁的解释过程建立深刻的认识基础。

第三部分，社会治理背景下档案制度变迁的解释路径。该部分内容将从三个角度提供档案制度变迁的解释路径，首先是社会治理模式与档案制度变迁的关系；其次是制度变迁动力因素与档案制度变迁的关系；最后是制度变迁方式与档案制度变迁的关系。这三个角度都集合在社会治理的总体发展方向之下，三者共同构成社会治理视角下档案制度变迁的全景式解释框架，为下文逐一进行展开奠定了分析框架。

　　第四部分，档案制度变迁的历程及变迁规律分析。沿着统治型社会治理模式、管理型社会治理模式和服务型社会治理模式的时间线索，分析各阶段档案制度变迁的主要表现和制度沿革，具体将从档案制度的各个主要组成部分入手，并且寻找各阶段的标志性制度表现。总的变迁规律表现为档案制度与社会治理模式具有伴生关系，社会治理模式制约和规定着档案制度的价值取向与规则导向，将从不同治理模式下档案制度的呈现背景、表现形式与特点进行剖析，总结不同治理模式下的档案制度变迁规律。

　　第五部分，档案制度变迁的动力因素。将运用诺斯的制度变迁理论中三大基石构成的综合分析框架进行讨论。产权理论运用方面，将讨论档案制度变迁的本质是档案信息产权的再认识和再分配，分析了国家控权形势下呈现出档案信息产权配置的失衡问题，而在社会治理背景下档案信息产权将走向在国家与社会之间的均衡式全新配置模式；国家理论运用方面，将讨论国家在档案制度供给方面的主导作用和内在矛盾，分析了国家在控权形式下对档案制度的档案内容体系和档案规则体系进行制度约束，而在社会治理下形成优化档案信息资源层次的制度环境、形成立足于档案信息分配公平的制度目标和形成立足于维护公共利益的制度规范；意识形态理论运用方面，将讨论在国家控权形势下呈现出意识形态导向力单一问题、传播方式狭隘和整合力缺失的问题，而在社会治理背景下应当重视意识形态的文化激励作用，促进档案制度包容发展；协调意识形态的"刚性"和"柔性"特点，促进档案制度灵活发展；发挥意识形态的整合控制作用，促进档案制度统筹发展。

　　第六部分，档案制度变迁的方式及迁移逻辑。档案制度变迁表现为外部制度环境诱致性与政府主导的强制性变迁相结合的渐进式变迁，将从档案制度变迁中的强制性变迁、中间扩散性变迁和诱致性变迁三种变迁方式的出现背景、表现形式和特点进行分析，最后讨论不同类型的变迁方式与社会治理发展方向之间内在关联的迁移逻辑。

　　第七部分，走向社会治理的档案制度创新，这一部分将在充分解释了社会治理背景下档案制度变迁基础上提出档案制度的创新方向，包括社会治理理念对档案制度创新的影响，档案制度创新的方向，档案制度创新的实现基础，档案制度的创新逻辑与实现路径。

第八部分，总结与展望。对全书的研究结论进行了提炼，强调指出社会治理模式与档案制度变迁的伴生关系，制度变迁三要素在治理前后阶段对于档案制度变迁的不同推动作用，并对三种变迁方式运用于档案制度的表现与特点进行了简要概括。最后指出未来档案制度在社会治理理念与实践的深化过程中，最终将朝向档案权利全链条公平配置的终极愿景进发，从而实现档案事务领域的"善治"。

1.6　研究方法

本课题将综合运用文献分析、历史分析、制度分析、实证研究、路径分析、案例法等多种研究方法。(1)在档案制度社会控制功能分析部分，主要采用文献分析和历史分析法，通过对已有文献和历史资料的考察、综述，归纳和总结其社会控制功能的具体表现。(2)在档案制度变迁历程、规律及其驱动机制分析部分，主要采用制度分析方法以及历史分析方法，从时间维度研究档案制度与国家治理模式的伴生关系及机制。(3)在档案制度变迁方式及走向社会治理方向的部分，则采用案例法、路径分析以及实证研究，考察当前档案制度创新案例的创新要素，讨论档案制度变迁中对旧制度的路径依赖问题，提炼档案制度创新框架的理想模型。重点方法如下。

1. 解释性路径分析法

本课题研究方法取向基于解释性角度，希望通过运用不同的解释角度，将档案制度的变迁置于广阔的社会制度变迁背景中进行理解与观察，通过考察档案制度在走向社会治理的历程中所发生的变化，运用社会治理演变模式、制度变迁动力因素、制度变迁方式等三种不同的解释路径来揭示档案制度变迁的来龙去脉，从档案制度作为社会制度安排中重要一环的本质角度认知和理解档案制度与档

21

案现象。

2. 跨学科研究法

本书引入了社科领域的制度理论、公共管理理论中的社会治理理论、经济学的制度变迁动力因素，结合档案学的基础理论与方法，用跨学科的视角更加全面、深入地揭示作为社会制度组成部分的档案制度领域的现象与规律。

3. 文献分析法

通过国内外大量文献的回溯、分析，剖析国内外研究现状，厘清文章涉及的主要分析框架与概念、理论。

4. 制度要素分析法

文中多处采用了要素分析方法，将档案制度的构成要素及相互关系进行了剖析，运用制度经济学中的制度变迁动力要素工具对档案制度变迁的动力要素进行了详尽的分析。

5. 案例法

文中对制度变迁方式的研究和档案制度创新的内容中多处运用了案例分析的方法，其中附录部分将课题组对英国国家档案馆的"档案志愿者项目"进行了完整的案例分析，为课题的理论分析提供了实践落地的应用支撑。

2 研究基础：社会治理与档案制度变迁文献综述

　　有关社会治理的研究肇始于西方国家 20 世纪 70 年代，21 世纪初我国学者也对此主题多有关注，特别是在党的十八届三中全会后引发了"社会治理"研究热潮，研究成果丰硕。而有关于制度变迁的研究也是社科领域、经济学领域的传统关注热点，该领域的核心研究成果状况如何，以及档案制度研究本身的发展情况如何，这些内容都是后文研究中将要运用到的核心理论分析工具，为此，本章将梳理与社会治理、制度变迁研究、制度变迁动力要素、档案制度研究等多方面的文献，为后文的研究打下坚实基础。

2.1　社会治理的国内外研究

2.1.1　社会治理的国外研究

　　社会治理理念发端于西方国家，国外学者针对社会治理已经进行了诸多研究。有关社会治理的研究，从"治理"一词首次出现在世界银行一份名为《南撒哈拉非洲：从危机走向可持续增长》①的

---

① Ernstorfer A, Stockmayer A. Capacity Development for Good Governance [M]. Z. Nomos ve rlagsgesellschaft mbH & co. kg, 2009：11.

报告中后，引起了世界范围内对于治理理念的讨论。"治理"概念的提出是针对"统治"一词提出。

有关治理的定义，治理理论创始人之一罗西瑙认为治理是"一系列活动领域里的管理机制，它们虽未得到正式授权，却能有效发挥作用"①。治理理论的代表人物罗兹认为，治理"重新检验了政府经济管理以及边界日益模糊的公民、社会、国家、市场经济之间的关系，是一个协同各种经济行为主体行动的政治经济过程"②。施密特认为，治理是一种解决问题与冲突的方法或机制，在这一方法或机制中，各行动者借助相互协商与合作来达成政策的制定与执行。③ 斯托克在阐述治理理论时认为，治理指一套出自政府但又不限于政府的社会机构和行为者，在治理模式下解决问题体现出的责任转移，具体表现为公私界限的模糊。④ 全球治理委员会于1995年在《我们的全球之家》研究报告中指出，治理是各种公共或私人机构在管理共同事务时所采用的方式总和，是在调和各种社会冲突和利益矛盾时采取联合行动的持续性过程。⑤

就治理形态而言，罗兹归纳了治理的六种形态：作为最小国家的治理、作为公司的治理、作为新公共管理的治理、作为社会控制系统的治理和作为自组织网络的治理。⑥ 这为治理理论的具体内容之丰富打下基础。随后，赫斯特提出了治理理念的五分法，其一是善治，主张开创有利于私人经济行为的有效政治框架来建设发展中国家的国家能力；其二是国际制度领域的治理；还有公司治理、新

---

① 罗西瑙. 没有政府的治理［M］. 南昌：江西人民出版社，2001：5.

② Rhodes R. The new governance: governing without government［J］. Political Studies，1996，44(4)：652-667.

③ Schmitter P. Participation in Governance Political and Societal Implications，Opladen：Arrangements［M］. Grote，J. R. and Gbikpi，B. eds. Participatory Governance：Leske and Budrich，2002：52.

④ Stoker G. New localism，progressive politics and democracy［J］. Political Quarterly，2004，75(51)：117-129.

⑤ 张国庆. 公共行政学［M］. 北京：北京大学出版社，2007：596-597.

⑥ Rhodes R. The new governance: gverning without government?［J］. Political studies，1996，44(4)：652-667.

公共管理战略下的治理以及协调网络与合作关系的等级制合作主义治理等内容。①

就治理阶段而言,有学者将治理分为旧治理和新治理两个阶段。斯托克认为,传统意义上的"治理"与"统治"是同义词,旧治理与统治在本质上没有区别,于是为了把"治理"这一概念与以往的"统治"概念区分开来,他认为应该提倡的治理方式是新治理。斯托克认为新治理区别于旧治理体现出"去中心化""多中心治理主体""多层次多工具"等重要内容。②

就治理路径而言,现有的关于治理的研究主要有国家中心与社会中心两种不同路径。在以克莱恩、福山为代表的国家中心论者看来,统治所依赖的是自上而下的政府机构及其权力,但治理是政府通过伙伴关系,把社会中其他行动者吸纳到公共事务的管理中来。克莱恩提道:"治理是政府通过分权方式来运行一个多元行动者参与的网络。"③福山则表示:"治理是政府制定并实施规则的能力以及提供公共服务的能力。"④在以施密特为代表的社会中心论者看来,治理依靠社会各行动者的自主协商,政府应该与其他非政府部门一样,是一个普通的参与者,而不应该依靠权力来对这种公私关系进行主导。⑤

从治理模式来看,鉴于有关社会治理模式的内容将是本书重要的分析工具之一,特对该方向的研究进行重点梳理。

① Hirst P. Democracy and governance [A]//Pierre J., eds. debating governance, New York: Oxford University Press, 2000: 13-35.

② Stoker G. New localism, progressive politics and democracy[J]. Political Quarterly, 2004, 75(51): 117-129.

③ Klijn E, Steijn B, Edelenbos J. The impact of network management on outcomes in governance networks[J]. Public Administration, 2010, 88(4): 1063-1082.

④ Fukuyama F. What is Governance[J]. Governance, 2013, 26(3): 347-368.

⑤ Schmitter P. Participation in Governance Political and Societal Implications, Opladen: Arrangements[M]//Grote J R, Gbikpi B eds. Participatory Governance: Leske and Budrich, 2002: 53.

有关"社会治理模式"的探索始于 20 世纪 90 年代，是在治理理论失效后展开的。由此学者们形成了"元治理"（metagovernance）和"善治"（good government）的两大观点之争。英国著名学者鲍勃·杰索普于 1997 年提出了"元治理"的概念，他认为元治理是科层、网络、市场三者结合的治理方式，因此要"协调三种不同治理模式以确保它们中的最小限度的结合"。① 虽然元治理并不是要建立一个"至高无上、一切治理安排都要服从"的政府，而是要承担"设计机构制度，提出远景设想"的责任②，但是政府占主体地位的事实不置可否，它在"行使其元治理职权时提供了治理的基本规则，保证不同治理机制与规制的兼容性；它拥有具有相对垄断性质的组织智慧与信息资源"③，在"治理制度中的影响力、指挥力和控制力"不容小觑。④ 由于"元治理"在实践过程中导致政府权力的不断扩大，而"善治"使国家和社会处于最佳状态，是理想的社会治理模式，因此学者们将"善治"视为"真正有效的治理"。

"善治"具有通过法治来实现、进行有效的行政管理、实行职责和责任制、具有政治透明性这四个要素⑤，与欧盟提出的"善治是在一个坚持人权、民主、法治的政治和制度环境下，为达到公平和可持续发展而对人、自然、经济和财政资源进行的透明且负责任的管理。它要求在公共权力层面有明确的决策程序、透明且负责任的制度安排。在管理和分配资源过程中有法律的权威，并能加强能

① Jessop B. Capitalism and its future：remarks on regulation，government and governance[J]. Review of International Political Economy，1997，4(3)：561-581.

② 鲍勃·杰索普. 治理的兴起及其失败的风险：以经济发展为例的论述[J]. 漆芜，译. 国际社会科学杂志(中文版)，1999(1)：31-48.

③ 鲍勃·杰索普. 治理的兴起及其失败的风险：以经济发展为例的论述[J]. 漆芜，译. 国际社会科学杂志(中文版)，1999(1)：31-48.

④ Whitehead M. In the shadow of hierarchy：meta-governance，policy reform and urban regeneration in the West Midlands[J]. Area，2003(1)：6-14.

⑤ 玛丽·克劳德·斯莫茨. 治理在国际关系中的正确运用[J]. 肖孝毛，译. 国际社会科学杂志(中文版)，1999(1)：81-89.

力建设来制定并采取措施，以防止和抗击腐败"①相一致。此外，哈斯·曼德、穆罕默德·阿斯夫从善治的本质特征、管理机制出发，认为"善治是政府与公民对公共生活的合作管理，是国家与公民社会的一种新颖关系，是两者的最佳状态。其管理机制所依靠的不再是政府的权威，而是合作网络的权威。其权利向度是多元的、相互的，而不是单一的和自上而下的"。②

以上学者的观点透露出治理理论的一些重要倾向：一是肯定了未正式授权规则的功用。二是认识到治理过程中政治权力重新分配的必要性，政府需要放弃权威垄断地位，强化公民社会的力量。三是政府需要在多方协作的条件下促进政策完善，包括法治和行政规则的完善。学者们虽在某些观点上略有分歧，但具有共识的是治理进程是由国家控权向权力让渡变化。

2.1.2 社会治理的国内研究

国内学者围绕西方引入的"社会治理"理论，主要进行了梳理和拓展结合工作。代表人物俞可平提出人类政治过程的重心正在从统治走向治理，从善政走向善治，从政府的统治走向没有政府的治理，从民族国家的政府统治走向全球治理。他分析了罗西瑙、罗兹的基本观点，并针对"治理"与"统治"的区别与"善治"的要素进行了阐述。③ 他将治理理论中的"善治"理论与中国传统的善政、善治概念相互结合，形成中国化的社会治理理论。在他看来，这种社会治理是"使公共利益最大化的社会管理过程"，其本质特征在于"它是政府与公民对公共生活的合作管理，是政治国家与市民社会的一种新颖关系，是两者的最佳状态。"④我国学者受此影响，对社

① 杨春福. 善治视野下的社会管理创新[J]. 法学，2011(10)：46-49.
② 曼德，阿斯夫. 善治：以民众为中心的治理[M]. 国际行动援助中国办公室，译. 北京：知识产权出版社，2007：39-40.
③ 俞可平. 全球治理引论[J]. 马克思主义与现实，2002(1)：20-32.
④ 俞可平. 全球治理引论[J]. 马克思主义与现实，2002(1)：20-32.

会治理的内涵也展开了多样化的研究。翁士洪、顾丽梅在对治理理论代表人物的观点和治理的核心内容进行总结之外，还探讨了治理理论的哲学基础，提出了社会治理的本体论、认识论和方法论。①

在拓展方面，则涉及了多方面内容。围绕社会治理模式、社会治理模式发展演变以及社会治理模式创新展开探索。该领域的研究主要基于张康之提出的理论分析框架，他在《公共管理伦理学》一书中提出了"社会治理模式的理论分析框架"，将社会治理模式分为统治型、管理型、服务型②，这种观点目前占据主流地位。而黄显中认为这种分类"未深刻洞察出同一类治理结构中不同历史阶段治理方式的差异"，他将社会治理模式分为"统治型、授权型、管理型、共治型"③，李怀将社会治理模式分为"压力型、权威型、激励型、制度型"。④

治理背景下的治理方法方面。乔耀章提出国家治理重在推进，政府治理重在增效，社会治理重在创新的解读思路，认为社会治理要坚持"共同兼有区别"的原则，坚持系统治理、综合治理、源头治理，做到同中求异。⑤ 张康之则在其文章中分析了多元治理下政府作用的转变，指出由政府单一主导的治理模式已经发生变化，社会治理中的行动者应该是一个由政府、非政府组织和其他社会自治力量构成的行动者系统。以往"被组织"的非政府组织逐渐自组织化，政府也应当同这些组织协力制定社会治理体系，由政府本位向承认他在性发展。⑥

---

① 翁士洪，顾丽梅．治理理论：一种调适的新制度主义理论[J]．南京社会科学，2013(7)：49-56.

② 张康之．公共管理伦理学[M]．北京：中国人民大学出版社，2007：87.

③ 黄显中，何音．公共治理结构：变迁方向与动力——社会治理结构的历史路向探析[J]．太平洋学报，2010(9)：10-19.

④ 李怀．从经济人到制度人——基于人类行为与社会治理模式多样性的思考[J]．学术界，2015(1)：11-30.

⑤ 乔耀章．论社会治理原理与原则[J]．阅江学刊，2013(12)：12-14.

⑥ 张康之．论主体多元化条件下的社会治理[J]．中国人民大学学报，2014(2)：3-5.

关于社会治理的核心和特点。周晓丽等总结了西方社会治理的机制，指出社会治理的核心理念是社会治理的多元参与性、社会治理方式的民主性、社会治理中各方的合作性以及社会治理方式的制度化。① 李汉卿则从协同学的角度论述了协同治理的基本特征，包括治理主体的多元化、社会各子系统的协同性、组织自主性与组织间的协同关系和制定共同规则。②

还有学者从"社会治理主体""社会治理途径"两方面展开探索，其中对"社会治理模式创新"的研究较多。学者们认为"社会治理主体"实现了从单一向多元的转化，任中平、邓超认为："人类社会至今已经有过三种基本形式，即自治—官治—共治。政府作为唯一主体的社会治理模式，已经陷入了明显的治理困境，因而迫切需要实现社会治理的模式转换，由政府治理走向政府、社会组织和公民共同治理"。③ 陈启迪认为"政府不再是唯一的权力中心，公民社会以及私营部门只要得到公众的认可，也可以成为不同层面的权威主体"④，但他强调了政府在社会治理中依然占据主体地位。贺艺、高晓、徐祖荣研究了社会治理主体中的非政府组织参与社会治理的必要性、现实困境和路径选择。由此可见，"强国家、弱社会、无个人"的关系局面终将被打破。在"社会治理途径"方面，张康之认为："统治型社会治理模式选择德治，虽然名为德治，但实际上则是权治；管理型社会治理模式选择法治，它是民主框架下的精英治理；服务型社会治理模式把法治与德治结合，是由多元治理主体参

---

① 周晓丽，党秀云. 西方国家的社会治理：机制、理念及其启示[J]. 南京社会科学，2013(10)：75-80.

② 李汉卿. 协同治理理论探析[J]. 理论月刊，2014(1)：138-142.

③ 任中平，邓超. 实现社会治理模式转换的现实路径[J]. 长白学刊，2014(7)：107-113.

④ 陈启迪. 公民社会成长与社会治理模式变迁——从"管理"到"治理"[J]. 天水行政学院学报，2008(5)：64-66.

与的合作治理"①，"合作与服务成为新的社会治理的基本形式和内容"。② 郑家昊也赞同这种观点，认为这种新的社会治理形式就是公共管理，在治理性质上表现为"德治"，要通过伦理精神的启蒙，建构起适应后工业社会的德制，实现德治。③ 程倩进一步提出了公共管理是以信任-合作机制的生成为基本特征，并且具有服务-信任-合作三位一体的关系图式。④

由此可见，国内学者对社会治理的内容进行了梳理，并结合我国具体实际进行了分析，研究中心主要围绕治理模式类型、多元化主体共同治理、协同合作等方面展开。从目前的学术成果来看，学者们对社会治理理论应该中国化的呼声多，怎样中国化的建议少；对社会治理方式的宏观论述多，具体分析少；对社会治理的理论研究多，实践调研少。但无论是国外研究还是国内研究，都清晰地划出了在治理中从国家控权到多元主体分权的发展线路。这一总体发展趋势启发着我们对于社会治理方向下的档案制度的变迁总体方向的认识，决定了对档案制度变迁研究的关键切入点。

2.2　制度变迁动力因素的国内外研究

2.2.1　制度变迁动力因素的国外研究

在经济学领域，国外古典经济学派认为经济发展过程受到文化、历史因素塑造的社会框架的影响，反驳了早期康德、黑格尔为代表提出的"经济学可以简化或还原为一系列普世法则"之经济制度的固化性方法论。老制度经济学派的领头人凡勃伦、康芒斯等也

　① 张康之. 论社会治理模式中的德治及其制度安排[J]. 云南行政学院学报，2002(5)：15-20.

　② 张康之. 论伦理精神[M]. 南京：江苏人民出版社，2010：102.

　③ 郑家昊. 怀着启蒙的情愫面对后工业化进程中的社会治理变革——读《论伦理精神》[J]. 探索，2011(2)：73-79.

　④ 程倩. 公共管理：治理模式及其构建[J]. 学海，2008(4)：78-83.

注重强调变迁的重要性，特别是凡勃伦指出应重视技术变迁的作用，甚至将制度界定为"常人共有的、固定的习惯性思维方式"，明确了制度变迁受到人们惯性思维的影响。① 经济学家阿里斯认为，技术动力因素是制度变迁的决定因素，并且指出制度变迁中的两种行为模式，一种是技术特征行为(或者说影响生产的技术行为)，另一种是仪式特征行为(也可以称为强化地位与权威的仪式行为)，前者是动态的，不断进步的；后者是静态的，保守的。从他的思想中能总结出：制度变迁的过程始终受到两种力量的博弈，其一是动态的技术进步的牵引动力，其二是静态的传统观念、习俗、意识形态的反牵引阻力。②

丹尼尔·W. 布罗姆利教授对制度变迁的动因采取了利益偏好的观点，认为："为对新的条件做出反应，社会成员就会尽力修正制度安排(或者是惯例或者是所有权)，以至于使它们与新的稀缺性、新的技术性机会、收入或财富的新的再分配和新的爱好与偏好保持一致。"在布罗姆利看来，使人们对于利益的偏好引起了对制度交易的偏好，进而引起了制度变迁，他显然也意识到人类思想、观念对于制度变迁的动力作用。③

经济学家诺斯提出了制度变迁的三大基石——某个体制中激励个人和集团的产权理论、界定实施产权的国家理论、影响人们对客观存在变化的不同反应的意识形态理论。这三大基石概括性且创造性地总结了产权、国家与意识形态对于经济制度变迁的重要性。他指出，明确界定的产权是经济增长的根本原因，合理的产权结构能够优化市场效率、推动技术进步；国家的存在对经济发展的作用具有双面性，并通过对产权结构的分配而显现，既存在作为阶级形态的掠夺性、又存在作为契约形态的服务性；意识形态作为国家理论

① Scott R W. Institutions and Organizations：Ideas and Interests（Third edition）[M]. Sage Publications，Inc. 1995：7.

② Ayres C E. The Theory of Economic Progress[M]. University of North Carolina Press，1944：176.

③ 布罗姆利. 经济利益与经济制度——公共政策的理论基础[M]. 上海：上海三联书店，1996：131.

和产权理论的"催化剂"和"辅助器"能够减少产权和国家理论实施的成本，并且在产权和规则受到侵犯的风险下产生行为约束的作用。①

德隆·阿西莫格鲁侧重于强调政治权力的分配对经济制度的变迁起着决定作用，明确了国家的权力作用对于制度变迁的动力影响。青木昌彦强调信念的坚定与动摇决定了制度的形成、稳定和变迁，他认为博弈中各个参与主体所形成的共有信念促使均衡的产生和制度的形成。② 这一点与诺斯的意识形态理论不谋而合。

在社会学领域，赫伯特·斯宾塞和威廉·G. 萨姆认为制度是"自己渐渐成长起来的"——即是通过人们长期的、自然的、本能的努力而慢慢地演化和生成的。③

托马斯·库利认为个人与制度之间以及自我与社会结构之间，存在相互依赖的关系，个体始终既是制度的原因，又是制度的结果，与个人行为与思维具有很大关系。④

美国社会学家帕森斯强调"价值观对于行动情景的控制"，强调制度概念中文化模式的重要性。法国学者布迪厄认为应研究阶级利益群体在符号性争斗——即某些集团为了能够把他们的知识框架和社会实在概念强加于他人之上的权力而进行的争斗来探索制度过程。⑤

综合上述研究发现，经济维度内的制度变迁动力因素的讨论主要围绕着权力分配、思维习惯等展开，各学者观点不一但仍有很大

---

① 诺斯. 制度、制度变迁与经济绩效［M］. 上海：上海三联书店，1994：120-150.

② Aoki M. Toward a Comparative Institutional Analysis［M］. Cambridge，MA：MIT Press，2001：1-31.

③ Scott R W. Institutions and Organizations：Ideas and Interests（third edition）［M］. Sage Publications，Inc. 1995：13.

④ Scott R W. Institutions and Organizations：Ideas and Interests（third edition）［M］. Sage Publications，Inc. 1995：13.

⑤ Scott R W. Institutions and Organizations：Ideas and Interests（third edition）［M］. Sage Publications，Inc. 1995：19.

重合，再由诺斯规范成具有系统且更深化的三大基石理论体系，并得到很多学者的进一步研究和发展。社会学领域对于制度变迁的重点集中在人类思维、情感的推动角度，也就是诺斯所说的意识形态理论角度。因此，以诺斯的三大基石理论作为动力因素来探究制度变迁的动力演进是相对比较合适的方法，为此在介绍国内制度变迁动力因素研究后将专门对国内外关于诺斯的国家、产权和意识形态三个动力要素的研究进行进一步综述。

2.2.2　制度变迁动力因素的国内研究

我国有关制度变迁动力因素的讨论主要围绕诺斯与马克思的动力思想对比以及各学科、各领域的具体发展动力展开，系统性论述制度变迁的较少，代表性的观点如下。

就制度变迁的内生因素而言，李汉林等将制度看作在意识形态及其价值观念基础上确立起来的、得到认可和强制执行的并内化为相应的社会角色的某些相对稳定的行为规范和取向。[①] 孙圣民则认为对于中国来说，文化、意识形态等非正式制度安排对社会的影响极为深刻，指出意识形态对于社会制度建立的巨大影响。他批判新古典的理性经济人假设存在缺陷，必须注意文化、伦理、社会性对经济人及其行为的影响，肯定了诺斯演化经济学用"文化人"的有限理性概念替代"经济人"完全理性的主张。[②]

就制度变迁的外在推动因素而言，杨瑞龙在解释我国制度变迁的三阶段论时提到"自上而下型"变迁主要受到国家权力中心的主导进行规划和组织，"自下而上型"变迁受到利益独立化的微观主体的制度需求推动，"中间扩散型"制度变迁受到权力中心与微观利益主体两方面的作用，达到在微观主体与权力中心之间最大化利

---

① 李汉林，渠敬东，夏传玲，陈华珊. 组织和制度变迁的社会过程——一种拟议的综合分析[J]. 中国社会科学，2005(1)：94-108+207.

② 孙圣民. 制度变迁理论的比较与综合：新制度经济学与马克思主义经济学的视角[J]. 中南财经政法大学学报，2006(3)：30-34.

益的平衡点。① 刘玉照等指出制度由产生"形式绩效"到"实际绩效"的过程是上级命令而下级进行"选择性学习"的反复实践过程，认为上级的政策性引导仍有存在的必要，这种"形式主义"变迁有重要的教育作用，能改变大部分社会成员的认知结构，起到了教育、唤起和操练的作用。② 徐传谌总结了国外学者的研究成果，总结了制度变迁不同的动力机制，包括经济增长推动说、技术决定论、制度自我循环累积说、技术与制度双线互动论、预期利益偏好说、利益集团论六种。他指出生产力的发展是社会制度变迁的根本动因，人们的需要和利益是制度变迁的思想动机，而利益的冲突与矛盾是制度变迁主体动力产生的直接原因。因此，在利益追求的刺激和利益冲突的作用下，人们出于对旧制度的不满和对新制度的期望，形成制度调整变迁的思想动机和主体动力。③ 综上所述，我国学者擅长采用深挖掘、重对比、偏总结的研究思路，对我国制度变迁的理论基础做出一定的贡献，分析了制度变迁动力机制，也意识到了政府权力与意识形态范畴作为动力因素对制度变迁的影响。较为突出的研究成果是杨瑞龙对于制度变迁的阶段划分，从中探究出制度动力演进中主体参与程度的变化，为我国制度的具体改革提供个方向。但从总体来说，对于制度变迁的动力因素分析还不够深入，也缺乏创新思维。

2.2.3　制度变迁三大动力因素的国内外研究

2.2.3.1　国家因素的国内外研究

　　国外对于国家理论的探讨主要围绕以下两方面。有关国家的性

---

　　① 杨瑞龙. 我国制度变迁方式转换的三阶段论——兼论地方政府的制度创新行为[J]. 经济研究，1998(1)：5-12.
　　② 刘玉照，田青. 新制度是如何落实的？——作为制度变迁新机制的"通变"[J]. 社会学研究，2009(4)：133-156，245.
　　③ 徐传谌. 制度变迁内部动力机制分析[J]. 税务与经济，2006(11)：15-18.

质研究，传统理论角度将国家视为掠夺性和契约性两个角度。以霍布斯为代表的契约论认为人们通过理性决定，"把大家所有的权力和力量托付给某一个人或一个能通过多数的意见把大家的意见化为一个意志的多人组成的集体"①，指出国家是公民契约达成的结果，并且要为公民服务。洛克认为，人们通过彼此之间订立契约的形式联合起来建立了公共权力国家，"以避免并补救自然状态的种种不方便"。② 掠夺论认为国家是某一集团或者阶级的代理者，国家是代表阶级或集团的利益向其他阶级或集团的成员剥削收入。正如施密特主张政治是一种"敌友"关系，国家被视为仅仅涉及暴力斗争和战争的组织。③ 近代制度经济学代表人物之一的康芒斯提出类似的观点，认为国家是接管物质制裁权力的组织。④ 但是学者们注意到，契约论可以解释为什么国家提供一个经济地使用资源的框架，但未说明不同利益成员其后的最大化行为；而掠夺论忽略了契约最初签订的得利，而着眼于掌握国家控制权的人从其选民中榨取租金。在这样的矛盾下，以诺斯为代表的新经济学派提出了"暴力潜能"——认为国家具有契约和掠夺的双重属性，若暴力潜能在公民之间进行平等分配，便产生契约性国家；若这样的分配是不平等的，便产生了掠夺性（或剥削性）国家，由此出现统治者和被统治者。⑤

有关国家的作用方面，柯武刚认为国家具有保护性职能、生产

① 霍布斯. 利维坦[M]. 黎思复，黎廷弼，译. 北京：商务印书馆，1985：27.

② 洛克. 政府论[M]. 叶启芳，瞿菊农，译. 北京：商务印书馆，1986：87.

③ 施密特. 政治的概念[M]. 刘宗坤，译. 上海：上海人民出版社，2004：25.

④ 卢瑟福. 经济学中的制度——老制度主义和新制度主义[M]. 陈建波，郁仲莉，译. 北京：中国社会科学出版社，1999：122.

⑤ 诺斯. 经济史中的结构与变迁[M]. 陈郁，罗华平，等译. 上海：上海人民出版社，1994：21-22.

性职能和制度供给、产权界定和降低交易费用增加社会产出职能。①
巴泽尔认为国家的作用在于实施合约、保护资产、界定产权。②

　　国内学者对于国家的探讨围绕以下方面进行。从国家分析模型
上看，朱巧玲等以掠夺之手、无为之手、扶持之手概括了国家通过
强制力实现自身利益、尽可能减少政府限制以及政府通过制度设计
完善市场三种经济学角度的国家思维。③ 吴凡以"国家的委托-代理
模型"将委托人视为是全社会人民，他们是国家的所有者，而政府
则是模型中的代理人，分析了社会主义国家的经济制度，指出社会
主义国家是超越了阶级利益的新型国家形式，是一种同社会公众利
益相统一、能够真正代表广大人民利益的新型公共权力，但他依旧
指出了此制度下制度意愿供给与实际供给之间的矛盾。④

　　从国家政治体系方面，除去一般从经济学角度分析国家，一些
学者提出了新看法。周长友讨论了几个典型的视角，包括文化主义
视角——关注国家的团聚能力和塑造社会的能力；系统主导的结构
主义视角——针对东亚发展型国家之国家自主性的解读；历史制度
主义——无论是文化、结构和还是个人选择均离不开特定的制度环
境而存在。⑤ 陈洪涛等提出国家制度结构的新参考模型，分别是社
会社团主义、国家社团主义、自由主义和国家所有，以期形成以强
力政府、嵌入社团的具有较大执行力和和谐性的制度设计。⑥ 刘祖
云等学者根据"政府-产业-大学"模型提出了全新的"政治发动-媒体

---

　　① 柯武刚. 制度经济学——社会秩序与公共政策[M]. 史漫飞，韩朝华，
译. 北京：商务印书馆，2000：54.

　　② 巴泽尔. 国家理论：经济权利、法律权利与国家范围[M]. 上海：上
海财经大学出版社，2006：219.

　　③ 朱巧玲，卢现祥. 新制度经济学国家理论的构建：核心问题与框架
[J]. 经济评论，2006(5)：85-91.

　　④ 吴凡. 对西方国家制度供给理论的反思[J]. 四川行政学院学报，
2005(6)：82-84.

　　⑤ 周长友. 西方国家理论研究述评[J]. 重庆理工大学学报(社会科
学)，2013(8)：93-97.

　　⑥ 陈洪涛，陈劲，施放，郑胜华. 新兴产业发展中的政府作用机制研
究——基于国家政治制度结构的理论分析模型[J]. 科研管理，2009(5)：1-8.

关注-学界联动"的国家理论模式。①

　　档案学领域对于国家的探讨一般是围绕档案与权力的关系。认为权力对档案的建构体现为档案观念和档案实体两种，档案观念涉及公众对档案工作者公正性与档案工作者处理档案行为的矛盾，档案实体涉及档案制度对档案形成与管理过程的控制与影响。② 还讨论了国家权力在制定档案制度时对档案的影响；公共权力在影响档案形成、衡量档案价值方面的作用；个人权力在档案形成、管理与利用的主观作用。③ 谢文群认为国家通过对档案实体、档案制度和教育三个角度实现操纵与控制行为。④

　　可以发现，国内外学者对于国家的研究可以归纳为以下思路：其一，关注国家的制度供给功能。其二，关注国家的支撑性功能与垄断性操纵之间的矛盾。其三，探究公共权力国家的可能性，并考虑公民、团体等的介入。

2.2.3.2　产权因素的国内外研究

　　最具代表性的产权概念为阿尔钦提出："产权是一个社会所强制实施的选择一种经济品的适用的权利。私有产权是对必然发生的不相容的使用权进行选择的权利分配。"⑤国外学者对于产权的研究一般集中于以下几点。

　　从国外的研究成果看，就产权的起源而言，诺斯认为产权是体现人与人之间社会关系的一种权利，由于土地等资源是稀缺的，各

　　① 刘祖云，严燕."三螺旋"国家理论创新模式的一个解释框架——以"包容性增长"与"包容性发展"为例［J］. 南京农业大学学报（社会科学版），2012（4）：7-16.

　　② 陆阳. 论权力对档案的建构［J］. 浙江档案，2009（12）：26-28.

　　③ 陆阳. 权力的档案与档案的权力［J］. 档案学通讯，2008（5）：19-22.

　　④ 谢文群. 论档案对国家权力建构的三种形式［J］. 档案学通讯，2014（3）：19-22.

　　⑤ 科斯，阿尔钦，诺斯. 财产权利和制度变迁——产权学派和新制度学派译文集［M］. 刘守英，等译. 上海：上海人民出版社，1994：167.

种形式的产权起源均以稀缺为前提条件。① 而巴泽尔指出，"要保持有效率的经济组织，需要在制度上做出安排和确立产权，以便造成一种刺激，将个人的经济努力变成私人收益率等于社会收益率的活动。"②产权的起源实际上解决了产权主体之间对经济资源权利的界定、维护和行使的问题，提高了经济资源配置的效率，降低了产权主体之间的交易成本。

就产权的作用而言，德姆塞茨认为，"产权是一种社会工具，其重要性就在于事实上它们能帮助一个人形成他与其他人进行交易时的合理预期。这些预期通过社会的法律、习俗和道德得到表达一个所有者期望共同体能阻止其他人对他的行动的干扰，假定在他的权利的界定中这些行动是不受禁止的"③。科斯、诺斯认为安排和调整产权关系和产权制度，可以实现资源的合理配置。④

就产权的界定而言，西方学者们普遍关注产权对于资源的运用和配置问题。虽然产权通过囊括所有权、使用权、收益权、转让权等形成产权结构，但产权制度中的权能结构可以合一，也可以分离。换言之，就算没有所有权的前提下，也可以经过所有者允许对资源进行有关运用使用权、收益权的活动。⑤

基于学科的相关性，有必要从信息产权的角度探究学术界的成果，有关国外的研究成果主要从以下几点对信息产权进行讨论。

关于信息产权的提法，最早的提法由澳大利亚学者彭德尔顿教授在 1984 年提出，定义为作为专利对象时的技术性信息，商标是

① 诺斯. 西方世界的兴起[M]. 厉以平，等译. 北京：华夏出版社，1999：39.

② 巴泽尔. 产权的经济分析[M]. 费方域，段毅才，等译. 上海：上海三联书店，1997：56.

③ 科斯，阿尔钦，诺斯. 财产权利和制度变迁——产权学派和新制度学派译文集[M]. 刘守英，等译. 上海：上海人民出版社，1994：97.

④ 科斯，阿尔钦，诺斯. 财产权利和制度变迁——产权学派和新制度学派译文集[M]. 刘守英，等译. 上海：上海人民出版社，1994：96-113.

⑤ 沈建芳，姚华锋. 关于产权理论的研究综述[J]. 沿海企业与科技，2005(5)：1-2.

附在商品或服务上，用以说明商品或服务来源的信息，报刊、书籍、广播等是最主要的信息源。① 随后，荷兰的威科出版社1998年出版《知识产权和信息产权》一书和缅因州大学李特曼教授1999年在《耶鲁法学评论》发表的"信息隐私和信息产权"一文②，但目前学界并没有对信息产权含义有统一的定论，它实际上是一系列理论的总和。

关于信息产权的权利属性问题，基本上认为信息产权是比知识产权更广的概念，主要从三方面阐释其具备权利属性。其一是信息产权与知识产权的基本要素相同，都以信息为载体，信息应当看作财产权标。世界贸易组织《知识产权协定》在序言中明确知识产权为私权，包括德国学者梅迪库斯认为传统知识产权法为"特别私法"。③ 此外，进入20世纪90年代之后，在电子计算机背景下西欧率先提出了保护无创造性的数据库的设想，并于1999年3月，以欧洲委员会指令的形式形成了地区性公约。④ 信息产权法（即传统知识产权法的扩展）无论其公私如何，其客体即信息势必具有权利属性。其二从信息与人的关系方面，联合国《世界人权宣言》中第19条明确了"人人有权享有主张和发表意见的自由；此项权利包括持有主张而不受干涉的自由，和通过任何媒介和不论国界寻求、接受和传递信息和思想的自由"。继此，俄罗斯的《俄罗斯信息、信息化和信息保护法》、美国《统一计算机信息交易法》都赋予了信息的法律概念价值。最后，信息具有创造性，尼夫认为从认识的形态上来看，它不仅包括潜藏在人脑中的感觉、意识、心理等活动和现象，而且还包括作为主观精神活动的物质化的以各种出版

---

① Pendleto M. The law of industrial and intellectual property in Hong Kong [M]. Buttleworth Publish House, 1984: 63.

② 张敏. 概念的嬗变——论信息产权的架构[D]. 青岛：中国海洋大学, 2005.

③ 拉伦茨. 德国民法通论[M]. 王晓晔, 邵建东, 等译. 北京：法律出版社, 2003: 16.

④ 周庆山. 信息法学教程[M]. 北京：科学出版社, 2002: 2.

物、发明物等形式表现出来的认识和反映结果。① 这些信息表现出来的客观存在性、价值性和创造性突出了其只有在流动中才能真正实现价值，特别是能在流动中缩小人与人之间的信息不平等问题，以上这些特点共同构成了信息的产权要素。

国内学者对于信息产权的提法是由知识产权学者郑成思先生提出来的，他指出了信息的客观性，提出知识产权的客体是信息这一论题，并且认为信息产权是知识产权的扩展。②

对于信息产权的研究一般围绕信息产权与知识产权的关系展开。蒋瑞雪认为学界存在两种观点，一是信息产权是知识产权的上位概念，另一是信息产权将取代信息产权的提法，并在文中阐释了知识产权与信息产权的区别与联系。③ 唐珺指出信息是知识的上位类，她认为构建信息产权法律能够保护作为劳动产品的信息产品，信息知识产权的保护将适应市场规范化的发展，有利于科学技术的发展，并且将信息产权法的调节对象界定为要调整信息产权主体相互之间因信息享用、使用、加工、公开、传输与传播、交易、存贮、咨询、许可使用等发生的平等的民事关系。④ 冯晓青提出了信息产权视野下知识产权的正当性，认为其一可以解决新信息的足够生产问题，其二是解决信息的消费者(用户)对信息的合理分享问题，其三是信息专有与信息自由和信息分享矛盾的适当解决。⑤

虽然目前有关信息产权的研究成果较为零散未成系统，但仍表达出了几个重要方面：首先，产权包括信息产权的起源都是由于其稀缺性；其次，信息产权和一般产权的制度功能都是维护信息产权

① 尼夫．知识对经济的影响力[M]．北京：新华出版社，1999：141-142.

② 郑思诚．信息、信息产权及其与知识产权的关系[N]．北京：中国知识产权报，2003-11-04.

③ 蒋瑞雪．信息产权与知识产权的比较[J]．安庆师范学院学报(社会科学版)，2008(11)：97-100.

④ 唐珺．信息产权及相关问题的探讨[J]．南方经济，2005(7)：71-74.

⑤ 冯晓青．信息产权理论与知识产权制度之正当性[J]．法律科学(西北政法学院学报)，2005(4)：103-110.

的资源优化配置;最后,产权关注的重点并不仅仅是所有权,而是更应该关注利用权、收益权活动,正如信息产权关注的是信息的合理分享和传播,以实现帕累托最优。

2.2.3.3 意识形态因素的国内外研究

意识形态概念一般认为是由法国哲学家特拉西在《意识形态概论》中首先提出的,其含义是关于观念的理论。而后马克思指出意识形态是指:"在经济上占统治地位的阶级(多指统治阶级)为了维护和巩固统治地位而在思想文化意识领域的各种价值观念反映的总和,因而它带有鲜明而强烈的阶级性特征"。[①]

就国外而言,关于相关领域内对于意识形态动力作用的研究,在社会学领域内,哈贝马斯认为意识形态最明显的动力作用是"意味着某种政治秩序被人认可的价值",这使得政府由压迫统治转变为越来越依赖被统治者的认同。[②]

经济学领域诺斯认为,意识形态是制度变迁理论中一个十分重要的方面和领域。"社会强有力的道德和伦理法则是使经济体制可行的社会稳定因素",诺斯还认为成功的意识形态能够克服"搭便车问题"。[③] 伯恩斯坦指出,"任何一种经济体制都有一整套与之相适应的意识形态作为其文化支撑,相应地任何经济体制的变革也必然伴随着意识形态的适应性调整或整体性转型。"[④]

在图书馆学领域,近代英国图书馆学家爱德华兹在其代表作《图书馆纪要》中阐述过公共图书馆的两个原则:图书馆不应受政

---

① 马克思,恩格斯.马克思恩格斯选集(第1卷)[M].北京:人民出版社,2012:100.

② 哈贝马斯.交往与社会进化[M].张博树,译.重庆:重庆出版社,1989:184.

③ 诺斯.经济史中的结构与变迁[M].陈郁,罗华平,等译.上海:上海人民出版社,1994:51,59.

④ 伯恩斯坦.比较经济体制[M].王铁生,译.北京:中国财政经济出版社,1998:10.

党的影响；图书馆是公共事业。① 谢拉在《图书馆学引论》中说："提高人民的意识觉悟是由必要的，促使人们接受国家赋予的免费教育，并自由使用有文字记载的一切知识，这个道理是显而易见的。"②除此之外，美国图书馆协会在制定1939年《图书馆权利宣言》时界定了图书馆的核心价值理念——知识自由，即表述思想自由，而这一核心价值观也是《宣言》的思想基础。③

就国内而言，对于意识形态动力作用的研究很大一部分基于诺斯的研究基础。在经济学领域，庞永红认为伦理道德规范作为一种非正式的制度规则能够降低经济成本、降低管理费用。④ 杨春风从意识形态是制度认同的思想基础和意识形态是制度再生产的关键要素两方面阐述了意识形态对制度的动力作用，其认为意识形态是社会制度建立的理论先导，意识形态为制度合法性和合理性提供了理论论证，意识形态为制度认同提供了思想根据，并且劳动力再生产的过程同时也就是意识形态的灌输和传递过程。⑤

在图书馆学领域，陈雪梅阐述了早期图书馆具有鼓励收藏符合自身意识形态的书籍，限制或禁止不同意识形态图书的流通和通过书目分类决定图书馆性质三种意识形态功能，体现了意识形态对于阶级和制度的巩固。⑥

在档案领域，陶永祥通过指出美国公众对档案文献价值的认识，从将档案文献看作一种公众信息到将其视为一种有关国家政治

---

① 陈雪梅.论意识形态对图书事业的影响[J].河南图书馆学刊，2010（2）：25-27.

② 袁永秋.外国图书馆学名著宣读[M].北京：北京大学出版社，1988：205.

③ 王宏义，蒋永福.作为图书馆核心价值的知识自由研究[J].中国图书馆学报，2008（5）：20-25.

④ 庞永红.从诺斯意识形态理论看伦理道德的功能作用——诺斯意识形态理论探析[J].道德与文明，2004（2）：25-27.

⑤ 杨春风.意识形态与制度再生产[J].科学社会主义，2008（2）：30-33.

⑥ 陈雪梅.论意识形态对图书事业的影响[J].河南图书馆学刊，2010（2）：25-27.

文化的资源的过程，不仅催生了《信息自由权法》的诞生，还影响着美国档案馆的开放制度。① 黄霄羽指出国外"以公众为中心"的服务理念对档案馆的开放制度产生了不小的推动。② 她还提到自1794年稿月七日档案法规定所有公共档案馆实行开放原则，此后公共档案馆开放为公众服务成为普遍遵行的原则。她认为对于档案利用服务来说，应先行树立"休闲利用观"的理念。③

综合国内国外学者的观点可见，国内外学者显然都注重意识形态对于巩固制度认同、维护社会稳定的动力作用，并意识到制度的确立与变迁与意识形态的变化有关。

对于制度变迁三大要素的研究显示，目前对于三大动力因素的讨论基本上是呈现单一路径的，关注三大要素中的某一点，而较少综合使用三个要素解释制度变迁，在档案制度变迁的解释中对于三大动力要素的使用更为鲜见，综合性的框架使用处于空白状态，这也是启发下文使用这一综合框架的重要原因。希望通过这一立体框架更有效地解释档案制度变迁的动力来源及其变化和发展方向，为更好地把握档案制度变迁提供良方。

2.3 制度变迁方式的国内外研究

2.3.1 制度变迁方式的国外研究

马克思认为有革命性与和平改良性两种制度变迁方式。马克思认为："具有共同经济地位和经济利益的个人组成的阶级是变迁的社会力量，因此暴力和革命性阶级斗争是根本性变迁的重要形式，

① 陶永祥. 漫谈美国档案文献开放利用的观念变迁与现实[J]. 档案学研究，2005(2)：61-63.

② 黄霄羽. 基于社会档案观的公共档案馆建设[J]. 档案，2011(5)：6-9.

③ 黄霄羽. 国外档案利用服务社会化的理论认识和实践特点[J]. 档案学通讯，2010(6)：41-44.

如封建社会取代奴隶社会，资本主义制度替代封建制度；同时认为对于个别具体和非根本性变迁，也可采取和平和改良方法，如社会救济制度、失业保险制度、社会保障制度等制度。"①

诺斯认为有革命性和渐进性两种制度变迁方式。诺斯在《制度、制度变迁与经济绩效》一书中论述道："关于非连续性的变迁，我所指的是正规规则的一种根本变迁，它常常是武力征服和革命的结果。"也即为革命性的制度变迁方式，这与马克思的观点有相似之处。而对于渐进性制度变迁方式是指"交易的双方（至少是交易双方中的一方）为从交易中获取某些潜在收益而再签约。"②它是一个连续的变迁过程。

拉坦则提出了需求-供给的诱致性变迁方式。诱致性变迁由需求诱导产生，而影响需求的因素则是技术的进步、要素禀赋的相对价格的变化所产生的潜在的收益，于是引致人们产生制度变迁的需求，而制度变迁需求能否转化成功则在于制度供给者的成本—收益的衡量，影响这种衡量的因素则是社会科学（以及相关的法律、行政、计划和社会服务）知识的进步，这些知识的进步能降低制度变迁的成本。因此存在由需求和供给共同引致的诱致性制度变迁方式。

近年来也有学者对自然演化和人为设计的制度变迁方式进行讨论，这种变迁方式是由哈耶克等诸多学者所引发的思考。哈耶克等人认为制度是自然演化的结果，"自发演进的方式就是事物的变化并不是由行动团体有意识的、能预期准确结果的行动造成的，或者从结果上看，事物变化的结果是参与者都未预期到的，而人为设计刚好相反。"③而人为设计的制度变迁方式则表现为"制度是人为设

① 梁謇. 马克思与诺思制度变迁理论的比较研究[J]. 北方论丛，2007（4）：141-144.

② 诺斯. 制度、制度变迁与经济绩效[M]. 刘守英，译. 上海：上海三联书店，1994：120.

③ 刘辉煌，胡骋科. 制度变迁方式理论的演变发展及其缺陷[J]. 求索，2005（6）：42-44.

计的结果,这些设计者往往是社会的精英"①。激进式和渐进式的制度变迁方式。激进式变迁也可成为突进式变迁,还被比喻为"休克疗法"。

变迁方式的烈度讨论方面分为激进和渐进式变迁。激进式制度变迁就是在短时间内,不顾及各种关系的协调、采取果断措施进行制度变迁的方式。② 一般是强制性废除或破坏旧制度,制度和实施新制度。这种激进式的变迁方式在东欧和俄罗斯等国家的经济改革中进行了实践,并引起了世界关注,诺兰对激进式制度变迁的措施进行了总结。③ 在此基础上,穆雷尔首先对苏东的这些做法进行了反思,对激进式改革和渐进式改革做了比较深刻的分析。④ 在其逻辑中,渐进改革即目标模式从来是不确定的,可以用"摸着石头过河"作为形象的描述。

国外制度变迁方式研究成果比较丰富,从整个社会的宏观层次,如马克思和诺斯,进行了制度变迁方式的讨论,关注制度变迁的整体特点和制度的连续性。当然也有涉及微观层次,如诱致性制度变迁方式则是关注制度变迁的内在机理,哈耶克强调的制度自然演化的方式,都适合微观层次的研究。

2.3.2 制度变迁方式的国内研究

2.3.2.1 关于制度变迁方式的综合分析

强制性和诱致性制度变迁方式。林毅夫的制度变迁理论中同样

① 卢现祥.我国制度经济学研究中的四大问题[J].中南财经政法大学学报,2002(1):3-9,142.

② 袁庆明.新制度经济学[M].上海:复旦大学出版社,2012:285.

③ Nolan P. Transforming stalinist systems: China's reforms in the light of Russian and East European experience[J]. Discussing paper, The University of Cambridge, 1992:143-162.

④ Murrell P. Evolutionary and radical approaches to economic reform[J]. 1992, 25(1):79-95.

得出了强制性和诱致性这两种明显的制度变迁方式，并且新制度经济学中已经较为认同这两种制度变迁方式。强制性制度变迁方式是指政府通过法律、命令等推动的变迁。诱致性制度变迁方式指的是现行制度安排的变更或替代，或者是新制度安排的创造，它由个人或一群(个)人在响应获利机会时自发倡导、组织和实行。

制度变迁方式的三阶段论。杨瑞龙将"具有独立利益目标的地方政府引入制度经济学的分析框架，提出了'中间扩散型'的制度变迁方式，并描述了我国在向市场经济过渡中制度变迁方式的转换将依次经过供给主导型、中间扩散型和需求诱致型制度变迁三个阶段。"①金祥荣以温州模式及浙江改革经验为案例提出了"多种方式并存和渐进转换假说"，并将制度变迁方式划分为"供给主导型、准需求诱致型和需求诱致型三种方式，并主张在我国的政治经济改革中，应走多种制度变迁方式并存和渐进转换的道路"。② 史晋川引入了"制度创新均衡价格"概念，按照这一标准将制度变迁方式划分为供给主导型、准需求诱致型和需求诱致型三种，弥补了三种变迁方式划分标准不一的缺陷。③

制度变迁主体角色转换假说。黄少安提出，"根据不同利益主体对制度变迁支持程度的不同，可区分为'主角'和'配角'，而且角色转换是可逆的，可以相互转换。"④同时黄少安也运用制度变迁主体角色转换假说，批评了杨瑞龙所提出的中间扩散型制度变迁方式，认为中国制度变迁的过程及不同制度变迁主体的角色及其转换

① 杨瑞龙. 我国制度变迁方式转换的三阶段论——兼论地方政府的制度创新行为[J]. 经济研究，1998(1)：5-12.

② 金祥荣. 多种制度变迁方式并存和渐进转换的改革道路——"温州模式"及浙江改革经验[J]. 浙江大学学报(人文社会科学版)，2000(4)：138-145.

③ 史晋川，沈国兵. 论制度变迁理论与制度变迁方式划分标准[J]. 经济学家，2002(1)：41-46.

④ 黄少安. 制度变迁主体角色转换假说及其对中国制度变革的解释——兼评杨瑞龙的"中间扩散型假说"和"三阶段论"[J]. 经济研究，1999(1)：68-74，81.

并不是三阶段论那么简单和分明，现实的角色及转换情况要复杂
得多。

2.3.2.2 关于制度变迁方式转换的综合分析

随着政治和市场经济不断地完善发展，其中蕴含的时机和条件
已然不同于最初，因此，许多学者提出对于制度变迁方式也需要进
行转换。杨瑞龙、金祥荣、史晋川和黄少安提出的制度变迁方式
中，都显示了制度变迁方式可以进行转换以及转换路径。俞雅乖认
为："制度变迁进程中须进行方式的转换，因而分析制度变迁的转
换时机和条件是问题的关键，并从强制性制度变迁的进入和退出两
种情况，深入分析了进入和退出的社会条件。"①邓大才以国有企业
强制性制度变迁为分析案例，分析了强制性制度变迁的进入、退出
的时机和具体方法。② 卓越分析了"国有企业融资制度向目标模式
的变迁中，政府主导型融资制度变迁由于诺思悖论，而面临难以逾
越的改革极限，因此认为转换制度变迁方式，适时采用国有企业诱
致性融资制度变迁，才有可能突破这一改革极限"③。杨晓芳认为，
"我国廉政制度变迁方式存在以强制性变迁为主而不注重以诱致性
变迁为补充的缺陷，认为廉政制度变迁方式中，未来应该发挥诱致
性制度变迁方式的作用，使之发挥补充的作用"④。魏文军充分阐
释了"中间扩散型制度变迁方式仅是实现诱致性产权制度变迁方式
的必要条件；充分条件是不断替代地方政府部分功能的更有效率的

① 俞雅乖. 制度变迁方式转换的时机选择[J]. 商业研究，2009(7)：
14-18.

② 邓大才. 强制性制度变迁方式转换的时机选择[J]. 社会科学，2004
(10)：71-78.

③ 卓越. 国有企业融资制度变迁与制度变迁方式的转换[D]. 湘潭：湘
潭大学，2001.

④ 杨晓芳. 我国廉政制度的变迁方式研究[D]. 长沙：湖南大学，
2011.

经济和政治组织(结构)的形成、竞争和发展"①。

　　研究者们关于制度变迁方式的探索大多是结合我国的实际分析得出，特别是三阶段论的论述，其中强调了地方政府在制度变迁过程中发挥的重要的，具有中国特色。在市场经济发展过程中，强制性制度变迁方式已经应用较长时间，但也出现了一些不适应或者新的挑战，用转换制度变迁方式来进一步增强制度变迁能力，为未来制度变迁指明了变迁方式、突破口。

2.4　信息资源管理制度变迁的国内外研究

　　基于国内外学者对档案学领域的制度变迁研究成果较少，故引入相关度极高的信息资源领域(Information Resource Management，以下简称 IRM)制度变迁的研究成果，旨在互为补充，为行文的开展提供更多有益的思路。

2.4.1　信息资源管理制度变迁的国外研究

　　从目前来看，国外学者对于 IRM 制度变迁的研究主要从三个维度展开：技术维度、经济维度和人文维度。

2.4.1.1　基于技术维度开展的制度变迁研究

　　制度发展与信息技术不无关系。从制度角度来看，技术实际上解决的是人与人之间的支配关系、利益关系与价值观。技术不可能完全脱离制度存在，技术与制度的相互适应以及技术同社会的相互适应，共同决定了技术的发展。

　　20 世纪 90 年代中期以来，有关学者逐渐从制度创新视角分析信息系统领域中发现的问题，并试图探讨 IRM 制度创新与信息技

---

　　① 魏文军. 实现诱致性产权制度变迁方式的充分条件[J]. 求实，2004(7)：51-54.

术之间的关系。新制度经济学派的代表人物诺斯强调制度创新对技术创新的决定性作用，与之相反，凡勃仑肯定技术创新对制度创新的决定力量。这种争议持续多年，一些学者认识到了争论谁是谁的决定因素的无营养性，转而专心研究制度创新在信息技术中的运用。他们从信息系统领域的各种角度进行了有效的探索：

约翰·L.金从信息系统进化的角度出发，认为制度是信息系统进化与技术创新进程中的关键环节，为了更准确地了解系统进化的过程与动力因素，则应从制度创新的角度加以理解。① 阿尔瓦雷茨从信息系统操作角度出发，认为应将视野聚焦在 IRM 制度创新这一整体，运用制度创新理论全面考察信息系统的设计、部署、应用与演化，将其进一步理解成一种制度浸润，而不是一次单纯的技术活动②；珀维斯从信息系统的演化方面，指出制度创新因素在信息系统对技术同化进程中的作用，并讨论了内嵌于多重 IRM 制度安排中的相关行为者彼此间的互动规律③。除此之外，其他学者也分别从信息系统技术设计、信息系统进化等方面发表了自己的主张。仔细比对，依旧可以从这些学者们的研究思路中窥视他们在制度创新与信息技术关系中的倾向，即更愿意研究制度创新对信息技术的作用。目前，该领域还有许多问题有待学者们的研究，如：IRM 制度创新与信息技术间的互动形式、制度创新与信息技术相互作用的实现障碍等，可供拓展的研究空间很大。

2.4.1.2 基于经济维度开展的制度变迁研究

制度经济学与创新理论相融合形成的制度创新理论，将制度创新看作选择交易费用更少的制度安排的过程，其研究思想带有强烈

① King J L. Institutional factors in information system innovation [J]. Information Systems Research，1994，5(9)：139-169.

② Alvarez R. The myth of integration：a case study of an ERP implementation[A]// Rashid M A. Enter prise resource planning global opportunities and challenges，London：Idea group publishing，2002：105-129.

③ Purvis R L. The assimilation of knowledge platforms in organizing：an empirical investigation[J]. Organization Science，2001，12(2)：117-135.

的经济学色彩。因此将该理论作用于 IRM 制度创新研究中，学者们便基于经济学维度或者经济因素的考虑加以分析。

信息资源管理学的代表人物霍顿提出，对于所有信息、信息资源的管理需达到"高效（Efficient）、实效（Effective）、经济（Economical）"的目标，即著名的"三 E"目标。在其出版的《信息资源管理》一书中，论述了诸如"估算信息资源的价值""确定信息资源的价格"等内容，并突出强调了成本—效益的管理方式，表达了信息资源是经济资源的思想。在他看来，当信息资源管理无法达成"三 E"目标中的任何一个的时候，管理制度需要发生变革，以获取最终目标的实现。① 也就是说，制度的创新从根本上是为了满足组织对信息资源的高效管理，降低组织的运行成本。

霍顿的思想与制度创新理论不谋而言，对 IRM 制度创新的目的带来了经济学意义上的启发。另一些学者从对数据库信息资源、电子财务、电子政府等具体信息资源的管理分析中，也得出了相似的结论。德瓦德尔在对 TuBaFros 生物学数据库的资源共享制度进行研究后认为：网络间的共享降低了传统实体数据库资源利用时的交易成本，更多的人可以方便使用到网络数据库，因此知识产权需要得到重新配置。② 其他学者论述电子商务的发展情况时也提出，电子商务在网络环境下极大的交易成本优势导致了传统商务向电子商务的发展。这些研究均指向同一方向：经济成本因素在制度创新中的指导性地位。对于目前研究尚为薄弱的"档案制度创新"话题，这一思想的发现可以帮助拓展档案工作者的理论思维与管理视角。

2.4.1.3 基于人文维度开展的制度变迁研究

IRM 制度包括正式制度与非正式制度两个层次，其中正式制

---

① Horton F W, Marchan D A. Information Management in Public Administration[M]. Arlington, Va：Information Resources Press，1982：254.

② Dedeur Waerdere T. The institutional economics of sharing biological information［EB/OL］．［2020-11-12］．http：//biogov. Cpar. ucl. ac. be/bioinf/papers/IPR/IPRBioinfTD. 09. 05. pdf.

度主要指 IRM 领域的政策和法律，而非正式制度则是指与这一领域有关的传统、习俗、道德伦理、意识形态等沉淀在文化层面的约束力量。从人文维度开展的制度创新研究，便是将制度看作自变量，分析意识形态、政策、法律等因素对制度创新的影响与效果。

学者们研究信息资源管理中的用户满意度后，认为感知易用性对用户满意度的影响占有极大的权重。所谓感知易用性，是强调以用户为核心，提倡用户参与、互动和控制，其决定因素包括个体的差异、系统的特点以及抵制变革。感知易用性对用户满意度的作用，影响用户对信息资源管理系统的使用评价，进而影响 IRM 制度的未来走向。① 另外几名学者发现在对待利用者的信息道德上，借助威慑理论、计划行为理论建立的惩罚和道德培训机制可以有效减轻潜在的软件和信息安全的威胁，从而避免 IRM 制度的失效。② 他们从道德伦理的层面论述了非正式制度对制度创新的作用。

从意识形态方向进行论述的学者并不多，大部分的研究者选择了相对具象的法律政策进行研究。主要的成果包括：《信息政策的过去、现在和未来》③《联邦信息政策与基于网络的联邦资源信息获取》④《全球国家信息政策发展Ⅳ：版权、信息自由和数据保护》⑤以及《版权法与信息政策计划：20 世纪 90 年代及以后的公共

---

① Nov O, Ye C. Users' personality and perceived ease of use of digital libraries: the case for resistance to change[J]. Journal of the American Society for Information Science and Technology, 2008, 59(5): 845-851.

② Workman M, Gathegi J. Punishment and ethics deterrents: a study of insider security contravention[J]. Journal of the American Society for Information Science and Technology, 2007, 58(2): 212-222.

③ Alistair S D. The past, present, and future of information policy[J]. Information, Communication & Society, 2004, 7(1): 69-87.

④ Smith B, Fraser B T, Mcclure C R. Federal information policy and access to Web-based federal information[J]. Journal of Academic Librarianship, 2000, 26(4): 274-281.

⑤ Muir A, Oppenheim C. National information policy developments worldwide Ⅳ: copyright, freedom of information and data protection[J]. Journal of Information Science, 2002, 28(6): 467-481.

使用权利》。① 上述成果从信息政策的范围、现状、未来走向、信息政策与国家机构发展的关系、版权法的意义与发展等角度探讨了法律法规与国家宏观政策对信息资源管理的具体环节、管理机构、利用对象的制约与促进，并同时强调了社会环境对政策变化的作用。虽然他们并没有直接讨论正式制度对 IRM 制度创新的意义，但能够确定的是：这种正式制度对 IRM 管理造成了正面或者负面的影响，那么进而可以推断，一旦 IRM 制度需要创新，政策与法律便是需要考虑的一个因素，它可以是创新的实现基础，也可以是制约创新的障碍。

2.4.2　信息资源管理制度变迁的国内研究

吸收、借鉴国外学者的思想理论与结合中国本土的信息资源管理实践，国内学者们主要从 IRM 制度变迁的原因、障碍、实现路径与未来方向四个角度作了不同程度的探讨。

2.4.2.1　IRM 制度变迁的产生原因

分析 IRM 制度创新的原因，一般认为可以从正反两方面论述，正面分析制度创新积极的实施基础，反面探讨制度失效的具体体现。但从目前的研究情况来看，学者们乐于分析当前制度失效问题，进而引出对制度创新的论述，而忽略了制度创新已具备的正面条件。

万建军、邹凯将目前 IRM 制度存在的问题论述为"管理体制条块分割""标准规范体系缺失""政策法规滞后""公民平等获取信息保障机制缺失""政府信息公开制度缺失"以及"缺乏统一的协调机

---

① Kenneth D. Crews, Copyright law and information policy planning: public right of use in the 1990s and beyond[J]. Journal of government information, 1995, 22(2): 87-99.

构和信息共享机制"六个方面。① 对六个部分进行归纳概括，制度
失效的问题实际归结于组织机构失调导致的管理效率低下、政府权
力掌控与法规政策缺失三个方面。梁志勇、陈华韬等人从图书馆的
角度入手，认为制度之所以需要创新，在于信息的不对称，"制度
的创新是消除分工进一步发展、市场规模进一步扩展之障碍，即信
息不完备不对称引致的消极外部性之需要"。② 刘爱芳进一步指出，
即使政府信息公开制度可以缓解信息不对称的情况，但并不能根
除，因为公开制度本身也受到了来自法律、义务主体与公开范围等
限制，因此只有制度创新可以从根本上实现信息的平衡。③ 席涛则
从公共图书馆服务中汲取经验，认为制度的创新源于政府政策与经
济的供给不足。④ 此外，也有一些学者将创新的原因看作普遍价值
的违背、政策执行的障碍、人员素质的低下等。总体而言，学者们
有关制度创新原因的论述可以归纳为四方面的原因：法规政策的缺
陷、政策环境的变化、政府自利性的存在以及管理效率的低下。它
们或单独，或互相结合，造成了信息资源管理制度创新的瓶颈。

2.4.2.2 IRM 制度变迁的现实障碍

从不同学者对图书馆制度、政府信息公开制度、相关法规体系
等内容的研究与探讨中，可以挖掘他们对当前 IRM 制度变迁存在
障碍的理性思考。

程孝良从城乡一体化的视角分析公共图书馆治理与制度创新，
他指出，图书馆的制度创新面临强制力过强与诱致力不足的双重困
境：自上而下的强制治理缺乏公众参与和诉求表达机制，自下而上

① 万建军，邹凯. 论我国信息资源管理制度的变革[J]. 情报理论与实
践，2006(2)：147-149.

② 梁志勇. 信息不完备不对称危害的治理——兼论技术创新和制度创
新[J]. 学术探索，2003(7)：38-41.

③ 刘爱芳. 我国政府信息公开的制度缺失及其改革——以行政法的平
衡论为视角[J]. 湘潭工学院学报(社会科学版)，2003(6)：22-24.

④ 席涛. 公共图书馆服务的制度分析[J]. 图书情报工作，2006(3)：
20-22.

的诱致治理遭遇体制机制障碍。他认为：从思想上，传统封建官本位意识限制了民主发展，公民权利意识缺失；从实践上，图书馆的价值取向不是以维护和保障公民知识权利为办馆目的，政府权力边界不明。① 金太军、姚虎以新制度经济学为视角，分析政府信息公开制度创新困境的内在机理，将障碍的因素概括为"路径依赖"与"多元利益主体的互动博弈"，而程孝良指出的双重困境实则属于金太军阐述的"路径依赖"的非正式制度部分。此外，这种"路径依赖"还包括"统治者的有限理性效应"等在内的正式制度。同时，他们也指出，在多元利益主体的互动博弈中，经常出现"信息管制下的政府'强势'与媒体'无奈'"以及"信息不对称下的政府'妄为'与公众'无为'"，这些也是制约制度创新的关键因素。② 程孝良与金太军、姚虎的论述似有醍醐灌顶的作用，可从整体上带动其他相关学科对制度创新困境的研究。另有一些学者如马海群、宗诚、罗曼、王芳等论述了当前信息资源管理中法律政策的不完善以及信息政策面临的困难，旨在提出对策以提高政策法规的实施效率。

2.4.2.3　制度创新的实现路径

不少学者在分析诸如图书馆、电子商务、电子政务等制度建设中遇到的现实困境之后，提出了方方面面的建议，这些实现对策可以概括为：强制性制度创新与诱致性制度创新两种。

强制性制度创新的主体是中央政府或地方政府，实施手段是由政府通过强制手段命令法律引入和实行。刘春年，郭月珍，潘钦认为，电子政务的演进需要借助强制性制度创新，"在中国电子政务发展的 20 年间，政府主导的强制性制度创新功不可没"。③ 马海群，宗诚在对网络信息资源建设与配置的政策法规实施效率问题的

54

---

① 程孝良．基于城乡一体化视角的公共图书馆治理与制度创新[J]．图书馆理论与实践，2011(1)：61-65．

② 金太军，姚虎．政府信息公开制度创新困境的内在机理探究——以新制度经济学为视角[J]．江汉论坛，2011(8)：65-69．

③ 刘春年，郭月珍，潘钦．电子政务演进中的制度变迁与创新[J]．图书情报工作，2004(8)：20-22．

对策分析上，也将希望寄托于政府的强制性力量，希望可以通过政府来实现"完善相关网络信息资源政策法规体系建设""完善执法问题""加强网络信息资源政策法规的普及宣传"等一系列解决方案。①

诱致性制度创新的主体是个人或一群人、一个团体，是人们为争取获利机会自发倡导和组织实施对现行制度安排的变更或替代，过程相对于强制性制度变迁而言更持久。丁玉霞认为，图书馆制度创新需要通过"加大图书馆制度供给力度"与"坚持'以人为本'的建设理念"来实现。② 这种对策的提出体现了诱致性制度创新的思想，她希望通过图书馆主动表达需求，并不断完善自身现存的问题来帮助政府提供合理的供给安排，并且借助人本化的思想自下而上地推动制度的变革。

对于制度创新的实现路径，不同发展背景的学科应采用不同的建设路径。学者们对该问题的研究只能起到启发的作用，但从程孝良对公共图书馆制度创新采用"上下互动、交互理性"的实现路径来看，转轨路径应该可以有更多的选择，后文将专章讨论档案制度变迁方式之间的转换及表现。

2.4.2.4　制度变迁的未来方向

从现有的研究情况来看，学者们对于 IRM 制度创新的未来方向有着较高的研究热情，并得出了一些倾向性的研究成果。

崔艳丽、查先进等人在对图书馆信息资源管理与政府信息资源管理的研究中认为：电子化将是未来的发展趋势。③④ 陈晓东对此

①　马海群，宗诚．网络信息资源建设与配置的政策法规实施效率问题及其对策分析[J]．图书与情报，2006(5)：31-37.

②　丁玉霞．制度主义视野下的图书馆制度创新[J]．图书馆建设，2008(12)：92-95.

③　崔艳丽．网络环境下图书馆信息资源管理共享和发展趋势[J]．漯河职业技术学院学报，2009，8(3)：153-154.

④　查先进．论政府信息资源管理及其发展动向[J]．中国图书馆学报，2002(4)：36-38.

持赞成的态度，指出"信息资源管理必将走向数字化、网络化、虚拟化的发展道路"。① 王娜则强调，除了电子化之外，信息立法也将成为未来制度创新的一个方向。② 沙勇忠独辟蹊径，指出未来 IRM 制度一方面将向网络化发展，另一方面也向着职业教育的方向延伸。③ 在许多论述中，均可以看见不同学者间思想的统一，如同时强调了电子化与法制化的发展趋势，可见大多数学者对制度创新的未来走向达成了共识。

此外，一些学者虽没有明确撰文论述未来 IRM 制度的变迁方向，但分析最近期刊中刊登文章的研究方向也能窥知一二。如《清华大学图书馆社会化媒体营销实践探索与思考》④《面向大规模多维社会网络的社区发现研究》⑤《NFC 技术与图书馆服务创新》⑥等，皆可看出，学者们希望 IRM 制度的创新可以朝着社会化与信息化的方向不断拓展。

2.4.2.5　研究的特点及不足

从国外学者对 IRM 制度创新的研究情况来看，他们重视理论学说对研究对象的作用。如从科技维度对制度创新的研究，是将制度创新理论运用于信息技术之后进行的两者关系的探讨；从经济维度的研究，是从经济学及制度经济学的角度对制度创新目的的论述；基于人文维度的研究，则是首先考虑到制度理论中制度要素的

---

① 陈晓东. 信息资源管理的内涵追溯及其发展前瞻综述[J]. 图书馆界，2004(2)：4-7.

② 王娜. 信息资源管理的研究现状和发展趋势[J]. 科技情报开发与经济，2010，20(11)：97-98.

③ 沙勇忠. 信息资源管理的发展趋势[J]. 情报资料工作，2002(1)：6-9.

④ 韩丽风，王媛，卢振波. 清华大学图书馆社会化媒体营销实践探索与思考[J]. 图书情报工作，2014，58(24)：45-49.

⑤ 吴小兰，章成志. 面向大规模多维社会网络的社区发现研究[J]. 图书情报工作，2014，58(16)：122-130.

⑥ 刘淑萍. NFC 技术与图书馆服务创新[J]. 图书情报工作，2014，58(16)：91-95.

构成，进而分析这些要素对制度创新的作用。因此，他们对于该话题的研究思路清晰、观点明确、富有深度。

从国内学者对 IRM 制度创新的研究情况来看，少部分人注意到了制度变迁理论的运用，因此在论述的深度、内容、形式上均与国外学者存在一定的差距。但国内学者能够对结合我国实际情况，对 IRM 制度变迁与创新聚焦研究，从其产生原因、困境、解决对策等重要问题上加以表述与研究，也颇具几分参考价值。

总体而言，我们可以从国内外学者对 IRM 制度创新的研究成果，诸如从图书馆制度、电子商务制度、政府信息公开制度等角度进行的探索中寻求灵感，对档案制度的变迁与创新带来思维的启迪和思想的借鉴。

2.5 档案制度及其变迁的国内外研究

2.5.1 关于档案制度的本质分析

国外学者对于档案制度本质的研究成果较为丰富，他们对于档案制度具有社会控制功能的研究早在 20 世纪 90 年代随着档案界引入后现代理论就开始了，有关这一主题的研究成果集中体现在 2002 年 *Archival Science* 杂志连续两期围绕"文件、档案与权力"进行的专题讨论，从不同角度表达了对档案及档案制度渗透着社会控制权力的深刻认识。库克等学者提出档案是国家权力的产物，通过档案制度的设计，人类社会的历史、记忆、身份和证据都已被控制。① 哈里斯则深刻揭露了南非种族主义制度是如何通过对档案的塑造、分类和销毁实现其对自身统治的强化和对弱势群体的边缘

---

① Cook T, Schwartz J M. Archives, records, and power: the making of modern memory [J]. Archival Science, 2002(2): 1-19.

化。① 海德斯托姆用"界面"这个隐喻表达了档案及档案制度是权力塑造的控制未来人们对历史认知的通道。② 凯特拉则用监狱与神庙的双面性形容档案机构，揭示了社会依靠档案与文件行使对个体的控制功能。③

国内学者也于近年开始从社会控制的角度分析档案及档案制度的本质，分别从权力对档案的建构过程（观念建构和实体建构）及建构主体类型（国家，公共领域，个人）方面做出了相应的讨论，有力地证明了档案及档案制度是社会建构的产物，并深刻反映各类权力主体的主观意图。有观点指出："档案制度与政治制度、经济制度一样是具有明确功能指向的规则系统"，认为"档案制度本质上是一种信息制度，信息制度要维护的显然是优势集团、优势阶级的信息优势。"④由此引发出许多关于档案制度与权力的探讨，如谢文群认为，"档案制度在国家权力的主导下形成，体现着国家权力意志，国家权力可通过档案制度进行操纵。"⑤上述研究者实际上都从权力的角度对档案制度进行了本质分析。

2.5.2　档案制度各组成部分的研究

有关档案制度各组成部分的研究，国内外学者多数是对具体档案工作环节的论述。其中，外国档案工作者们对档案收集、分类、整理与利用工作的理论思想的探索，为全世界的档案工作带来

---

① Harris V. Redefining archives in South Africa：public archives and society in transition，1990-1996[J]. Archivaria，1996（Fall）：12-15.

② Hedstrom M. Archives，memory，and interfaces with the past［J］. Archival Science，2002（2）：21-43.

③ Ketelaar E. Archival temples，archival prisons：modes of power and protection[J]. Archival Science，2002（2）：221-238.

④ 陆阳. 论社会控制视角下的档案制度[J]. 档案学通讯，2015（4）：9-13.

⑤ 谢文群. 论档案对国家权力建构的三种形式[J]. 档案学通讯，2014（3）：19-22.

裨益。

在档案收集方面，国外十分重视重要家族档案、著名人物档案的收集，为了丰富国家档案馆的馆藏，以划拨专款、以物代税等多种方式加强私人档案的收集工作。此外，随着社群档案的兴起，主流档案机构忽视的边缘群体的档案得到重视。边缘群体将社群档案作为一种重要手段来进行自我陈述、身份构建、权力赋予。①

在档案鉴定方面，学者们先后形成了年龄鉴定论（20世纪初，迈斯奈尔提出"高龄案卷应当受到尊重"），行政官员决定论（20世纪20年代，詹金逊声称档案工作者是档案的保管者，而行政官员是"选留和销毁其文件的唯一代理人"），职能鉴定论（20世纪30年代，卡林斯基提出文件的价值取决于其形成机关职能的重要性），文件双重价值论（1956，谢伦伯格主张档案人员主动干预档案鉴定，档案人员变成积极的档案塑造者，透过学术历史这个过滤器来有意识地构建公共记忆），利用决定论（20世纪60年代，菲斯本、布里奇弗德等强调档案从属价值的重要性，认为"学者特别是历史学家的实际利用和预期利用"是档案鉴定的"最重要标准"），文献战略论（20世纪80年代，塞穆尔斯要求"以文件的主题作为主要鉴定标准"，依据文件形成机关的职能来判断档案的价值），宏观鉴定战略（20世纪80年代末，库克指出档案应"为专家引领社会借助基于证据的共同记忆找到社会的认同"）以及社会分析与职能鉴定论（20世纪90年代，布姆斯指出"档案价值应当是社会自身价值的反映"）。从目前来看，学界赞成以库克为代表的后现代档案工作者的思想，认为档案范式已从社会认同逐渐转为社会社区建档，档案工作者正从社会活动家转变为社区推动者②，档案鉴定正从国家模式向社会模式转型。

---

① 连志英．欧美国家社区档案发展评述与启示[J]．浙江档案，2014（9）：6-9．

② 特里·库克．四个范式：欧洲档案学的观念和战略的变化——1840年以来西方档案观念与战略的变化[J]．李音，译．档案学研究，2011（3）：81-87．

在档案开放与利用方面，很多学者研究了档案开放与利用制度的产生背景，他们认为 15、16 世纪，随着欧洲文艺复兴运动的兴起和发展，档案开放思想萌芽，1632 年意大利档案学者波西法尼奥提出"档案馆的性质应该是公开的"，这一观点进一步推动了档案开放思想的发展，1794 年颁布了《穑月七日档案法》，提出了档案开放原则。此后美国、荷兰、澳大利亚、加拿大等国相继制定了保障信息利用权力的《信息自由法》。此外，加拿大原国家图书馆和国家档案馆合并也是档案开放与利用制度的表现，加拿大国家图书档案馆(LAC)为加拿大的文化、社会、经济进步做出了卓越的贡献，它作为国家级知识型组织机构长期提供知识获取服务。① 档案利用正不断向公民社会倾斜。如英国国家档案馆发布的《流动着的信息：国家档案馆愿景》报告中便提出，"面对政府行政的电子化与用户获取信息的网络化，英国国家档案馆已经超越单纯的政府档案管理，而在信息管理、规范、增值开发、数字记录保存及英国历史文化展示等领域发挥更大作用。"②可以推断的是，档案社会化利用在今后将愈发成为档案管理工作的主流，终将实现公民最大限度信息权利的支配。

国内学者对于我国历代档案制度的构成及表现进行了十分丰富的讨论。赵彦昌梳理了商至清的档案制度历史沿革，以及古代专题档案制度，对档案管理各个环节的规则进行了较为详尽的阐释。③分析了古代专题档案制度如"西周统治阶段为了维护统治，非常重视档案管理工作的建设，并建立了档案收集、档案分类制度、副本制度、档案呈报与检查制度、金匮制度等一系列的档案管理制

① Oliphant T，Mcnally M. Professional decline and resistance：the case of library and archives Canada［J］. Radical teacher，2014(1)：54-62.
② The National Archives. Living information：the vision of the national archives[EB/OL].［2019-01-07］. http：//www. nationalarchives. gov. uk/vision/.
③ 赵彦昌. 中国档案管理制度研究[M]. 北京：人民出版社，2011：1-4.

度。"①对一些与档案相关的管理制度如票拟红批制度、题本、副本及奏本制度考、魏晋南北朝时期与宋代公文邮驿制度、清代的宗法制度等，都一一作了非常详细的梳理和总结，具有很高的参考价值。

2.5.3　制度变迁理论在档案制度研究中的运用

这一领域研究集中在档案制度建设的动力驱动机制和制度创新路径选择，我国学者有部分涉猎，国外学者直接运用制度变迁理论针对档案制度变迁的研究鲜见，散见于上文 IRM 制度变迁研究中，此处不再赘述。

万秀萍将制度变迁理论运用于档案制度建设，以宏观视角看待档案制度创新问题，具有一定的突破性。她认为降低成本是经济路径，提供更多优质服务是社会路径，国家社会化是政治路径。② 臧茜玉也论及档案制度创新路径选择，指出应发挥国家在档案制度变迁中的主导作用，建立新的档案产权机制，正确发挥意识形态的作用。③ 刘义甫和许丽认为，网络环境给档案管理制度变迁带来环境压力，档案管理制度的创新要主动适应信息技术发展的要求。④

陈潭在人事档案制度的研究中较好地运用了制度变迁的分析视角，在其著作《单位身份的松动——中国人事档案制度研究》中，以公共政策变迁理论为依据，以公共政策变迁过程为研究平台，沿着政策均衡—政策失效—政策创新的路径进行理论研究与实证分析，详细论述了制度创新的理论基础(制度成本、公共服务、社会

① 赵彦昌，王军华．西周档案管理制度研究[J]．档案学研究，2006(6)：17-21.

② 万秀萍．基于制度变迁理论的档案建设路径选择[J]．档案管理，2011(2)：31-33.

③ 臧茜玉．基于制度变迁理论的档案制度创新路径选择研究[J]．兰台世界，2016(23)：56-59.

④ 刘义甫，许丽．网络环境对档案管理制度变迁的影响及启示[J]．中国报业，2011(24)：64-65.

信用、公民社会)、未来走向(从"档案中国"走向"信用中国")与
实现路径(契约化、电子化、社会化与法制化)。①

　　对档案制度变迁的探讨，尤其是在人事档案制度变迁的研究
中，体现了一定的创新性。但如何回到整体的档案制度变迁，如何
确定档案制度变迁的本质，如何系统运用制度变迁完整理论框架对
档案制度的整体变迁进行描述与解释，如何将档案制度本身的演化
过程的微观表现与外部社会治理模式类型的转换与三大动力因素的
宏观背景进行结合，如何剖析档案制度变迁方式的选择，这些是本
课题希望能够进一步达成的研究目标，为社会治理背景下的档案制
度变迁提供跨学科交叉、具备解释力且能够影响未来相关研究的理
论工具与方法。

---

　　① 陈潭. 单位身份的松动——中国人事档案制度研究[M]. 南京：南京大学出版社，2007：序言.

3 认识起点：档案制度的
构成要素与本质

　　探讨社会治理背景下档案制度的变迁，首先要了解档案制度的构成要素及其本质，认清档案制度的构成要素及相互间的关系，建立与深化对档案制度本质的认识，对于明确其在社会治理背景下的定位与可能的变迁方向有着重要的引导作用，从而在今后的档案制度变迁的解释过程中建立深刻的认识基础。

3.1 档案制度构成要素及其关系

3.1.1 规制、规范与文化-认知：制度要素框架

　　档案学科长期以来倾向于把档案制度视为应用层面的管理规则进行讨论，因此以往研究多集中于档案管理制度总体规则和各环节的具体规则本身展开。近年来也有学者开始关注档案制度的本质属性，认为档案制度与政治制度、经济制度一样是具有明确功能指向的规则系统，如从社会控制的角度讨论了档案制度的本质。① 但总体来讲，对于作为社会制度安排中一环的档案制度本质的研究还相

① 　陆阳. 论社会控制视角下的档案制度[J]. 档案学通讯，2015（4）：9-13.

当薄弱，亟待引入跨学科的相关理论工具，推进对档案制度本质的研究与认识。

　　制度研究是社科领域影响程度最深远的主题之一，其研究流派纷呈，对于制度的基本构成要素一直有激烈的争论。在这一分析中，美国的社会学家理查德·斯科特可谓集大成者，他梳理了19世纪晚期至今的各大制度理论流派，得到制度由三大基本要素构成的认识，而此前各流派的争论焦点就在于对三要素侧重及优先程度的认识分歧。他认为构成和支持制度的三大基本要素为：规制性要素、规范性要素和文化—认知性要素，而这三个要素正是构成各类制度的基础以及决定制度功能的原点。此处以此为基本框架对档案制度的三大基本要素及其性质、特点、作用进行探究与阐释，旨在通过制度要素分析的方法，对档案制度的构成进行根本剖析，建立与深化对档案制度本质的认识，明确档案制度变迁的发展阶段及侧重点，从而在今后的档案制度创新过程中有的放矢地进行设计与规划。

3.1.2　档案制度中的规制性要素分析

3.1.2.1　制度中的规制性要素：强制与利益

　　规制性要素是制度理论反复强调的内容，如斯科特所言："在最广泛的意义上，所有的学者都强调制度的规制性层面：制度会制约、规制、调节行为"。[①] 制度研究中不少著名学者尤其强调规制性要素，如诺斯明确地将制度视为约束，指出"制度跟竞技体育的游戏规则十分相似……它们由正式的成文规则以及那些作为正式规则之基础与补充的典型的非成文行为准则所组成……这一比喻意味

---

　　① 斯科特. 制度与组织—思想观念与物质利益[M]. 姚伟，王黎芳，译. 北京：中国人民大学出版社，2010：60.

着，规则和非正式准则有时会被违反，而且也需要进行处罚"①。
从这一论述可以清楚看到他对制度中规制特性的强调，并将制度与
惩罚、强制的场景进行关联。而马克思关于制度的认识则更加强烈
地表达了对制度规制性要素的强调。他认为"将一定制度的形成，
归结为一定生产关系，以及与这种生产关系相适应，并维护这种生
产关系的社会机构和规则确立的过程，制度的本质就是在社会分工
协作体系中不同集团、阶层和阶级之间的利益关系"。② 并且在马
克思的制度逻辑里，旧的生产关系一旦桎梏生产力的发展，社会冲
突就不可避免地发生，取得胜利的阶级通过建立制度确立、巩固和
维护既定的优势，双方根本利益的冲突决定了新制度必然是以约
束、限制其他集团、阶层和阶级的利益为客观后果的。因此，马克
思主义制度观对规制性的强调甚至是超出了其他流派的。这表明制
度中规制性要素涉及的是制度的核心利益关切，规制性要素通过限
定制度覆盖范围约束、调节行为范畴，行动者受到惩罚边界的约
束，使得其行为可以局限在这一边界之内，以不触及制度所维护的
核心利益为衡量标准，从而实现制度的控制意图，而核心利益的斗
争不管在任何社会与时代都是激烈的和带有不可调和性质的，因此
规制性要素从本质上来讲是与强制性权力相关的。

3.1.2.2 档案制度中的规制性要素：存在基石与外部母制度授权 载体

规制性要素是档案制度的存在基石，因为它决定着档案制度功
能本质的指向性。"档案本质上是信息，档案制度本质上是一种信
息制度，信息制度要维护的显然是优势集团、优势阶级的信息优
势。"③从这一认识来看，档案制度可以理解为一种关于档案信息权

---

① 诺斯. 制度、制度变迁与经济绩效[M]. 杭行，译. 上海：格致出版
社，2008：5.
② 林岗，刘元春. 诺斯与马克思：关于制度的起源和本质的两种解释
的比较[J]. 经济研究，2000(6)：58-78.
③ 陆阳. 论社会控制视角下的档案制度[J]. 档案学通讯，2015(4)：
9-13.

利配置的制度，这就意味着档案制度中哪些要素涉及档案信息权利的配置，哪些要素就是档案制度的核心要素。回到档案制度的规制性要素，可以观察到档案制度中的规制性要素较为集中地表现在档案法律和法规中（注：这类要素也有可能出现在名为档案文件管理"规范""标准""指南"中），而《中华人民共和国档案法》（以下简称《档案法》）又是规制性要素的集中体现，《档案法》为代表的档案法律、法规的内容范畴规定着档案的内涵和档案机构的功能、档案鉴定选择权利的配置、档案公布利用的权利配置规则等。正是这些规制性要素规定了档案信息权利从产生到管理乃至利用全过程的分配。由此看来，档案制度中的规制性要素反映了档案制度核心关切的部分，掌握了档案信息权利的配置，就掌握了档案制度的灵魂。

档案制度的规制性要素并非自我生产的，它是由外部更宏观的制度环境提供或者传导而来的，正因为档案制度中的规制性要素吸收了外部社会制度的核心要素，使得档案制度从其所依存的母制度中获得授权，从而支撑起其自身的合法性。档案制度中的规制性要素在不同社会发展阶段或者不同国家由于需要匹配母制度的要求，有时会表现出截然不同的方向选择。

如统治型社会中档案制度的规制性要素就是基于"权治"，这一阶段的社会制度特点表现为："国家对社会的管理实质上是一种不平等的统治，倾向于造就个体性的权威，它以统治者为中心，以实现统治阶级利益最大化为宗旨，以维护阶级统治为主要任务，以统治者的任意专断为管理方式"。① 这样的社会制度决定了档案制度的规制性要素就是要通过引导档案领域的信息活动全过程，从而达成巩固优势阶级信息优势的根本目的，尤其是在信息量稀少的时代里，档案承载着几乎所有重要信息，历朝历代的统治阶层控制了档案，就控制了所有的重要信息，也就取得了信息垄断权，从而形成自身的统治优势，此时档案制度的规制性就意味着排斥非统治阶层的档案权利，无论是形成档案的权利还是利用档案的权利。

---

① 褚添有. 演进与重构：当代中国公共管理模式转型研究［M］. 桂林：广西师范大学出版社，2008：36.

而在"善治"社会，强调国家权力向社会的回归，社会治理主体多元化，国家、社会组织和公民对社会公共生活进行共同管理，目标是公共利益最大化。这样的外部制度环境将同步引导档案制度进行信息权的再分配，由单纯的国家垄断，转变为在国家、社会组织和公民之间进行重新的档案信息权配置，规制性要素的限制范围、对象及方式会发生相应调整，在档案的收集范围、鉴定标准、开放利用等方面做出规制性规则的调整。由于规制性要素关涉档案制度的根本内核，它必然具备相当程度的刚性，在既存的社会制度乃至档案制度覆盖下，它的转变必然牵涉广泛，艰巨而复杂。

规制性要素在制度要素中具有核心性和较为刚性的特征，因此它的变迁与调整较为缓慢，并且最终取决于其依托的各项社会制度的变革，档案制度本身不是核心社会制度范畴，它的规制性要素变革需要等待核心社会制度变迁后的传导，其时滞性更为突出。以我国《档案法》为例，1987 年档案法正式颁布后，二十年间只进行了三次正式修订。我们观察到《档案法》修订过程中颇有代表性的规制性要素的表现。例如：1996 年档案法修订过程中调整了有关于转制国有企业档案的转让办法，国家档案局相关负责人解释了修改原因："这里为适应经济体制的改革开了一个口子。原《档案法》仅规定了'禁止出卖属于国家所有的档案'。而实践中，随着企业所有制性质的改变，原国有企业的档案所有权必然部分地发生转变。绝对禁止转制企业转让有关的档案是不符合实际的，并且企业历史资料中断也不利于国有企业改革过程中形成的新企业经营管理的连续性。《档案法》对此增加规定，实际上是允许企事业单位在转制等过程中，有偿地移交必须移交的档案"。[①] 这一修订本身反映的是社会产权制度的转变传导给档案制度的影响，以及档案制度中规制性要素依此进行的相应调整。

---

① 郭嗣平. 关于《档案法》修改的前前后后[J]. 北京档案，1996(8)：26-27.

3.1.3 档案制度中的规范性要素分析

3.1.3.1 制度中的规范性要素：理性与效率

规范性要素也是制度研究中较为集中的共识要点，制度中的规范性要素"规定着事情应该如何完成，并规定追求索要结果的合法方式与手段"。① 不同于斯科特认为规范性要素属于"价值观"的范畴，因为那样就无法与"文化-认知"因素进行严格的区分。制度构成中的规范性要素的存在基础是理性与效率，不针对特定主体，它把通过契约关系泛化而生成的规范作为整合社会的主要手段，用共同规范来取代权力意志和个人情感因素的不确定性。

制度中规范性要素的产生及变迁主要有赖于时代背景、技术与管理环境及对象的变化，一旦技术与管理环境发生变化，这类规则，如各类标准、指南就会随之变化，以回应效率和理性的要求。制度中反映规范类要素的内容更新速度相对较快，因为它直接受到技术和管理环境与要求的影响，而技术与管理的日新月异对其提出了高效回应的要求，它是使得社会事务在不触动规制性要素的前提下及时符合效率与理性要求的要素部分。规范性要素是制度要素中变化最快的部分，因此许多制度创新的路径会首先朝着规范性要素部分入手。

3.1.3.2 档案制度中的规范性要素：适应性执行工具与非独立性角色

档案制度中的规范性要素主要体现在各类文件、电子文件、档案管理的规范、标准、指南等（注：规范性要素也有可能出现在《档案法》及相关法规中）。档案制度中的规范、标准与指南是随着时代背景、技术环境和管理效率的要求而不断出现的。这些规范涉

---

① 斯科特. 制度与组织——思想观念与物质利益[M]. 姚伟，王黎芳，译. 北京：中国人民大学出版社，2010：63.

及的内容包罗万象，是对档案制度规制性核心要素的具象化执行工具，从各类专门档案管理到档案馆库乃至档案工作人员的管理、培训，从原有工作重点的细化到围绕国家重点工作推进而进行的更新，从传统的纸质文件管理到现代的电子文件管理等。此外，档案制度中的规范性要素仍然要有赖于规制性要素的范围划定，它是档案制度中不触动规制性要素的前提下进行的充实、扩展和细化的部分。

在促使档案制度规范性要素发展的背景中，时代背景、技术、管理环境的变革对其影响深远和显著，随环境变迁而变迁，也反映了规范性要素的强大适应性特点。这一点从我国国家档案局网站公布的 1956 年以来历年出台的规范性文件可以管中窥豹。首先，规范的时代性背景与管理环境和内容的变迁直接影响着新规范的出台。新规范中有事件性的，比如汶川地震发生后，国家档案局于 2008 年连续发布了《关于做好汶川地震灾后重建时期档案工作的意见》《关于做好抗震救灾工作文件材料收集归档工作的通知》《档案工作突发事件应急处理办法》三个规范文件。① 也有反映时代变迁的更具时代性的专业档案或者新增门类档案管理的，比如 2007 年发布了《关于加强民生档案工作的意见》，2015 年发布了《金融企业业务档案管理规定》《国土资源业务档案管理办法》等。② 其次，规范与技术变迁的关联也是直接与显性的。国家档案局最早于 1999 年发布了《国家档案局中央档案馆办公室关于在应用计算机辅助档案管理中加强病毒防范工作的通知》，此后分别于 2001 年、2005 年、2009 年、2010 年、2012 年发布了《档案管理软件功能要求暂行规定》《关于加强企业档案信息化建设的意见》《中央档案馆电子版档案数据接收规范》《数字档案馆建设指南》《电子档案移交与接

69

① 国家档案局. 其他规范性文件［EB/OL］.［2020-06-16］. http：//www. saac. gov. cn/xxgk/2011-12/31/content_13382. htm.
② 国家档案局. 其他规范性文件［EB/OL］.［2020-06-16］. http：//www. saac. gov. cn/xxgk/2011-12/31/content_13382. htm.

收办法》等。① 同时，我国在档案、文件管理领域也先后颁布了 13 个国家标准，66 个行业标准和 2 个强制标准。②

　　档案制度中的规范性要素并非独立于规制性要素以外，它对规制性要素具有或强或弱的依赖性。有学者曾经论述过电子文件管理规范的非独立性特征，指出："电子文件管理专有规范无法支撑起整个规范体系，在实际运用中，电子文件管理活动仍需要参照大量其他规范，规范体系中包含了其他规范（非电子文件专有规范），主要有文件档案管理规范、信息管理规范、业务/行业管理规范三类。究其原因在于，电子文件仅仅是文件档案、信息中的一类，与传统文件、一般信息相比仅仅是形式的不同，不具有独立、特殊的社会功能和法律地位，因此那些规制文件档案、信息的一般性规范（主要是法规）对电子文件仍然适用"。③ 这指出了电子文件管理规范的建设仍然需要建立在对文件档案管理、信息管理以及业务管理类法规的遵从基础之上，这一论述从一个侧面清晰反映出档案制度中的规范性要素仍然要服从于基本的规制性要素。

3.1.4　档案制度中的文化-认知性要素分析

3.1.4.1　制度中的文化-认知性要素：理解与认同

　　文化-认知这个框架是有关于行动共同理解框架的，文化是给认知提供界限的工具，或者说为认知提供了可能的前提，不同文化背景对于同一社会行为的共同理解可能存在很大差别。之所以强调这一框架，是因为要理解任何行动，都要在考虑行动者客观行动条件的同时，深刻把握行动者的主观理解。因为这一主观理解将直接

----

　　① 国家档案局. 其他规范性文件［EB/OL］.［2020-06-16］. http：// www. saac. gov. cn/xxgk/2011-12/31/content_13382. htm.

　　② 国家档案局. 政策法规：标准［EB/OL］.［2020-06-16］. http：// www. saac. gov. cn/xxgk/node_141. htm.

　　③ 章燕华. 电子文件管理规范体系框架研究［J］. 档案学通讯，2010 （5）：39-43.

影响到客观行动的过程及结果，心理学研究已经展示了这一点："认知框架参与了整个信息处理的过程，包括注意何种信息，对这种信息如何编码、如何保留、回忆，进行组织并成为回忆，到如何理解信息这一整个过程，并进而影响行动者的评价、判断、预测和推论".① 社会学制度主义同样强调制度的文化要素，认为"文化途径认为制度为人们的阐释和行动提供了道德性或认知性模板，个体因而被视为一种深深嵌入制度中的实体。这个由符号、脚本和惯例构成的制度世界为人们的阐释行为提供了过滤机制，它们不仅阐释外在的场景，同时也阐释行动者的自我认识，从而建构或约束人们的行动".② 也就是说在接收、加工和运用信息前，已经由文化-认知框架形成了内在的选择机制和偏好，它的强大之处在于不仅阐释外部场景，还决定内生偏好，由此形成了天衣无缝的过滤器。

建立在文化-认知框架基础下的制度理解与认同比规制性要素和规范性要素建立起来的制度认同更为牢固和深入人心。与规制性要素和规范性要素相比，文化-认知框架的形成过程漫长而复杂，且作用于人类社会的方式也更加潜移默化，共同理解框架的形成无形而隐秘，因此一旦固定下来，便获得了很高的独立地位。一旦接受某一文化-认知框架塑造的群体与个人，便在这一框架限定下进行信息处理和加工，再进一步指导其行为。比起规制与规范这类外部要素，文化-认知框架是内生性的，人们在不知不觉中就接受了它的形塑，并且深信不疑。因此，文化-认知性的制度要素某种意义上拥有比规制与规范更强大的认同力量。

3.1.4.2 档案制度中的文化-认知要素：档案观念塑造框架与元认知

档案制度中的文化-认知要素不是以显性的方式呈现在档案制

71

---

① 斯科特. 制度与组织——思想观念与物质利益[M]. 姚伟，王黎芳，译. 北京：中国人民大学出版社，2010：65.
② 马雪松，周云逸. 社会学制度主义的发生路径、内在逻辑及意义评析[J]. 南京师范大学学报(社会科学版)，2011(3)：61-65.

度各类具体规则中的，它是以社会大众以及制度制定主体对档案的心理认识与认同塑造为基础的，沉默而有力地融入档案制度的制定与执行和理解之中。

观察我国文化-认知框架对档案制度的影响，这一影响的传导过程分为两个步骤，第一个步骤是形成一个基准的文化-认知模型，第二个步骤是塑造与这一模型对应的档案观念。中国的传统文化形塑出一个集权、大一统式样的家国社会图样，"溥天之下，莫非王土，率土之滨，莫非王臣"，这为中国人的文化-认知过程提供了一个容器，而认知过程只能在文化图景中形成，习得文化图景为今后的认知提供了依据和界限。中国人对于档案观念的认知正是在这样的文化框架中形成的，我国传统的档案观念继承着档案乃宗教、政治功能中的神圣承载物，或者说是权力容器的观点，进而档案甚至获得了独立的权力符号地位。档案意味着官方的权威，首先为官方所有，为官方所用，为官记史，为官传世，是宏大的国家叙事的重要载体。古代诸子百家的档案观念可以证明这点：第一，档案是政典、法典；第二，档案是实行"礼治"以及借鉴历史经验的凭据；第三，档案是实行"法治"的依据。① 西周时期对档案政治功能的认识也充分表明了这一点，"文书档案的产生和使用是西周政府建立及运行的重要手段和特征……视档案为'国之重器'的价值判断是西周时期档案政治思想的核心特征"②。这些观点表明我国传统中对于档案认识的出发点主要集中于确立档案作为官方社会控制工具的功能定位，在长达几千年的历史发展过程中这一认识一直作为档案观念的核心层被加以固化和传递，成为中国人档案观念里挥之不去的元认知。

---

① 任汉中. 中国档案文化概论［M］. 北京：中国档案出版社，2000：107.

② 惠万举. 从神圣性到世俗性——先秦的档案思想世界［D］. 上海：上海大学，2016.

3.1.5 档案制度中的三要素关系分析

3.1.5.1 规制、规范与文化-认知要素间的关系：联合与强化

制度的三个要素通常情况下呈现为一种互相交织，共同作用的模式，但不同制度环境和社会发展阶段下，也会有优先级的区别。斯科特在明确了这三个制度的基本要素后讨论过三个要素的关系，他认为"制度的每一种基础要素都非常重要，并且有时其中一种或另一种会处于支配性地位，但更经常的情况则是它们在健全的制度框架中相互联合、共同发挥作用"①。"我们可以采用的一种方法是，视所有这些制度要素或者制度层面，以相互独立或相互强化的方式，构成一个强有力的社会框架，这种框架既能容纳又能展现这些结构性力量，是一种具有弹性的框架"。② 斯科特的看法给了我们认识制度三要素关系的一把钥匙，但这样的分析似乎过于平均了三要素的权重，其实在不同制度发展阶段和不同社会背景下，三要素的权重和作用是不同的。我们在前文分析基础上认为，在一般情况下，规制要素是制度的内核，为制度彰显结构性力量奠定总体结构框架，规范要素则是沿着规制要素限定的线路提升制度效率的工具，同时也可能起到增加框架弹性的作用，在不触及规制要素框架的情况下提供更多的便捷路径，使得整个制度具备更好的适应性，而文化-认知要素为规制要素提供合法性来源，起到巩固制度结构化力量的作用。但上述情形只是一般状态，还存在其他可能状态，如规制性要素进入稳定期，此时，规范性要素就成为最为活跃的显性要素，而文化-认知要素则呈现缓慢变迁，直至它演变成新的规制性要素改变的动因之一，此时，制度创新的主要方向就是规范性

---

① 斯科特. 制度与组织——思想观念与物质利益 [M]. 姚伟，王黎芳，译. 北京：中国人民大学出版社，2010：56.

② 斯科特. 制度与组织——思想观念与物质利益 [M]. 姚伟，王黎芳，译. 北京：中国人民大学出版社，2010：59.

要素的变迁。

3.1.5.2 档案制度中三要素间关系：核心、工具与合法性来源

　　档案制度中通常也呈现出三要素交织和相互强化的规律，并且在不同社会发展阶段，三种制度要素在档案制度中发挥作用的权重也会发生变化，这一现象可以引导我们根据社会发展的不同阶段来观察和指引档案制度变迁，使得我们的档案制度设计与创新能够更加符合客观规律。

　　档案制度中三要素的关系表现为，在多数社会发展阶段中，规制性要素必然居于核心地位，如《档案法》为代表的档案法律、法规所规定的某些内容决定了档案信息权利在社会各类主体间的配置；规范性要素则沿着规制性要素确定的方向为档案制度的实践提供效率保证和环境适应性，如各类文件、电子文件、档案管理规范及标准；文化-认知框架则为档案制度的认同提供合法性支撑，如全社会的档案观念。

　　由于档案制度的规制性要素规定着档案信息权利的分配，这说明认识档案制度的本质其实就是认识档案制度规制性要素的本质，档案制度中规制性要素的核心地位通常不会改变，因为它是"结构性力量"的框架边界，但规制的内容会发生变化，只有规制内容发生了变化，即档案信息权利配置规则发生了变化，才意味着档案制度的真正变迁。规制性要素变化是档案制度变迁和创新的重中之重，要在制度创新方面有所作为，当以此为突破口，特别是当代中国的档案制度，亟待在规制性要素中取得突破，这其中就包括开放利用、收集范围、鉴定制度。中外档案制度的发展历史中，突破性的制度创新都表现在开放利用制度的变化，比如法国档案开放原则的确立和中国历史档案开放的提出。而我们认为今后档案制度的创新逻辑将突破以往局限于开放利用的狭隘范畴，表现为三个递进的步骤，第一，从对现有档案的部分公开走向尽可能地公开，是对档案利用权力的重新配置；第二，调整现有范围档案的鉴定规则以使得入选档案的范围扩大，是对档案选择权利的重新配置；第三，调整收集范围，使得国家与社会组织、公众均成为档案的来源，是对

档案产生权利的重新配置。这三个步骤都涉及档案信息权利的重新配置，并且是层层递进的，但它们都属于规制性要素的调整范围，这些规制性要素变迁的方向与变迁逻辑能够使得我们认清档案制度创新的路径和指向之所在。

　　规范性要素在档案制度中是工具性的，比如各类专门档案、电子文件管理的各种规范、指南、标准，它们的出现和变化主要受到管理与技术环境的影响，因此变化频率较快，它负责提供技术与管理实现路径。它既可以在规制性内容不发生变化的情况下变化，也可以在规制性内容变化的情况下跟随变化。比如，档案开放或者档案收集制度中的规制性内容如果发生了变化，那么相应的档案开放和收集的规范一定会发生调整，但如果其不发生变化，那么也不妨碍这两个部分推出效率更好的工作规范与标准。正是因为档案制度规范要素的功能是追求档案工作的理性化和高效率，是档案制度中价值无涉的部分，因此它呈现出弹性较大的特点，增强了档案制度的总体适应性，使得档案制度在面临具体的工作实践中可以表现出解决问题的细微能力。还要注意的一点是，档案制度中的规范性要素也有担当主角的时刻，那就是档案制度中的规制性要素发生了重大变化后，继而规制性要素会在较长时期内呈现出稳定的状态，此时，档案制度中的规范性要素将会呈现出积极活跃的状态，这在我国《档案法》颁布后，各种规范文件、标准的大量面世可以清楚地观察到。这些规范性要素从各种角度适应、完善和补充规制要素的要求，成为制度三要素这一阶段最为积极和显性的部分。

　　档案制度中的文化-认知要素是配合规制性要素为其提供合法性支撑的，它一般先于规制性要素发挥作用，但也可能后于规制性要素作为其发生后的补充依据。胡鸿杰曾经讨论过档案与文化的关系，指出"档案作为一种社会活动的产物，它一定是在特定规则的影响下产生的。同时，档案的管理过程也一定产生着特定的规则。这就是文化与档案的基本关系，即文化的档案和档案的文化"①。沿着这一认识，档案制度则可以理解为档案的文化产物，而这一产

75

---

　　① 胡鸿杰. 文化与档案[J]. 档案学通讯，2004(5)：12-14.

物要受到其更宏大的外部文化框架的影响。比如当代中国代表文化-认知要素的档案观念就在发生着巨大的变化，这里有来自内外部档案文化的影响，比如 20 世纪末从国外传播来的档案从司法行政为基础转变为社会文化为基础的观念，国内外共同倡导的档案是社会记忆的组成部分的观念，国外的社群档案观念，我国近年来关注的家庭档案，民生档案，社区档案、口述档案等。这些理念无一不是在为理解和解读"档案"提供新的文化-认知框架，稀释档案作为传统的权力象征符号和国家叙事系统基本素材的认知背景，而将档案作为全社会叙事系统的基础，作为社会文化、历史的承载物来解读和认知。无论档案制度中规制性内容将要发生变化还是已然发生了变化，这些档案观念的变化都将成为其变化的合法依据，以静默的力量支撑起显性的规制性内容的转变。在规制性内容没有发生变化之前，这些转变了的档案观念可能成为引发其变化的动因之一，而如果规制性内容发生了转变，这些业已转变的档案观念将成为其顺利推行和实施的合法性依据。

　　综合上述的分析，档案制度的构成要素中，最为核心和关键的是规制性要素，因此档案法律、法规的制订与完善才是整个档案制度创新与发展的核心所在。档案制度中的规范要素，作为工具性要素，起到增强档案制度弹性和适应性的作用，它的作用发挥受到规制性要素边界的限制。档案观念的功能是潜在和深刻的，但它要想在实践中指导档案工作也只能通过档案制度中的规制性要素发挥作用，否则只能够作为引而不发的背景，难以发挥实际的效果。

　　分析和讨论档案制度的构成要素，辨别各类要素间的关系，区别其权重，引导档案制度变迁的正确方向，对三种要素区别对待，在不同阶段发展和推动关键要素的改善和变革，这样方能使得档案制度的变迁是符合档案事业要求以及富有生命力的。

3.2　档案制度的本质

　　档案制度作为整个制度体系的附属部分，与政治制度，经济制度乃至文化制度一样都具备着更深层次的功能指向。为此，本研究将探索档案制度自起源开始所表现出来的功能指向及其变迁趋势。当前的基本认识是：档案制度从起源之初乃至整个古代社会侧重于表达社会控制功能，此处将主要从档案制度的社会控制性质入手进行分析，这一分析将落脚于对档案制度的起源、变迁及其制度构成等方面。

3.2.1 社会控制与档案制度

3.2.1.1 社会控制

1901 年，美国社会学家罗斯在《社会控制》一书中首次提出社会控制概念。他从分析社会秩序出发，认为社会控制是指人们依靠社会力量，自觉地以一定方式协调个人与社会及社会各部分之间的关系，以使群体的社会活动或个人的社会行为符合某种社会规范和发展目标，从而保持社会相对稳定及和谐发展的方式系统。他还指出社会控制的手段包括：舆论、法律、信仰、宗教等。①

社会学还提出社会控制有广义和狭义之分，"广义的社会控制是指社会组织体系运用社会规范以及与之相应的手段和方式，对社会成员(包括社会个体、社会群体及社会组织)的社会行为及价值观念进行指导和约束，对各类社会关系进行调节和制约的过程。狭义的社会控制是指对社会越轨者施以社会惩罚和重新教育的过程"。② 简言之，广义的社会控制，泛指对一切社会行为的控制；狭义的社会控制，特指对偏离行为或越轨行为的控制。社会学更多地从广义角度理解社会控制。

社会控制可以视为是社会整体对于社会个体行为的边界规定和

---

① 罗斯. 社会控制[M]. 秦志勇，毛永政，译. 北京：华夏出版社，1989：38-47.

② 郑杭生. 社会学概论新修[M]. 北京：中国人民大学出版社，2003：401.

管制，而社会整体并非抽象的组合，任何社会整体所表达的都是这一社会取得优势地位的群体的意志。

3.2.1.2 档案制度的控制本质

"所谓档案制度就是在一定历史条件下形成的与档案事务相关的体系安排及特定成员在档案相关事务中所共同遵守的行为规则。档案制度既包括档案机构及其业务的安排，又包括具体业务过程中需要遵守的规则，如归档制度、鉴定制度、利用制度等"。①

档案制度呈现为一系列规则，但这一系列规则并非简单的客观条款，事实上，任何制度都有着更为深刻的自我意识与功能导向。马克思就深刻揭示了制度这一本质，"认为制度的本质就是在社会分工协作体系中不同集团、阶层和阶级之间的利益关系"。② 从马克思的观点出发不难看到，作为规则的制度具有强烈维护优势集团与阶级利益的功能。

那么，档案制度作为一项专门领域的制度，从形式上来看，它负责协调和控制档案管理事务的全过程，提供和限制档案活动的可能范围，并且负责协调个人与组织在档案行为中的冲突。但是从本质上来讲，它与一切制度一样，都应该具备维护优势集团、阶级利益的作用。那么，具体来说，档案制度是维护哪方面的利益呢？档案本质上是信息，档案制度本质上是一种信息制度，信息制度要维护的显然是优势集团、优势阶级的信息优势。拥有信息优势的最好办法就是尽可能实现信息垄断，这一目标正是通过档案制度的一系列规则，通过协调和控制档案信息的产生、组织与配置、传播等环节得以实现的。

3.2.1.3 档案制度与社会控制的相互联系

制度有两副面孔，一是社会控制，二是社会参与。也就是说，

---

① 陆阳. 权力的档案与档案的权力[J]. 档案学通讯，2008(5)：19-22.
② 林岗，刘元春. 诺斯与马克思：关于制度的起源和本质的两种解释的比较[J]. 经济研究，2000(6)：58-65.

制度一方面起着维护约束规则参与各方行动界限的作用，从而达成控制的作用；另一方面则起着提供规则，使得参与各方行动成为可能并遵守一致界限的作用，从而起到唤起参与以及提供参与空间的作用。社会控制是制度的重要功能，制度则是实现社会控制的普遍手段。

　　档案制度显然也有着这样的两面性。一方面，它为档案事务及档案行为提供可能的边界并使得档案事务清晰可辨；另一方面，档案制度如同前文所述，是优势集团取得信息优势的重要社会控制工具。

　　首先，社会控制是档案制度的基本功能。只不过相对于档案制度而言的社会控制是指优势集团信息优势的取得，而不是社会控制基本概念中使得个体或者社会群体服从社会规范这一意义。从档案制度的一系列规则来看，规则最本质的意义就是表达约束，也就是限制社会成员及组织的行为边界。之所以要制定档案制度的种种规则，其最根本的意图就是通过引导档案领域的信息活动全程，从而达成巩固制度制定主体信息优势的根本目的，而这一逻辑必然匹配着其他劣势群体乃至个体的信息劣势的确立。

　　其次，档案制度是信息优势取得的基本手段。档案是信息的一种，某种程度上来讲，特别是对于古代社会而言，档案概念甚至覆盖信息概念，举凡重要的信息都要以文书、档案的方式记录留存，对于古代君王而言，控制了档案，就控制了所有的重要信息，也就取得了信息垄断权。而即使对于现代政府，档案作为原始、真实的一手信息，特别是其中大部分内容是围绕各级政府运作形成的同步伴生记录，势必成为其最为关注的权重信息类型。而对于这样一部分权重信息的产生、维护、传播、配置的全过程必然要辅以一套基本的规则进行约束与控制，而这一基本手段就是档案制度。

3.2.2　档案制度起源中的社会控制动机

　　对于制度起源的理论讨论中，我们常常看到以诺斯和马克思为代表的不同观点。诺斯倡导社会制度起源的契约论。① 他认为制度就是前文所提及的定义中的规则，他以个人之间的市场交易行为为前提，认为制度的作用就是通过正式和非正式规则实现交易的公平性，形成稳定预期，从而降低交易成本。

而马克思则提出社会制度起源的生产力论。② 按照马克思的观点，社会制度的起源是源于阶级的产生和利益的分化。换言之，占据优势资源的阶级通过建立制度巩固和维护既定的优势，也就意味着马克思的制度起源论认同制度本质的社会控制作用。

那么，档案界对于档案制度起源的观点使用了上述哪种观点呢？仔细梳理档案界关于档案制度起源的观点后发现，档案学界取得主流认识地位的是以吴宝康先生为代表的"阶级社会起源说"。他指出，"所谓档案是阶级社会的产物，实际上就是说档案和档案工作是出现阶级和国家后，由于国家管理事务和统治的需要，而把有条理的数量日益增多的文书保存起来以备查用的情况下产生和形成的"。③ 周雪恒先生也持有此类观点，他认为："档案的产生是直接和国家的产生联系在一起的。随着阶级的出现，国家的形成，人事日繁，治理日密。在阶级统治过程中需要有一种权威来发号施令，以调节矛盾，作为管理众人之工具。文字之所以产生，就是因为国家管理的需要，因此，文字之最初形式是文书，即原始社会瓦解，有了剥削和压迫，人们之间有了根本的利害冲突。国家要进行管理工作，才有了文书、档案产生的社会需要。"④而国外学者则这样描述档案的词源，"档案的权力与档案的概念一样古老。档案一词起源于古希腊词汇 arche，本身就意味着权力或者政府。对古希

① 林岗，刘元春．诺斯与马克思：关于制度的起源和本质的两种解释的比较[J]．经济研究，2000(6)：58-65.

② 林岗，刘元春．诺斯与马克思：关于制度的起源和本质的两种解释的比较[J]．经济研究，2000(6)：58-65.

③ 吴宝康．档案起源与产生问题的再思考[J]．档案学通讯，1988(5)：4-8.

④ 周雪恒．中国档案事业史[M]．北京：中国人民大学出版社，1994：6.

腊城邦的统治，无论是对其内部的组织管理还是施以规范与训诫的权力，都有赖于文件的产生和保管"。①

当然，严格地来说，以吴宝康先生为代表的档案学者考虑的是档案和档案工作，并未提及档案制度一词。档案和档案工作的产生与档案制度的起源并非等同的概念，档案制度的起源一定是晚于档案和档案工作产生的，档案制度产生的前提是档案积累到一定数量，而档案管理工作的规则也逐步形成，比如管理主体的明确，管理方式的固定等。档案的产生从某种意义上来讲是否一定跟阶级或者国家有关尚待讨论，也许是出于人类记忆的自然需要而产生的辅助记忆手段。但档案工作甚至是档案制度的出现则毫无疑问是基于阶级的产生与分化，这时候国家才会出于维护自身利益的需要有意识地建立稳定的规则来控制作为信息载体的档案，达成信息垄断的目的，从而形成档案制度。因此，如果档案和档案工作起源于阶级社会的观点成立的话，那作为晚于档案与档案工作产生的档案制度则更确定无疑是阶级社会的产物。

而对于档案制度是形成于阶级社会这一点也得到了史料的支撑。我国档案制度的雏形可以从集中管理的出现和专人管理这两点中寻得印迹。首先，作为阶级社会的殷商时期甲骨卜辞的已有集中形式，其证据就是陈梦家在对殷墟进行详细考证之后认为："卜辞集中出土于殷都安阳，而卜辞所记占卜地往往在殷都以外，可见这些在外地占卜的甲骨，仍旧归档于殷都"。② 这充分证明当时已经有集中管理的意识以及集中管理的实践。另外，当时已经出现了由专门的史官进行管理的迹象，其证据是"非卜辞的卜事刻辞，除了记述甲骨的来历、整治以外，还有经管的卜官的名字，可见当时有人经管这些档案"。③

① Eric Ketelaar. Archival temples，archival prison：modes of power and protection[J]. Archival Science，2002(2)：221-238.

② 陈梦家. 殷墟卜辞综述[M]. 北京：中华书局，2004：46.

③ 中国人民大学历史档案系档案史教研室. 中国档案史参考资料：奴隶社会和封建社会时期[R]. 内部使用，1962：5.

从国内外学者对于档案制度的起源研究中可以得到这样的认识：档案制度起源论沿袭了马克思主义对于制度起源的根本原理，即档案制度的产生与其他制度的起源一样，都是随着阶级的分化，取得优势的集团或者阶级组成政府，而政府出于行使和维护权力的需要，必须要对其核心的管理工具，即承载信息的文书进行专人负责的集中控制，这就是早期的档案制度。而根据马克思对于制度起源的解释来看，任何制度都是具有明确的优势集团控制弱势集团及个体的根本作用的，体现在档案制度中，其本质就是实现优势集团对国家管理信息的全面垄断与控制，而在信息量稀少的时代，对于档案的控制就显得尤为重要，甚至是至关重要的。

3.2.3 档案制度变迁中的社会控制意图

关于制度的变迁方式，有三种主要观点，一是以哈耶克为代表的演进理性主义变迁观。认为社会制度是在人们相互交往的过程中，通过诸多未明确意识到其行为结果的人的行动，经由"试错过程"和"适者生存"的选择机制而逐渐生成并演化扩展的。另一种思路是以诺思为代表的建构理性主义变迁观。这种观点认为制度的生成和变迁是由人的意志所决定，是人们主动设计、选择的结果。①第三种观点则是卢瑟福所言："新老制度主义者都承认制度有可能被精心设计和实施，也有可能在未经筹划或'自发的'过程中演化。"②

课题团队对档案制度变迁方式的认识则与卢瑟福的观点很接近，认为档案制度既不是全然的设计更不是全然的自然演化结果，而是受到既存制度提供的可能性基础下的自然演化结合有意设计，同时可能产生设计外结果的一种专业制度。

首先，档案制度是一项专门领域的附属制度，是在既存制度背

① 熊辉. 制度的自发演化与设计[D]. 武汉：华中科技大学，2008.
② 卢瑟福. 经济学中的制度[M]. 北京：中国社会科学出版社，1999：98.

景下产生的，档案制度是包裹在更宏观制度之内的，既存制度对它的起源起着重要的制约和供给作用。比如国家组织制度，不同的国家组织制度衍生出不同的档案制度，这一点可以用来解释世界范围内为什么会出现集中式和分散式两种档案管理制度。凡勃伦关于制度整体性的观点极好地佐证了这一点，他认为"在任一时期以及任一民族中流行的一些礼法、风俗和习惯，总是或多或少具有一种有机统一体的性质，因此在结构的任一点上的显著变化，即使没有引起全面的改革，也将引起别的方面的某些变化或调整。"①从这一点来看，档案制度对于既存制度具有极强的路径依赖性，它只能在既存制度框架内进行演进或者设计，而既存制度基于马克思的制度起源论来讲，是必定有着强烈的社会控制意图的。

其次，档案制度是自然演化与设计结合和交织的结果。这一过程的开端先是自然演化，由于早期人类社会文字材料珍贵稀少，掌握文化的人数量极其有限，而成文的记录多半记载着国家管理过程中的重要信息，随着文字记录的自然增多和对其重要性的逐渐认知，使得社会资源的掌控主体，即国家也意识到对其进行管理和控制的必要，即建立档案制度的必要性。当然，任何制度设计的后果未必是全然理性的，因为制度设计者也存在知识的缺陷，更遑论制度环境可能的巨大变化。但档案制度的设计者只需要知道，通过档案制度可以将所有有关于国家管理事务的信息都牢牢地掌握在自己手中，从而确立了自己在信息交换中的绝对优势，建立起信息控制的森严壁垒，将其他竞争集团与个体牢牢地置于信息劣势，从而实现社会控制的绝对优势。信息在当时的重要性是自然演化的部分，而人们意识到这一点，并且巩固和强化这一优势则是制度设计的部分。

再次，虽然我们认同档案制度是自然演化与设计结合交织的结果，但制度设计的部分应该得到更多重视。因为任何制度的设计与安排都是有功能指向的，而档案制度的功能导向从根本上来讲是确

① 凡勃伦. 有闲阶级论——关于制度的经济研究[M]. 北京：商务印书馆，1964：147.

定的，就是要使得优势集团取得基于信息垄断的社会控制优势，所有自然演化的部分最终都将成为社会控制这一根本功能性质服务的基础。档案制度的设计目的从某种角度上来讲，就是通过档案规则确立优势集团与对手之间的信息不对称性，从而使得档案制度的设计主体拥有信息的绝对优势，对其他劣势群体与大众无论从获得的信息的数量和质量都进行了限制。换言之，就是使得档案的控制者占有更完全的信息，以及确立对于公众和其他组织间的信息不对称优势。

3.2.4　档案制度功能中的社会控制实现

档案制度不是一个抽象的名词，它需要通过转化成各项具体的规则来实现自身的社会控制功能。或者说档案制度的主要组成部分是实施制度本身控制功能的具体执行工具。档案制度的核心组成部分包括档案机构的组织制度、档案收集制度、档案鉴定制度已经档案利用与开放制度。下文将从以上几个主要的档案制度组成部分入手来讨论各部分所展示出的社会控制功能——即信息优势的取得。

3.2.4.1　档案机构组织制度

档案机构的组织制度包括对档案行政机构及档案馆的设置制度，我们发现中外档案机构的设置基本或者大部分秉持着国立、国有的基本思路，档案行政机构的设置毋庸置疑是在政府组织序列中的组成部分，本身就是体制内的行政机构，代替政府行使着调节和规范档案事务的职责，理应服从服务于政府总体的社会控制意图中档案领域的控制事务。而大多数不具备档案行政机构的国家也大多有着若干国立档案馆(虽然有私人档案馆，但规模与数量都显著弱小)，国立档案馆的资金、资源及人员配置均来自政府，承担着集中控制记载国家宏大叙事的档案集合体的重任。档案机构与政府的密切联系使得我们不难发现，作为资源的提供者，政府对于档案机构具有绝对的支配权，由此不难推论出，政府对于档案机构所掌控的档案资源也具有绝对的支配权，这无疑是取得信息优势的标志。

3.2.4.2 档案收集制度

从档案收集制度来看，中外档案馆的收藏范围能够清晰呈现出其帮助国家建立信息优势的脉络。以我国国家档案馆和美国国家档案馆为例。美国国家档案馆的主页介绍上清晰地说明："美国国家档案馆保管的是联邦政府机构在行政活动过程中产生的重要文件"。① 我国国家档案局于 2011 年 11 月 21 日颁布的《各级各类档案馆收集档案范围的规定》明确规定各级档案馆的接收范围是下列组织机构的档案：①中国共产党委员会及所属各部门；②人民代表大会及其常设机构；③人民政府及其所属各部门和单位；④人民政协及其常设机构；⑤人民法院、人民检察院；⑥各民主党派机关；⑦工会、共青团、妇联等人民团体；⑧国有企业、事业单位。这一档案馆接受档案组织范围的给定充分说明了档案馆是以政府为主体的相关公共部门生产的档案信息资源作为主要管理对象的。这样的收集范围表征着档案馆能够收集和集中管理的范围基本上是围绕政府中心的，得到的馆藏和有序的信息记录主要是围绕政府形成的，而对于民间叙事的部分则少有关注。这样一来，档案馆中有序积累着的系统、完整的档案基本上是围绕官方叙事展开的，相对于分散、零散的民间叙事来说，这样系统完整的官方信息系统无疑可以帮助国家巩固地建立其信息优势地位。

3.2.4.3 档案鉴定制度

档案鉴定是整个档案管理流程中最为核心的环节之一，因为这个环节决定着哪些文件能够取得成为档案而永久留存下去的资格。外国学者曾对这一环节有过如下生动的陈述，"主要的历史诠释行为并非发生在史学家打开档案盒之际，而是在档案工作者装盒之际，在于另外百分之九十八被销毁的未装进档案盒的文件潜在的影

---

① National Archives. About national archives ［EB/OL］. ［2020-04-8］. http：//www. archives. gov/about/.

响。这是档案工作者和史学家之间最大的沉默，它被称为档案鉴定"。① 而鉴定制度中最为核心的问题是鉴定主体的选择。鉴定主体由近代的行政官员向现代档案人员转移，这一转移看起来确实使得档案鉴定权从权力的绝对同谋者——行政官员，置换为看似中立和远离权力中心的档案工作者。但如果熟悉档案鉴定流程就会发现，初次鉴定的过程中，行政部门与档案部门会商的制度显示出行政部门的意见仍然占据重要位置。并且，即使档案工作者掌握了全部的鉴定权力，在既定档案观念的引导下，他们也仍然会不自觉地将体现主流价值观的官方叙事作为最重要的组成部分纳入档案体系。从鉴定制度的核心环节中再次看到了档案资格的取得是由优势集团掌控的事实。

3.2.4.4 档案利用与开放制度

档案利用与开放是整个档案制度系统中最为关键与核心的部分，它表征着档案信息权力的配置方式，也是信息垄断方式最直观的部分。

从古至今，档案的利用就受到种种限制。奴隶社会、封建社会中，档案作为特权阶层的统治工具将大众排斥在利用范围之外，档案信息完全由当权阶层垄断。直到法国资产阶级革命中颁布了"穑月七日档案法令"，第一次明确了档案向公众开放的原则，档案开始从全封闭状态进入了半开放状态。但事实上，直到今天，档案仍然在利用与开放方面设置了重重门槛，远未达到开放可能的上限。档案的封闭期制度以及档案的密级制度、公布权制度，包括各种利用档案的获取条件的限制等，使得档案信息的实际开放比例远低于开放的理想状态。换言之，这表明，在档案信息资源的配置方面，政府仍然处于强烈的优势地位，与普通公众与组织形成了鲜明的信息鸿沟，而这一鸿沟的挖渠者便是档案开放与利用制度。

---

① 库克. 铭记未来——档案在建构社会记忆中的作用[J]. 档案学通讯，2002(2)：74-78.

档案制度背后的功能动机将引导或者说规定着档案制度的形式和内容,因此,从档案制度背后的本质出发,才是发现和认识档案制度真相的有效途径。

4 分析框架：社会治理背景下档案
制度变迁的理论解释维度

社会治理背景下，档案制度发生了怎样的变化，从什么样的角度去观察这种变化，社会治理模式与具体推动制度变迁的动力因素发生了哪些变化，这些变化又如何传导给档案制度，从而引发档案制度的变迁。不同的观察角度之间又存在着什么样的有机联系。为了全景式地解释档案制度的变迁过程与内在逻辑，研究沿着治理模式对于档案制度变迁的影响，动力因素对于档案制度变迁的推动作用以及档案制度变迁过程中采取的变迁方式进行综合性理论解释。

4.1 治理模式与档案制度变迁

社会治理模式是基于治理主体、治理途径、治理关系对社会治理进行类型化的分析方法，这样的理想类型分类法有助于更准确、直接地把握治理类型之间的区隔，也为比较研究提供了良好的研究工具。在社会治理模式类型化的基础上框定与发现档案制度的变迁表现，能够更准确地发现两者之间的内在联系与规律。

4.1.1 社会治理模式的理论分析框架

20 世纪 90 年代，一种以社会为中心的治理模式正逐渐兴起，它强调国家与社会的互动。之后，库曼提出自我治理、合作治理和层级治理这三种社会治理模式。① 燕继荣以治理理念、方式为依据，将社会治理模式分为霸道、王道、民道②，可见大多数学者认为社会治理模式要向强国家——强社会的民主参与模式发展，一方面要求国家积极发挥领导和协调的中心作用，另一方面要求建立相关的监督机制对国家的社会治理过程进行规制。

张康之教授提出了"社会治理模式的理论分析框架"，他从历史和逻辑的视野综合考虑，将社会治理模式分为统治型社会治理模式、管理型社会治理模式、服务型社会治理模式，这种观点迎合了社会发展的大潮流，在学术界占据主流地位。关于社会治理模式类型化的描述，可用表4-1概括。

表4-1　　　　社会治理模式的理论分析框架及其特征

项目	统治型社会治理模式	管理型社会治理模式	服务型社会治理模式
社会治理主体	国家	国家、社会组织	国家、社会组织、公民
社会治理途径	权治	法治	德治
社会治理关系	以权力关系为主导	以法律关系为主导	以伦理关系为主导

4.1.1.1　统治型社会治理模式

国家作为统治型社会治理模式的唯一社会治理主体，权力高度集中，对社会的管理实质上是一种不平等的统治，倾向于造就个体性的权威，它以统治者为中心，以实现统治阶级利益最大化为宗旨，以维护阶级统治为主要任务，以统治者的任意专断为管理

---

① 唐文玉．合作治理：权威型合作与民主型合作[J]．武汉大学学报（哲学社会科学版），2011(6)：60-65.

② 燕继荣．霸道 王道 民道 三种统治模式下的社会治理[J]．人民论坛，2012(6)：4.

方式。①

　　张康之认为统治型社会治理模式的社会治理途径是"权治"，即依权治理，以权力关系为主导，其中的一切治理关系都是在权力关系上生成和展开的，法律关系和伦理关系只是作为权力关系的调节因素而存在。在管理方式上强调技巧性，权术与权谋是这种管理的必要手段。统治型社会治理模式通过国土扩张来达到扩大治理对象的规模的目的，但是又不让其作为一个整体，而是采用"分而治之"的方法。社会被划分为不同的等级，在古罗马有贵族、骑士、平民、奴隶，在中世纪有封建主、臣仆、行会师傅、帮工、农奴，而且几乎在每一个阶级内部又有一些特殊的阶层。② 统治型社会治理模式，是以地域、种族、家族等因素为基本依据而把治理对象隔离成不同的部分，在此基础上制造出不同身份群体间的矛盾和冲突，使不同的身份群体不至于结成反对统治者的共同力量。③

4.1.1.2　管理型社会治理模式

　　政府统治职能日益萎缩，管理职能日益增强，统治型社会治理模式开始向管理型社会治理模式转型。国家和社会组织构成了管理型社会治理模式下相对平衡的二元社会治理主体，社会组织作为新兴的社会治理主体分担了国家的一部分管理职能，参与到了社会管理的过程中。

　　管理型社会治理模式的社会治理途径是"法治"，即依法治理，以法律关系为主导，以经济、效率为主要价值取向，造就制度以及体制的权威。管理型社会治理模式以泰勒的科学管理原理与韦伯的官僚制为理论支撑，推崇的是庞大的官僚制机器，建立的是一套自上而下的权威与严密的等级秩序，偏重于科学分析和工具理性立场

---

　　①　褚添有．演进与重构：当代中国公共管理模式转型研究[M]．桂林：广西师范大学出版社，2008：36.

　　②　中共中央马克思恩格斯列宁斯大林著作编译局．马克思恩格斯选集．第一卷[M]．北京：人民出版社，1995：272-273.

　　③　张康之．论伦理精神[M]．南京：江苏人民出版社，2010：131.

而忽视人类直觉、情感与道德。① 管理型社会治理模式追求效率与公平，为了克服权力意志和个人情感因素的不确定性，将契约关系泛化而成的法律作为社会治理的途径。

4.1.1.3 服务型社会治理模式

服务型社会治理模式不再从顶层设计的角度出发，而是趋于扁平化发展。服务型社会治理模式的社会治理主体呈现出多元化的特点，由国家、社会组织和公民共同管理社会公共事务，使公共利益最大化，它强调国家权力向社会的回归。

服务型社会治理模式的社会治理途径是"德治"，即依德治理，以伦理关系为主导，用内在的信念取代一切外在的权威。伦理关系是以真实的集体行动取代虚假的集体行动，并且在赋予个体指向性的同时也赋予其充分的自由，将个体行动整合为集体行动。这是属于依据规范合理的制度和体制的集体行动，而不是随机性的社会动员下的集体行动，或者说它是以合作的形式出现的有机性的集体行动。② 除此之外，权力关系和法律关系也是服务型社会治理模式的互动基础，起到辅助治理的作用。

4.1.2 社会治理模式对档案制度的影响

人类社会治理结构运动会导致社会治理模式的演变，这是一种必然规律。档案制度是在特定的社会治理模式背景下制定的，在不同的政治、经济、文化环境下会表现出不同的特点，档案制度的演变是社会治理模式转型在档案领域的具体表现。因此，此处提出"社会治理模式影响档案制度"这一合理假设。

91

---

① 谢治菊. 社会治理模式演进中伦理精神的迷失与回归——基于张康之教授《论伦理精神》的社会治理历史反思[J]. 学习论坛，2012(4)：55-60.

② 张康之. 论伦理精神[M]. 南京：江苏人民出版社，2010：164.

4.1.2.1 社会治理模式对档案制度管理主体的影响

统治型社会治理模式中国家是唯一的社会治理主体，其权力高度集中并渗透到社会生活的方方面面。档案工作不具备独立性，完全依赖于政治活动，因此国家对于档案具有绝对的支配权，而档案制度的制定与实施主要服务于国家统治的需要，档案管理的主体就是统治型社会治理模式的实施主体——国家。

管理型社会治理模式下，社会组织的兴起对于合理有效地分配社会公共产品和平衡社会公共利益起到了至关重要的作用。社会组织在社会建设的过程中占据重要地位，社会组织贴近大众，能够对公民的诉求进行及时、有效的反馈，成为社会治理队伍中的鲜活力量，公民倾向于通过社会组织来表达自身的档案利用诉求。

为了适应社会发展的现实需要，服务型社会治理模式打破国家垄断社会治理的格局，摆脱政府本位的思想桎梏，引入其他社会力量参与政府的社会治理过程。档案志愿者的参与为档案工作注入了新的活力，近年来英国档案志愿者的数量和参与时间保持稳步增长，2008—2009 年度参与档案部门的志愿者数量为 2764 名，平均每位志愿者参与到志愿活动的时间为 74.4 小时，2010—2011 年度这两项数据分别上升至 3180 名和 80 小时①，建立了合作型的伙伴关系，打造了国家—社会组织—公民合作治理的全新模式，多个档案管理主体之间的协调和互动，有利于实现档案的社会化管理。

4.1.2.2 社会治理模式影响档案制度的实现途径

统治型社会治理模式是以统治阶级为核心，统治阶级利用强权力实施社会控制，国家权力具有至高无上的特性。遵循韦伯所设计的层级式权力体系，权力的流向是单一的、自上而下的，档案制度为政治权威服务，是优势集团采取顶层设计的方式制定执行。

管理型社会治理模式是以强制性的法律途径为依托，追求公平

---

① 张学斌. 档案工作中的志愿服务探析——以英国档案志愿服务为例[J]. 档案学研究，2015(2)：119-123.

规则的背后实际上是出于个人效率以及社会长久发展效率的考量。从制度经济学的角度出发，社会治理的发展规律表现为从一般规则到具体规则。档案制度作为一种具体规则从属于具有普适性的社会准则——一般规则，如宪法、基本法等。当档案制度与社会的一般规则发生冲突时，以一般规则为准绳，规范和调整相应的档案制度。

服务型社会治理模式的社会治理主体呈现出多元化的趋势，权力结构呈现出相对离散的趋向，社会组织和公民维护自身权利的意识日渐增强，公众对知情权、参与权、表达权、监督权等公民权利充满期待，此时权力的流向是多向的，强调主体间的协调和沟通。从金字塔型的科层制官僚组织到扁平化的组织结构，为了实现社会资源有效整合而构建的档案制度体系，需要加强国家、社会组织以及个人的良性互动，达到多元社会治理主体自愿、平等、合作的目标。

4.1.2.3　社会治理模式对档案制度设计方向的影响

统治型社会治理模式下，由于档案工作对政治的依附性，使其成为阶级斗争的工具，"诏、诰、令、中、简、册、簿、书、谱牒"等文件是统治阶级意识形态的表现，档案的内容就是优势集团在统治过程中形成的重要记录，如财务档案、政绩文书、户籍档案等，具有"资政"的特点，因此服务对象仅限于统治阶级，对外则实行全封闭的档案管理方式。

管理型社会治理模式一般认为"个人对组织的信任更多地依赖于契约形式，是一种集体信任；而个人对国家的信任更多地依赖于制度资源，表现为个人对制度的认同和忠诚，是一种委托信任"。①国家管理社会事务的公权力实际上是由公民以委托——代理的形式赋予国家的，公民将私权利让渡给国家，是对国家制度环境的信任，倘若国家未能履行其责任与义务，使得公民的个人权益受到损

93

---

①　陈潭. 单位身份的松动——中国人事档案制度研究[M]. 南京：南京大学出版社，2007：83.

害，那么公民与国家之间就会产生信任危机，可能会导致"人们业已失去了对真正的事实给予尊重的做法。所剩下的只有行政管理的事实，也就是说，只有由每一个专业职能部门依据知识的狭隘分类，刻意制造出来的事实"。① 这些事实缺乏合理性和客观性，是行政管理过程中对政府职能的碎片化处理，是按照既定的标准和目的经过刻意选择、精心设计以呈现给社会大众的，在档案工作中体现为档案的内容多为国家和政府在管理社会过程中形成的档案，以及对国家和社会具有重大意义的私人档案，作为社会主体的普通公民在社会活动中产生的档案被排除在传统的档案收集范畴之外，并且在档案工作中也缺乏社会边缘群体的发声机制。

因此，服务型社会治理模式下的档案部门要充分发挥和调动公民个人的积极性、主动性、创造性，激发他们维护个人档案权利的意识，在监督国家档案工作的同时，也为档案工作的建设和发展贡献自己的力量。档案所包含的内容除了国家、精英阶层，还包括普通公民，私人档案、家庭档案、社群档案正是顺应这种时代潮流而兴起的，公民参与档案管理对于构建民间记忆关系重大。近年来，微博、论坛等社交媒体也推动了档案工作的开展，符合"建立覆盖广大人民群众的档案资源体系"战略的要求。

4.2 动力因素与档案制度变迁

如何实现档案制度在社会治理背景下的全面改进、包容发展、变革创新，不仅要从外在因素入手考虑影响制度发展与变迁的环境因素，更需要从制度本身思考其演变的解释性框架。诺斯对制度变迁三大基石的系统性解释，结合社会治理的视域对档案制度变迁的因由进行分析，能更直观地理解作为动力的三大基石在社会治理背景下的演进特点，并理解其对于档案制度变迁的具体推动作用。

---

① 克罗齐耶. 法令不能改变社会[M]. 张月，译. 上海：上海人民出版社，2008：67.

4.2.1 档案制度变迁动力因素的理论分析框架

诺斯的制度变迁理论将很大一部分重心放在围绕制度变迁的动力研究上，并基于动力研究提出了三个影响制度变迁的变量："对经济活动产生动力的产权、界定和实施产权的国家以及决定影响人们对客观存在变化的不同反应——意识形态。"①在国家理论的部分，诺斯结合了传统的掠夺论与契约论两派观点，经过批判吸收创立了符合显示国家发展的"暴力潜能"②分配论。他认为国家兼具契约性与掠夺性，既寻求作为统治者的租金优势，又致力于保证全社会的产出与福利。在产权理论的部分，诺斯认为有效率的组织"需要在制度上作出安排和确立所有权以便造成一种刺激，将个人的经济努力变成私人收益率接近社会收益率的活动"③，以此指出明确产权的必要性。诺斯将经济领域的产权解释为人与人之间的经济关系，且这种关系能体现在产权的排他性、内在化与激励性中。排他性意味着产权在竞争社会中为保证更有效率的组织形式应得到界定；内部化意味着产权结构通过将私人受益在最大范围内接近社会收益而实现效率化提升，实现交易成本外部化；激励性意味着产权是"国家统治者的欲望与交换当事人努力降低交易费用的企图彼此合作"④的产物，降低交易费用、保证预期收益是合理产权结构的最终目标。在意识形态理论的部分，诺斯为了解决经济学中的"搭便车"问题对意识形态作出了系统的理论论述。他指出"理解驱

① 诺斯. 经济史中的结构与变迁[M]. 陈郁，罗华平，等译. 上海：上海人民出版社，1994：7.

② 诺斯. 经济史中的结构与变迁[M]. 陈郁，罗华平，等译. 上海：上海人民出版社，1994：14.

③ 诺斯. 西方世界的兴起[M]. 厉以平，等译. 北京：华夏出版社，1999：5.

④ 诺斯. 经济史中的结构与变迁[M]. 陈郁，罗华平，等译. 上海：上海人民出版社，1994：17.

动人类作出制度构建的潜在力量"①非常重要，而这种意识形态是一种为减少人类社会相互作用的不确定性而加之在生活上的结构。诺斯在他的共享心智模型中认为能够降低交易成本的制度必须通过共有信念的驱动才能建立，该模型会受到社会交往与环境反馈的影响。下文将阐述诺斯的国家、产权、意识形态理论模型在档案制度建构中的表现，阐述三重动力因素与档案制度之间的相关性。

4.2.2　三大动力要素在档案制度变迁中的作用

4.2.2.1　国家在档案制度变迁中的作用

诺斯在探讨国家对于制度的作用时指出，国家实质上是一个"提供保护公正而收取税金作为回报的组织"②，换言之，国家是一个类似于企业的比较利益组织，通过制定有关约束"竞争与合作的规则"来规范社会运行的秩序，最终保证国家安全与稳定。他将国家视为一种本身具备垄断力的"制度安排"，在传达其组织特性时具体体现为对制度环境的把控，而在档案领域，国家作为制度安排的作用往往可以通过立法机关与行政机关对档案事业方向的规划、档案法律体系与工作规则的设计和社会中有关档案领域舆论环境的塑造等方面展现。关于组织的制度研究，斯科特曾提出组织化的制度分析应从规制性、规范性与文化——认知性要素入手，从强制与规范维度、使能维度、理解同化维度对制度构成框架进行阐述，受此启发，此处将从利益博弈的控制和效率迭代的推动两点对国家在档案制度供给中的特点进行简要分析。

一方面，是国家对档案制度利益博弈的控制力。诺斯认为国家

---

① 诺斯. 理解经济变迁过程[M]. 钟正生，邢华，等译. 北京：中国人民大学出版社，2008：12.

② 诺斯. 经济史中的结构与变迁[M]. 陈郁，罗华平，等译. 上海：上海人民出版社，1994：24.

提供服务的过程存在"统治者租金最大化与社会产出最大化"①的
博弈，即存在利益分配的平衡问题，在此过程中，权力的天平无疑
需要在统治集团与社会公众间进行选择，其中无处不涉及国家制度
安排中的利益倾向性。在不同的社会发展阶段，国家的档案制度安
排对于国家自身的利益与社会利益的配置问题具有不同的标准，并
从思想和内容两方面进行渗透和体现。

在思想渗透的方面，表现为以渐进的方式将合理的、正确的
"国家与权力的关系模型"向公众传导。具体来说，在权治社会，
统治阶级居于至高无上的地位，并占据着利益分配的上游。为达到
权力垄断、便于统治的目的，古代君主通过宣扬"王权天命""君权
神授"的迷信思想，君王掌权被视为神明的旨意，于是便形成了设
置史官占卜替神的早期档案制度，以此借神旨来控制民众的思想和
行动，巩固集权。而在善治社会，在国家与社会的利益博弈中，国
家意识到将权力的一部分让渡给社会更有利于整个国家的有序发
展，加强了诸如"共治、共建、共享"等理念在公共信息空间中的
传播，以加快国家的"善治"建设步伐。

在内容体现的方面，国家通过构建具体的制度平台以实际规则
控制利益的分配。在权治社会，我国古代的档案制度安排呈现出保
管制度的集中性、史官任职制度的世袭性、文书档案撰写与命名制
度的规范性等显著特点，种种制度都是为皇室巩固信息优势，将庶
民排除于档案信息接触渠道之外，国家在档案制度中的利益控制力
得到充分体现。在善治社会，国家与社会在档案信息权利配置过程
中的地位逐渐均衡，档案制度的最终目的是实现档案资源的广泛利
用，国家开始倡导公共权力在档案制度的设计与实施等各方面发挥
作用，确保档案制度发展符合最广大的公共利益。

另一方面，是国家对档案制度效率迭代的推动力。诺斯在解释
国家理论时提出了国家的经济人假设，认为国家具有福利或效用最
大化的功能，意味着国家活动的另一重点是对效率的关注，并将这

97

---

① 诺斯. 经济史中的结构与变迁[M]. 陈郁，罗华平，等译. 上海：上
海人民出版社，1994：24.

一关注点体现在了制度设计中，这使得国家效率迭代的过程也可以用于理解档案制度发展与完善的过程。无论是我国近代的行政效率运动、美国早期文件中心的出现，还是电子文件的逐渐普及，都是国家效能调控能力在制度安排中的展现。国家通过有意识地采取措施，不断积累或改变影响效率的关键要素，经过围绕技术性、规范性的效率迭代，促进档案制度满足时代发展需求。

4.2.2.2　信息产权在档案制度变迁中的作用

诺斯曾明确指出所有权是始终内置于一个社会的制度结构之内的要素，影响经济单位协作和竞争的方式，关系着个人使用有限的资源获取更多信息从而尽可能多赚取经济利润的过程。产权的界定能够明晰主体对于经济资源的合理利用、维护和配置问题，最大限度降低交易费用。在档案制度中，诺斯所述的产权要素则具体体现为信息产权，信息产权的配置决定着档案信息资源涉及的一系列权利关系，包括所有者的安排、资源利用和交换的方式等，最终作用于档案制度的呈现结果。

一方面，信息产权规定档案制度中的权责界定。产权理论认为有效的产权形式会减少交易中的不确定性因素，因为产权具有竞争性和排他性，因此在资源交换的过程中需要依靠它来限定交易的条件，即"在委托者之间(政治组织中的统治者与选民或市场上的厂商与消费者之间)或在委托者与代理者之间(在等级政治与经济组织中的统治者与官僚、所有者与经理、经理与工人之间)"①进行制约。产权是资源的产权，体现在对资源的占有和使用中，而符合档案制度内涵的产权——信息产权则意味着对档案信息资源配置与利用的归属，其在档案制度中的功能首先是对信息产权与所有者如何对应、信息产权所有者分别具有哪些权利或责任，以确定档案信息资源的占有、分配与收益的获得等问题，从而保证档案制度的秩序性与稳定性。

---

① 诺斯.经济史中的结构与变迁[M].陈郁，罗华平，等译.上海：上海人民出版社，1994：18.

另一方面，信息产权决定档案制度中的支配规则。产权是能够行使的权利，它规定了"人类发展中的合作与竞争形式以及组织人类活动的规则的执行体制"①，经济生活中的生产成果、知识和技术存量的增长与产权的交易与转让密不可分，并如诺斯所言，造就了引导和规定经济活动的激励与非激励系统。产权的意义建立在交换的基础之上，在西方产权理论学者眼中，产权是为了资源优化利用提出的，它的交换被西方制度经济学家证实为市场经济发展的动力来源。信息产权作为与档案制度息息相关的产权范畴，它对档案信息资源产生的规模、配置的均衡与利用的优化均有实质性的推动功能。信息产权作用于人们在档案信息资源支配运用的关系中，明确了资源供求的程序需要实施一系列支配规则，确保交易过程的合理性、有效性和价值性，即要求在权责界定之后对档案信息资源的获取、支配制定资源竞争准则与规范。

4.2.2.3　意识形态在档案制度变迁中的作用

由于经济生活对成本和利益的关注，导致出现了大量的机会主义与搭便车行为，使面对利益分化的社会行动团体出现不稳定性，启发了诺斯援引意识形态要素解决经济制度中的交易成本与个人行为等问题。诺斯说过："为了对我们将走向何方有一个更好的理解，我们必然要关心意识运行的方式……我们人类的思想以及更加结构化的信念影响我们不断作出的改变这种环境的决策。"②吉登斯和塞维尔也强调了社会结构兼有社会生活的唯物主义与唯心主义的二重性，即存在物质与精神两个层面，具有互相依赖的特点。这些观点都说明意识形态要素始终参与制度设计，而合理的意识形态能从科学性、开放性、包容性角度成为制度的内在理论支撑。

一方面，意识形态在档案制度变迁中具有修正功能。意识形态

99

---

①　诺斯. 经济史中的结构与变迁[M]. 陈郁，罗华平，等译. 上海：上海人民出版社，1994：17.

②　诺斯. 理解经济变迁的过程[M]. 钟正生，邢华，等译. 北京：中国人民大学出版社，2008：37.

理论是诺斯为补充交易费用理论与国家理论的局限性而提出的，它具有的修正性功能影响制度的建立与运行。在经济学角度，意识形态是一种节约正式制度安排所产生的费用的工具，它作为非正式制度能够减少经济成本。同样的，意识形态也持续地对档案制度施加影响，相比经济学领域，其成本的节约更体现为一种社会功能的发挥——它以观念化的形式出现形成对于制度的共同需求从而简化档案制度的决策过程，并且关系到人们社会生活中有关制度安排的公正性和合理性的判断。

另一方面，意识形态在档案制度变迁中具有调适功能。制度实质上是意识形态的外在表现，处处反映着社会参与者的信念。诺斯通过共享心智模型说明意识形态是不同个人拥有的心智模型的共同集合，将共同心智联结制度实现构造的方式能够展现出群体的公共价值观，制度安排也因此获得被群体认可的合理性与正当性。所以当档案制度发挥作用时，人们基于共享心智而产生的较高的认同感与认可度会形成该制度"不可侵犯"的观念性认知，这种信仰的形成能让公众自觉遵守档案制度内容，约束自身在档案制度环境中的行为。

4.3 变迁方式与档案制度变迁

"制度变迁方式关联着制度变迁过程的诸多特征，理解变迁方式是理解制度均衡和变迁过程并对其进行动态分析的出发点。"[1]这一论断说明制度变迁方式在制度变迁的过程中起到重大影响，进一步推论其对制度变迁的结果上也会产生直接影响。可见，制度变迁方式的选择是在宏观环境与微观因素基础上作用于档案制度变迁的制度设计主体的适应形式。本课题研究将以中华人民共和国成立后的档案制度变迁方式为例对三种变迁类型在档案制度变迁中的表现

---

① 杨立华. 制度变迁方式的经典模型及其知识驱动性多维断移分析框架[J]. 江苏行政学院学报，2011(1)：74-81.

和特点展开讨论。

4.3.1 制度变迁方式的分类框架

4.3.1.1 人为设计和自然演化的变迁方式

自然演化的制度变迁方式"就是事物的变化并不是由行动团体有意识的、能预期准确结果的行动造成的，或者从结果上看，事物变化的结果是参与者都未预期到的，而人为设计刚好相反。"[1]其中心论点是："制度体系是不能够人为设计的，它本质上是一个自发的动态进化与演进体系。制度变迁或制度演进模式的差异主要是由惯例、文化传统、选择环境、历史初期条件等一些自发性因素所决定。"[2]主要代表人物有哈耶克、纳尔逊等。人为设计的制度变迁方式则表现为"制度是人为设计的结果，这些设计者往往是社会的精英。"[3]人们在考虑制度及其变迁的时候，认为人们可通过理性选择更好的规则，代表人物有马克思、诺斯等人。

自然演化的制度变迁方式更加适用于对非正式制度的分析，并且也给制度变迁提供了一个新的视角，但是自然演化中的"文化传统"难以判断和可观测，立足基础模糊化。人为设计的制度变迁方式能够直观地观测，并可量化分析其效果。两者的关系正如卢瑟福所说："秩序本身起先是自发形成的，因为个人遵循的规则是自发产生而不是审慎设计的结果，但人们也在逐步学习改善那些规则；而且至少可以想象，自发秩序的形成完全依赖于此前审慎设计出来

---

① 周小亮.论外在制度创新的差异性与多样性——兼评西方制度变迁理论关于制度创新差异性与多样性的不同解说[J].经济评论，2020(3)：19-24.

② 周小亮.论外在制度创新的差异性与多样性——兼评西方制度变迁理论关于制度创新差异性与多样性的不同解说[J].经济评论，2020(3)：19-24.

③ 卢现祥.我国制度经济学研究中的四大问题[J].中南财经政法大学学报，2002(1)：3-9，142.

的规则。"①

事实上下文对于制度变迁方式的讨论都是基于人为设计和自然演化相结合的变迁方式。

4.3.1.2 强制性、诱致性以及中间扩散性变迁方式

强制性和诱致性制度变迁方式，是国内外学者研究和认同度较高的两种方式。诱致性制度变迁方式可从拉坦和速水提出的需求和供给的共同致力下形成的诱致性制度变迁模型中得到初步的理解，但其未对诱致性制度变迁方式做出明确的定义。拉坦和速水认为引起需求的主要因素是技术、要素禀赋相对价格的变化，而供给的实现则依赖社会科学知识及法律、商业、社会服务和计划领域的进步，两者共同促进制度变迁。

林毅夫根据中国国情，进一步提出了强制性制度变迁方式，并连同诱致性变迁方式一起给出具体定义。"强制性制度变迁是指政府通过法律、命令等推动的变迁。诱致性制度变迁指的是现行制度安排的变更或替代，或者是新制度安排的创造，它由个人或一群(个)人在响应获利机会时自发倡导、组织和实行。"②林毅夫认为诱致性制度变迁方式可在正式制度和非正式制度中发挥作用，而强制性制度变迁方式则在正式制度中发挥明显的作用。

诱致性制度变迁是基于一致同意原则的制度变迁，意识形态较为统一，但其因面临着外部性和搭便车的困难，导致制度变迁成本较高，因此在诱致性制度变迁发展到后期，需要政府对其承认并提供后续的拉动力，也即采取强制性变迁方式，这样才能保证制度变迁从个人扩散到整体社会，以及保证制度变迁的速度和效果。强制性制度变迁能保证制度的供给，但也会由于面临政府的偏好和有界理性、意识形态刚性、社会科学知识等局限性，从而导致制度供给

---

① 卢瑟福. 经济学中的制度：老制度主义和新制度主义[M]. 北京：中国社会科学出版社，1999：102.

② 科斯，阿尔钦，诺斯. 财产权利和制度变迁——产权学派和新制度学派译文集[M]. 刘守英，等译. 上海：上海人民出版社，1994：374.

过剩和制度效率低下等问题。同时也需明白，纯粹的强制性和诱致性制度变迁存在的可能性较小，大多数情况是两者相互影响，并且发展过程中互为补充。

　　制度变迁方式三阶段论是在强制性和诱致性制度变迁方式之间，加入了"中间"的制度变迁方式，杨瑞龙将其称为中间扩散型，金祥荣和史晋川称为准需求诱致型。杨瑞龙认为存在制度变迁的三个阶段：供给主导型、中间扩散型和需求诱致型，其主要目的是想突出地方政府的制度创新需求和能力，在制度创新中发挥的承上启下的作用，主要任务是沟通上层的制度供给和微观的制度需求。①金祥荣以"温州模式"及浙江改革经验则提出了供给主导型、准需求诱致型和需求诱致型三种制度变迁方式。"在准需求诱致型的制度变迁中，让企业家等去充当'第一行动集团'的角色，从地方政府的目标函数和行为动机出发，默许是一种理性行为。"②也是强调地方政府的作用，主要发挥了默许和保护企业家的制度创新行为的作用。制度变迁方式三阶段论是在中国实践的基础上启发得出的，具有较大的特殊意义。

4.3.2　制度变迁方式在档案制度变迁中的表现

　　本书以林毅夫先生的强制性和诱致性制度变迁方式为基点，同时考虑到档案制度变迁的实际情况，也引入杨瑞龙划分的中间扩散性制度变迁方式，由此共同形成档案制度变迁方式类型划分：强制性制度变迁方式、中间扩散性制度变迁方式、诱致性制度变迁方式。

　　三种制度变迁方式是以制度变迁主体为划分依据的，涉及与权

103

　　①　杨瑞龙. 我国制度变迁方式转换的三阶段论——兼论地方政府的制度创新行为[J]. 经济研究，1998(1)：5-12.

　　②　金祥荣. 多种制度变迁方式并存和渐进转换的改革道路——"温州模式"及浙江改革经验[J]. 浙江大学学报(人文社会科学版)，2000(4)：138-145.

力中心接近的国家档案行政管理部门、发挥中间作用的地方档案行政管理部门，以及微观社会主体（个人和群体）。

为了使得这三种源于对经济制度变迁的分析方式更加适用于档案制度变迁的分析，此处对其含义进行了适应性调整，分别如下：档案制度的强制性制度变迁是指国家权力中心以及国家档案行政管理部门出于对档案管理的需要或降低现行档案制度的制度成本而推动的变迁，也即档案制度的强制性制度变迁方式。中间扩散性制度变迁是指省级及其以下的地方档案行政管理部门，受到体制内的政治环境和体制外的社会环境的影响，牵引性或自发性地进行档案制度变迁，也即中间扩散性制度变迁方式。诱致性制度变迁是指现行档案制度安排的变更或替代，或者进行新制度安排的创造，它由基层社会主体（个人和群体），出于记忆留存或响应获利机会自发倡导、组织和实行，也即诱致性制度变迁方式。

后续将以档案制度变迁为立足点，层层分析其中体现出来的档案制度变迁方式，并且发现其中呈现出来的迁移路径和原因分析，最后深刻认识到中间扩散性的档案制度变迁方式在档案制度变迁中发挥的重要作用，也同时注重制度变迁方式的相互转化。

📚 4.4　全景解释：治理模式、动力因素与变迁方式的有机关联

研究选择治理模式、动力因素与变迁方式构建起一个全景式的解释档案制度在社会治理发展趋势牵引下的变迁图景。三者在解释层次与角度方面共同构成一个有机整体。

在这个全景式解释框架中，首先，档案制度本身的变迁作为被观察的对象，沿着统治型社会治理模式、管理型社会治理模式和服务型社会治理模式的时间线索，分析各阶段档案制度变迁的主要表现和制度沿革，具体将从档案制度的各个主要组成部分入手，并且寻找各阶段的标志性制度表现。总的变迁规律表现为档案制度与国家控制模式具有伴生关系，将从全封闭控制、半封闭控制、社会治

理的进阶角度讨论档案制度依次出现的集中统一的档案控制模式，分散控制模式和共治共享模式。

其次，档案制度的变迁动力因素是用于阐释宏观治理方式变化背景下作用于档案制度变迁的具体动力，具体动力的分析集中于国家、产权与意识形态在社会治理与前治理阶段对于档案制度发挥的不同作用与功能。社会治理的模式昭示出：既不能由国家进行权力的垄断，又不能忽视国家作为治理参与主体的秩序规范功能；信息产权的明晰则意味着治理逻辑起点的确定；意识形态则起着修正与调试制度的作用，在提高制度的认受性方面有着积极的作用。

再次，档案制度的变迁方式则是用于阐释在宏观治理模式与直接动力因素转型背景下档案制度设计主体的行为方式表现。换言之，就是制度设计主体的适应性行动，而强制性、诱致式以及中间扩散性变迁方式的选择便是不同的适应形式。在这一解释逻辑中，档案制度变迁方式既有朝向社会治理牵引的趋势性进阶式的变化特点，比如强制走向诱致，又有着特定的制度环境下的特殊表现形式，比如中国式的中间扩散性变迁就是其中的代表方式。

最后，社会治理这一发展趋势是以上三个解释路径的总体牵引逻辑，也就是所有的解释都是朝向社会治理这一高级的治理方式趋同的，无论是治理模式的升级、变迁动力因素的转变，还是变迁方式的发展，都是跟随着社会治理理念总体取向不断发展的过程。在社会治理理念的统摄之下，将档案制度本体的变迁历程与治理模式、动力因素、变迁方式之间的关系进行了深入的揭示，建立起对于档案制度变迁的多层次、多角度的全景式、立体式的解释框架。目的是在档案学领域开拓出制度研究的学术田野，通过运用跨学科的多元理论工具与方法建立起对档案制度这种特殊规则系统变迁的深层解释路径，从而推动档案制度设计实践在理论解释框架下科学地开展。

5 社会治理模式与档案制度呈现

前文已经分析了社会治理模式的三种类型划分，本章将就三种治理模式下的档案制度的核心部分呈现进行展示与分析，旨在揭示档案制度与社会治理模式之间的伴生性特点和社会治理模式给档案制度带来的深刻影响。社会治理模式反映在档案制度变迁的时间断限上，由于并无严格的理论分期可资借鉴，且相邻模式之间本身就存在交叉和连续过渡的情况，只能选择最具标志性的事件作为断限，尽可能地贴近所要分析的理想类型。本课题采用了以资产阶级革命作为统治型治理模式与管理型治理模式区隔的标志，外国以资产阶级大革命成功为标志，我国则以辛亥革命为标志；而对于管理型模式与服务型模式之间区隔的时间断限，外国以 20 世纪 70 年代"社会治理"理念肇始，我国的服务型社会治理模式则从 2004 年前国务院总理温家宝提出"努力建设服务型政府"的目标开始。此后，"建设服务型政府"在党和政府的各类文件、国家领导人重要场合的讲话中频繁出现。

5.1 统治型社会治理模式下的档案制度

新制度经济学家诺斯认为："制度是一个社会中的一些游戏规则；或者更正式地说，制度是人类设计出来调节人类相互关系的一些约束条件"。① 制度分为正式制度和非正式制度，从具体的表现形式来看，正式制度是指宪法、法律、政策、合同等；非正式制度是指风俗、文化、道德、价值、意识形态等。

"所谓档案制度就是在一定历史条件下形成的与档案事务相关的体系安排及特定成员在档案相关事务中所共同遵守的行为规则。档案制度既包括档案机构及其业务的安排，又包括具体业务过程中需要遵守的规则，如归档制度、鉴定制度、利用制度等。"②本书选取了档案制度的核心组成部分，即收集制度、鉴定制度、开放与利用制度，研究它们在不同社会治理模式下的表现。

5.1.1 档案制度产生的历史背景

统治型社会治理模式下，优势集团利用档案制度达到统治目的、维护统治地位。对档案制度产生的历史背景分析主要从社会控制的需要、阶级社会的起源、保密文化的影响、权力意志的主导四方面展开论述。

5.1.1.1 社会控制的需要

美国社会学家罗斯在《社会控制》一书中首次提出"社会控制"的概念。他从分析社会秩序出发，认为社会控制是指人们依靠社会力量，自觉地以一定方式协调个人与社会及社会各部分之间的关系，以使群体的社会活动或个人的社会行为符合某种社会规范和发展目标，从而保持社会相对稳定及和谐发展的方式系统。他还指出社会控制的手段包括：舆论、法律、信仰、宗教等。③ 本书所指的社会控制是指广义的社会控制，即社会组织体系运用社会规范以及

107

---

① 诺思. 制度、制度变迁与经济绩效[M]. 刘守英，译. 上海：上海三联书店，1994：3.

② 陆阳. 权力的档案与档案的权力[J]. 档案学通讯，2008(5)：19-22.

③ 罗斯. 社会控制[M]. 秦志勇，毛永政，译. 北京：华夏出版社，1989：38-47.

与之相应的手段和方式，对社会成员(包括社会个体、社会群体及社会组织)的社会行为及价值观念进行指导和约束，对各类社会关系进行调节和制约的过程。①

　　统治型社会治理模式下，国家对各种社会资源实行全面的垄断。制度作为社会控制的一种手段，起着维护约束规则参与各方行动界限的作用，而档案制度的制定是为了达成巩固制度制定主体的信息优势地位，通过信息垄断制造信息不对称，达到社会控制的目的。统治型社会治理模式下，推行"民可使由之，不可使知之"的观念，是因为信息流通的渠道也是公众表达的渠道，减少信息流通意味着政治秩序的稳定。而古代社会，但凡重要的信息都以文书、档案的形式记录保存，因此统治阶级控制了档案就控制了重要信息，获得了信息垄断权。

5.1.1.2　阶级社会的起源

　　斯大林在《马克思主义与语言学问题》中说："生产向前发展，出现了阶级，出现了文字，出现了国家的萌芽；国家进行管理工作需要比较有条理的文书，商业发展了，更需要有条理的来往书信。"②以吴宝康为代表的"阶级社会起源说"指出"所谓档案是阶级社会的产物，实际上就是说档案和档案工作是出现阶级和国家后，由于国家管理事务和统治的需要，而把有条理的数量日益增多的文书保存起来以备查用的情况下产生和形成的"。③周雪恒也持有此类观点，他认为："档案的产生是直接和国家的产生联系在一起的。随着阶级的出现，国家的形成，人事日繁，治理日密。在阶级统治过程中需要有一种权威来发号施令，以调节矛盾，作为管理众人之工具。文字之所以产生，就是因为国家管理的需要，因此，文

108

---

① 郑杭生. 社会学概论新修[M]. 北京：中国人民大学出版社，2003：401.

② 中共中央马克思恩格斯列宁斯大林著作编译局. 斯大林选集. 下卷[M]. 北京：人民出版社，1979：518.

③ 吴宝康. 档案起源与产生问题的再思考[J]. 档案学通讯，1988(5)：4-8.

字之最初形式是文书……即原始社会瓦解，有了剥削和压迫，人们之间有了根本的利害冲突，国家要进行管理工作，才有了文书、档案产生的社会需要"①，可见档案是在阶级和国家之后产生的，档案工作的开展是出于国家统治的需要。

档案制度起源论沿袭了马克思主义对于制度起源的根本原理，即档案制度的产生与其他制度的起源一样，都是随着阶级的分化，取得优势的集团或者阶级组成国家或者政府，而国家和政府出于行使和维护权力的需要，必须要对其核心的管理工具，即承载信息的文书进行专人负责的集中控制②，档案制度的产生晚于档案和档案工作的产生，是通过垄断信息来确立优势集团的信息优势。

5.1.1.3 保密文化的影响

保密，即指对信息的控制。保密思想早在我国周初就有了文字记载，《周易·系辞上》："君不密，则失臣；臣不密，则失身；几事不密，则害成。是以君子缜密而不出也"。③ 再如《韩非子·说难》："夫事以密成，语以泄败"④，他们都指出了保密的重要性。我国古代首位系统阐述保密思想的是北宋学者胡瑗，他认为"机密之事，不可不慎。苟一漏泄其机为小人所窥睹，则奸邪互生，情伪交作，害废于成事，败坏于法制，如是则天下从而乱矣。是以君子凡立成事、谋议奸邪不可不为之甚密"⑤。可见保密是决定事情成败的关键环节，不仅如此，它甚至还会影响王朝的命运。明清兴亡史上具有决定性意义的战争——萨尔浒之战，明军虽然在兵力上拥有绝对优势，但是却因为保密工作不到位，让后金的间谍窃取了军事机密，最终被努尔哈赤击溃，这印证了道家代表人物老子"鱼不

① 周雪恒.中国档案事业史[M].北京：中国人民大学出版社，1994：6.

② 陆阳.论社会控制视角下的档案制度[J].档案学通讯，2015(4)：9-13.

③ 王弼.周易注校释[M].北京：中华书局，2012：239.

④ 韩非.韩非子[M].上海：上海古籍出版社，1989：32.

⑤ 徐建平.胡瑗[M].北京：中国文史出版社，2000：230.

可脱于渊，国之利器不可以示人"的观点。

秦始皇实施焚书坑儒，正是将保密作为一种重要的统治手段，向世人灌输"秘而不宣"的消极保守思想。此外，清代皇帝也就将"机密性"作为施政三大信条之一。保密文化对统治型社会治理模式下档案制度的产生起到了广泛而深远的影响，它赋予档案保密的属性，使它成为维护统治阶级利益的工具。

5.1.1.4 权力意志的主导

尼采说："我们的物理学家用以创造了上帝和世界的那个无往不胜的'力'的概念，仍须加以充实。因为，必须把一种内在的意义赋予这个概念，我称为'权力意志'，即贪得无厌地要求显示权力，或者，作为创造性的本能来运用、使用权力等等。"① 他认为"凡生命所在的地方，即有意志，但不是求生存的意志，而是求权力的意志"。②

权力意志是统治阶级对行使支配权的渴望，因为其本身的力量欠缺便燃起了一种对增强自身力量的向往，以一种统治者、命令者的姿态，显示其力量、权威以及企图占有大量资源的野心。美国学者约瑟夫·奈也指出了"权力往往与拥有某种资源相关，如人口、领土、自然资源、经济规模、军队和政治稳定"③，而档案则是比实物资源更为珍贵的信息资源。权力意志的扩张是一种必然，权力掌握在谁的手中，往往意味着规则、标准掌握在谁的手中，因此需要在竞争中利用各种手段不断增强、巩固自身的力量，扩张权力，例如通过制定档案制度来垄断信息资源，最终达到维护统治的目的。

① 尼采. 权力意志[M]. 张念东，凌素心，译. 北京：商务印书馆，1991：154.

② 尼采. 查拉斯图拉如是说[M]. 尹溟，译. 北京：文化艺术出版社，1987：138.

③ 王冬梅. 信息权力：形塑社会秩序的重要力量[J]. 天津社会科学，2010(4)：56-59.

5.1.2 档案制度呈现

在前文分析研究的基础上，论述中选择了档案收集制度、档案鉴定制度、档案开放与利用制度等最具代表性的档案制度构成部分来分析统治型社会治理模式下的档案制度。

5.1.2.1 档案收集制度

统治阶级权力的专用很大程度上是通过垄断信息获得的，加强对信息的控制，有利于统治的稳定性。此外，古代重要的信息都通过文书、档案记载，档案在信息控制中占据了重要地位。收集是档案工作的第一个环节，没有档案收集就没有开展档案工作的物质基础。同理，档案收集不到位，也无法为统治阶级的政治活动提供有价值的依据和有效的辅助作用，因此统治阶级自古便十分重视档案的收集工作，制定了一系列的档案收集制度。

统治型社会治理模式下，我国的档案收集制度主要选取了周代、唐代、宋代三个具有代表性的朝代。其中，周代的档案收集工作由主管王朝档案工作的大史、左史、右史等属官组成的史官机构太史寮负责，周王朝特设有采风问俗的官员，去到民间采集，并将采集所得和朝廷卿大夫的作品一起交由史官保存①，当然周代的档案收集内容都是与统治阶级紧密相关的档案，如政绩文书等。从档案收集的主体可以看出，周代设置了专门的档案管理人员，并且将档案收集工作交由他们开展，散落在民间的、对统治阶级具有保存价值的档案也在档案收集范围内。

唐代的档案收集工作已经有了法律性的文件作为指导依据，唐王朝制定颁发的《诸司应送史馆事例》是唐代史馆收集档案史料的工作规范，其中记载："祥瑞（礼部每季具录送）。天文祥异（太史每季并所占候祥验同报）……刺史、县令善政异迹（有灼然者，本

---

① 邹家炜，董俭，周雪恒. 中国档案事业简史[M]. 北京：中国人民大学出版社，1985：11.

州录附考使送)。硕学异能、高人逸士、义夫节妇(州县有此色,不限官品,勘知的实,每年录附考使送)。京诸司长官薨卒(本司责由历状迹送)。刺史、都督、都护及行军副大总管已下薨(本州本军责由历状,附便使送)。公主、百官定谥(考绩录行状、谥议同送)。诸王来朝(宗正寺勘报)。"①《诸司应送史馆事例》通过详尽的法律条文规定了各机关档案收集的内容、负责报送的部门、报送方法,正是因为唐代详细、规范的档案收集制度,才能收集到广泛、充足的档案材料,为宣告政权的合法性奠定了材料基础。

到了宋代,户籍作为一种重要的权力资源,是征收赋税、征发徭役的重要依据,因此宋统治者通过法令来推进档案的收集工作,南宋法令汇编《庆元条法事类》中记载:"诸户口增减实数,县每岁具账四本,一本留县架阁,三本连粘保明,限二月十五日以前到州;州验实毕具账连粘,管下县账三本,一本留本州架阁,二本限三月终到转运司;本司验实毕,具都账二本,连粘州县账,一本留本司架阁,一本限六月终到尚书户部"。② 其中,"二月十五日""三月""六月"为档案收集的限定日期,收集来的地方机关档案先由六部和中央各主管机关保管,最后集中到王朝中央档案库——金耀门文书库,由它专门保存主管经济、财政的重要部门——盐铁、度支、户部三司的户口、赋役等档案。《庆元条法事类》明确规定了档案收集的日期,可见执政者对这部分档案资源重要性的明确意识,从档案的保存地点也可以看出宋代对档案收集工作的重视,反映出执政集团对国家日常活动中形成的核心档案控制十分严密。各级架阁库所保存的档案能够反映该地区经济、政治和国家活动的情况,执政集团借助集中保存档案的手段,对各地区实行严密控制,得到"以小系大,丝牵绳联,总合于上"的效果。

16世纪德国档案学者拉明根指出:档案是保持主管职权及其

---

① 李晓菊. 唐宋档案文献编纂研究[M]. 北京:社会科学文献出版社,2014:53-54.

② 周雪恒. 中国档案事业史[M]. 北京:中国人民大学出版社,1994:214.

一切权利、利益和财产的文字根据，是国王的心脏、安慰和珍宝。17 世纪的意大利档案学家波尼法西奥在《档案的特色》中强调，档案是统治阶级意志的体现。18 世纪德国的档案学家斯皮斯在《论档案》中提到"档案是珍宝，是对抗一切含敌意邻国的胸甲"。①

统治型社会治理模式末期，部分国家的优势集团为了本身的利益和巩固统治的需要，要求将散落在各地和各机关保存的档案以及原来保存在承办人和私人手中的档案集中起来，由国家统一保存。英国女皇伊丽莎白(1558—1603 年)为了收集当时分散在各地、属于国王办公厅的各种档案文件，于 1578 年建立了国家公文馆，该馆收集的主要档案材料包括亨利八世(1509—1547 年)、爱德华六世(1547—1553 年)以及女皇玛利(1553—1558 年)从事国务活动的文件，后来又逐渐补充了女皇伊丽莎白及其继承者们的国事文件，以及一些更古老的文件。② 优势集团将档案作为维护统治的手段，这些档案材料都紧紧围绕统治阶级的各项活动。1900 年，在希腊克里特岛进行考古时，发现了米诺斯王宫档案库，保存有约 4000 块泥板档案，它们被有序地放在木箱子和石膏箱子里，箱盖上还残留着一些封印用的印泥。③ 集中统一的管理模式有利于档案的封闭管理，通过垄断档案信息的流通渠道，可以达到维护政治稳定的统治目的，因此统治型社会治理模式中体现出对档案收集工作倍加重视。

统治型社会治理模式下，档案收集已经粗具规模，档案收集的主体是政府官员。他们作为统治阶级意志的执行者和档案收集工作的执行者，档案的收集围绕优势集团的主导叙事展开，内容主要是社会统治过程中的重要档案，如财务档案、政绩档案、舆图档案、户籍档案等。

① 韩玉梅.外国档案管理[M].北京：档案出版社，1994：93.

② 李凤楼，张恩庆，韩玉梅，等.世界档案史简编[M].北京：档案出版社，1983：59.

③ 朱玉媛.档案法规学新论[M].武汉：武汉大学出版社，2004：49.

5.1.2.2 档案鉴定制度

档案鉴定萌芽于档案工作的实践活动中，隋唐之前，"案不重校，文不繁悉，府史之任，掌要目而已"，唐宋之后，由于印刷术的出现、纸张的广泛使用，加之统治者进行了加强中央集权的国家机构的改革与整顿，封建专制主义皇权和国家制度进一步完备①，在政务处理过程中产生了大量的档案，给档案保管机构带来了巨大压力，库房容量与整理查找的压力导致鉴定问题被提上了议事日程。

统治型社会治理模式下，讨论我国的档案鉴定制度主要选取了唐代、宋代、元代三个具有代表性的朝代。唐代规定了档案的归档范围及移交时间，其中京师诸司、诸州的档案分别于四月一日、六月一日移交。此外，还对文书进行勘误校正。在存毁鉴定方面，根据《唐令拾遗》记载："凡文案、诏敕、奏案及考案，补官解官案，祥瑞、财务、婚、田、良贱、市估案，如此之类长留，以外年别检简，三年一除之，具录事目为记。其须为年限者，量事留纳，限满准除"②，规定了档案是否长期保存要根据文书种类和具体内容来确定，对需要销毁的档案还要记录清单并留存。通过鉴定将长留档案保存下来，这些档案是统治阶级维护日常统治的基本手段，在社会控制过程中扮演重要角色。

宋代把加强中央集权作为基本治国方略，实行重文轻武的政策，导致官吏数量空前增长，各种文书、奏章大幅膨胀，此时的宋朝被称为"公文世界"。在这种情况下，宋代档案鉴定制度就显得尤为重要了。对档案进行鉴定一方面可以通过材料的取舍，减少档案的过度冗余，另一方面也能够达到巩固皇权的作用。《宋会要辑稿》中记载："诸制书及重害文书，若祥瑞、解官、婚、田、市估、

114

---

① 谭琤培，章丹. 我国档案鉴定理论的演变与发展[J]. 档案天地，2001（6）：12-14.

② 赵彦昌，黄娜. 中国古代档案鉴定研究[J]. 浙江档案，2011（1）：63-65.

狱变之类长留……移存'别库'架阁"，"仍随事朱书，所除所移年月同复官签书"①，长留文书长期保存，非长留文书保存十年，而销毁则需得到监司所差遣的复核审定，销毁完毕需在登记簿上进行一系列手续并报监司所差遣官员签署完成。②档案鉴定工作主要是由机关主管官员负责，档案工作中的鉴定主体也是机关的官员。

宋代的档案鉴定制度系统、完整，办理流程严格、规范，因此元代、明代、清代沿袭了宋代《庆元条法事类》中的档案鉴定制度，并以其为蓝本进行立法。为了杜绝官吏在处理公事中的稽迟、失错、遗漏、规避、埋没、违杜等弊端，元王朝在监督文书处理方面实行了照刷磨勘文卷制度，也就是检查官府文卷有无改抹日期、文字上有无刮补涂填、文义上有无差错谬讹、内容上有无诈伪、文书程限有无稽迟等。照刷磨勘文卷制度是统治阶级为了督察政务而制定的档案制度，是档案鉴定制度的一种，宋代由此对官员的公文处理过程进行严密监督。

国外在统治型社会治理模式下于14世纪产生了档案鉴定工作的萌芽，意大利一些城市公社会委托特别委员会开展档案的鉴定和销毁工作，他们从杂乱无章的原始档案材料中，挑选出没有保存价值的档案。这种鉴定并没有规范、科学的标准，也没有既定的计划，特别委员会只是将那些重复或者没有价值的档案送回原来的档案保存机构或者当废纸贩卖，很少进行销毁。档案鉴定工作在时代的潮流中不断发展，随着档案数量的不断增长，对于档案鉴定销毁的需求日渐强烈，从罗马帝国时期到封建社会时期，基督教会档案馆起了巨大的作用。它保存了大量的档案文件，但出于维护统治阶级利益，隐藏秘密决策和行动的原因，也有意识地销毁了许多对它不利的古代档案。③统治型社会治理模式下是由统治阶级决定什么

① 周雪恒.中国档案事业史[M].北京：中国人民大学出版社，1994：216.

② 袁丽萍.中外档案鉴定机制的比较研究[D].天津：天津师范大学，2014.

③ 韩玉梅，张恩庆，黄坤坊.外国档案管理概论[M].北京：档案出版社，1987：77.

115

应该被记忆，什么应该被遗忘的。一方面，在档案鉴定的过程中融入了统治阶级的主观意志；另一方面，档案原本就是为了维护统治的工具，因此它的存在不能挑战统治阶级的权威，而要辅助统治阶级达成绝对控制的目的。

统治型社会治理模式下，文书工作者也是档案工作者，两者的管理分工并不明确，而档案鉴定是在文书处理过程中进行的，因此档案鉴定的主体是文书人员。作为国家官员，他们同样继承了统治阶级的意志。档案作为统治阶级的私有财产，需要迎合他们的利益需求，因此"长留"和"销毁"的标准取决于统治阶级的主观意愿。对档案进行鉴定，一方面可以减少档案的过度冗余，减轻档案保管的压力，另一方面能够达到令档案围绕权力展开叙事，为未来选择优势集团希望呈现的国家记忆的作用。

5.1.2.3　档案开放与利用制度

统治型社会治理模式下，我国的档案开放与利用制度主要选取了唐代、宋代、元代三个具有代表性的朝代。唐代利用档案编修谱牒，"令吏部尚书高士廉、御史大夫韦挺、中书侍郎岑文本、礼部侍郎令狐德棻等人，刊正姓氏，普责天下谱碟，兼据凭史传，剪去浮华，定其真伪，忠贤者褒进，悖逆者贬黜，撰为《氏族志》"。① 贞观十二年(638年)唐代第一部大型官修谱牒《氏族志》修订完成了，参加编撰的高士廉、韦挺等人，不仅出身氏族，谙练门阀，熟习各地的士族门第，而且都是著名文学之士。此外，唐代的档案利用还设置并划分了相应的级别，规定了不同级别的官员最高可以查阅的档案级别。根据《唐疏律义》记载，如果官吏泄露了国家机密，不论原因，也不管是否造成后果，都是要追究刑事责任的，按照泄露机密重要程度的不同，轻则杖八十，重则处以绞刑，此外还有徒刑一年半等处罚。

宋代的档案利用不仅体现在政务、军事用途上，还体现在编纂政书和修史方面，宋代共修史十多次，成书 2000 多卷。南宋的高

---

①　吴兢.贞观政要集校[M].北京：中华书局，2003：396.

宗、孝宗、光宗、宁宗编纂4000多卷日历。徐梦莘《自序》为，"取诸家所说及诏、敕、制、诰、书疏、奏议、记传、行实、碑志、文集、杂著，事涉北盟者，悉取铨次"①。司马光的《资治通鉴》、李焘的《续资治通鉴长编》在编纂过程中也都广泛利用了档案资料，可谓"博极载籍，搜罗百氏"，而对"本朝典故尤悉力研核"。②

宋代允许官员查阅、摘抄实录，但是对于起居注、时政记、日历等机密档案，在一定时间内，只允许编修官查阅。有关边政时事的档案则通过减少复制数量、严格限制公布范围等手段严加控制，可见档案的封闭性强，通过档案的限制利用达到建立信息垄断，在优势集团和劣势集团之间建立起信息壁垒。

元代初期，文史方面的书籍很是匮乏，元年二月，统治阶级颁下诏令，要求"敕选儒士，编修国史"。③此外，元代还高度重视典章、格例等政书的编纂工作，将《至元新格》《元典章》等编纂而成的条令条例颁发给各级政府衙门，使他们能够将高价值的史料作为重要的参考依据。档案为元朝统治阶级治理国家及稳固政权提供了可靠的参考资料。

元代档案管理严密，经过官方编纂过的史料也被视为机密。文宗时，奉命修纂《经世大典》的奎章阁学士虞集等人想要参阅"修祖宗实录时百司所具事迹"，翰林国史院以"实录，法不得传于外，则事迹亦不当示人"④为理由拒绝了他们的利用请求。后来，因为修纂太祖实录需要参阅蒙古国书《脱卜赤颜》(《元朝秘史》)，又因为事关机密，没有获得利用档案的批准。虞集作为奎章阁学士，奉命编纂史书，却还是因为档案的封闭、保密性质无法查阅，那么私人利用档案修史更是不可能的事。官修史书杜绝了私家修史可能带

117

---

① 邓广铭，刘浦江.《三朝北盟会编》研究[J].文献，1998(1)：93-117.

② 陈一芬.宋代档案工作刍议[J].档案学通讯，2006(6)：89-91.

③ 宋濂.元史[M].北京：中华书局，1976：95-96.

④ 霍艳芳.中国图书官修史[M].武汉：武汉大学出版社，2014：278.

来的对统治阶级政治权威的挑战和话语权的抢夺。

环顾外国的档案开放与利用制度，古代罗马统治阶级利用档案争夺政权，罗马的氏族贵族、官僚贵族和包税人、包工头等，为了夺取权力，甚至不惜伪造档案文件。祭司们为了贵族和富人的利益，常常利用《预言书》上的某些解释，来延迟或取消既定的会议，甚至取消对贵族和富人不利的法律。在争夺政权的斗争中，统治阶级甚至不惜毁灭档案文件来维护自己的利益，克洛狄仁乌斯为了与凯撒争夺政权，曾经烧毁了放在尼姆甫神庙和狄比尔塔提斯宫里的监察官档案。① 档案作为统治阶级压迫和剥削被统治阶级的有力工具，按照统治阶级的意愿和目的，被随意更改和销毁。档案还被看作"插入鞘中的剑"，保密色彩浓重更是统治阶级随意处置档案的原因。直到1632年这一局面才有所改观，档案作为优势集团专享的特权才有所松动。

意大利档案学家波尼法西奥出版的《论档案》中，提出统一档案机构的名称设置，用"档案馆"来代替名称各不相同的档案机构，还提出了对档案馆性质的看法，他认为档案馆的性质应该是公开的，档案馆保存的档案也应该是公开的，这一看法首次对传统观点提出了挑战，具有明显的进步意义。学界和档案界的人员看到了档案对于历史、学术研究的价值，向档案的机密性和封闭性提出了挑战，成功地为早期的人文主义者争取到了利用档案进行学术研究的权利，但是统治阶级仍然可以行使权力，在不给出任何说明的情况下，拒绝他们的档案利用请求。经过特别许可，允许利用的档案也不能够发表研究成果。法国启蒙思想家、作家、哲学家伏尔泰关于利用有关路易十四时代档案的要求，曾遭到拒绝，原因是他在1917—1923年以史诗的形式讽刺了封建贵族，描写了宗教战争加于人民的灾害②，可见档案是统治阶级维护阶级利益的工具，一旦

---

① 李凤楼、张恩庆、韩玉梅，等．世界档案史简编［M］．北京：档案出版社，1983：54.

② 姚国强．美国档案开放利用的历史考察［D］．济南：山东大学，2006.

对阶级利益造成威胁，那么特定阶层利用档案的权利就会被剥夺。

统治型社会治理模式下，档案被视作国之重器，严加保密。档案利用的主体、内容，甚至目的等都被严格地限制，主要体现在档案利用的主体多为官员，作为统治阶级的成员，他们普遍位高权重，这种面向特定阶层的档案利用门槛较高，具有强烈的封闭意识。此外，档案的利用有特定的目的，大多是出于官修史书、官修谱牒、维护统治阶级利益等需要。

5.1.3 档案制度的主要特点

统治型社会治理模式下的档案是为了维护统治阶级的统治权威，因此只面向被统治阶级认可的特定阶层开放利用，档案整体上处于封闭管理的状态，档案制度的主要特点为阶级性、封闭性、权威性。

5.1.3.1 阶级性

统治型社会治理模式下，档案制度的阶级性主要表现在档案收集制度与封闭利用制度方面。档案收集的主体是政府以及主管档案工作的官员，他们因为政治立场和个人身份的关系，会自觉将统治阶级的主观意志融入档案收集工作实践，例如周代严格规定了档案收集的时间，分为按月收集和按年收集两种，以便执政者及时了解和掌握各地财务和官员政绩信息，并对其进行严格控制，巩固统治地位。宋代的档案收集范围十分广泛，但都是围绕执政者需求展开的，根据《庆元条法事类》记载："百官之进退，刑赏之予夺，台谏之论列，给舍之缴驳，经筵之论答，臣僚之转对，侍前之直前启事，中外之囊封匦奏，下至钱谷、甲兵、狱讼、造作，凡有关政体者，无不随日以录"。① 此外，欧阳修还奏请宰相监修，于年终检查文书官吏每天所记录的事，以免出现记错或遗漏的情况，也正是

① 李晓菊. 唐宋档案文献编纂研究［M］. 北京：社会科学文献出版社，2014：26.

因为到位的档案收集工作，才造就了宋代历史的记录精确。通过把控档案记录以及档案收集内容，确保了档案信息的准确性和完整性，构建了专属于统治阶级的档案信息系统，为其统治国家提供了重要的参考凭证以及丰富的原始记录材料。而档案的开放利用几乎完全置于统治阶层的彻底垄断状态，作为国家事务的重要信息载体，在这一阶段呈现全面封闭的状态，公民的档案信息权利被全面剥夺。

统治型社会治理模式下，档案收集构建的是优势集团的记忆宫殿，是围绕统治阶级需求开展的，证明了"皇家利益高于一切"的历史现实，体现出档案制度强烈的阶级性。

5.1.3.2　封闭性

统治型社会治理模式下，档案制度表现为明确的封闭性。从档案保存场所来看，档案的保存场所都是皇宫禁地，《周礼》记载："天府掌祖庙之守藏与禁令……凡官府乡州及都鄙之治中（指档案），受而藏之，以诏王察群吏之治"。"凡邦之大盟约，莅其盟书，而藏之于天府。大史、内史、司会及六官，皆受其贰而藏之。"①从利用主体来看，档案开放与利用的对象是部分特定的国家官员，利用目的是编修谱牒、编纂政书等，对于档案开放与利用的范围、程序也有严格的限制，《庆元条法事类》中记载："诸被受手诏以黄纸造册编录，并续颁诏册，并于长官厅柜帕封锁，法司掌之，无法司者，选差职级一名，替日对簿交受，遇有检用，委官一员，监视出入"。②倘若未经准许私自利用档案则要受到严厉的惩罚，秦代规定档案正本存中央禁室，副本存皇帝殿廷禁宫、丞相御史大夫府及郡县，并规定私入禁室偷看档案、改削者死罪。此外，根据《唐疏律义》记载，"漏泄大事应密者，绞。非大事应秘者，徒一年半；漏泄于藩国使者，加一等。仍以初传者为首，传至者为

---

① 李正宁. 我国古代档案的保密[J]. 档案学研究，1995(2)：28-29.

② 徐绍敏，李统祜. 档案立法研究[M]. 杭州：浙江大学出版社，2003：59.

从。即转传大事者，杖八十，非大事者，勿论"①，档案制度运行的实质内容之一就是确保违反者会付出沉重的代价，受到严厉的惩罚。

统治型社会治理模式下，档案保存场所的不可接近性和开放利用对象的局限性，反映了档案制度的封闭性。

5.1.3.3 权威性

"生成档案就意味着权力的产生，利用档案也是如此"，美国学者卢巴在作出上述结论时还援引当代后结构主义哲学家德里达的话来加以证实："失去对档案的控制就等于失去了政治权力"。②统治型社会治理模式中，统治阶级通过控制档案来制约权力，主要是通过禁止私家修史，主张官方修史达到巩固优势集团话语权和叙事权的目的。一方面，因为私家修史可能会产生与官方修史视角与价值判断的不同，从而挑战统治者垄断叙事自由，不利于统治阶级维护统治权威。起居注、时政记和实录、国史等，修成之后，必须进呈皇帝御览审批。因此，封建官僚在编撰过程中，凡有不利于皇朝的档案材料即随时改易，甚至销毁。③ 另一方面，私家修史需要广泛利用档案材料，而私人很难参阅藏于秘府的典籍掌故，史料来源限制较大。

统治型社会治理模式下，档案是以维护统治阶级利益为基础，为集权统治服务的。统治阶级对各档案资源实行全面的垄断，使国家权力具有至高无上的权威性，从而对社会实行全面控制。

① 长孙无忌. 唐律疏议[M]. 北京：中华书局，1983：195.

② 冯惠玲. 开放：公共档案馆的发展之路[J]. 档案学通讯，2004(4)：10-14.

③ 邹家炜，董俭，周雪恒. 中国档案事业简史[M]. 北京：中国人民大学出版社，1985：66.

5.2 管理型社会治理模式下的档案制度

18 世纪兴起了思想解放和历史进步的启蒙运动，它批判封建专制主义和特权主义，倡导自由、民主、平等的精神，也影响着管理型社会治理模式的建立。中华民国的成立宣告了中国两千多年的封建帝制基本结束，从君主专制主义的中央集权中解脱出来，国家的作用和行政管理活动不断扩大。西方的资产阶级革命也受到启蒙运动的影响，做了前期的思想准备和舆论宣传。资产阶级革命推翻了封建专制，取而代之的是一种具有资产阶级政权性质的社会管理体制。

5.2.1 档案制度演变的时代背景

管理型社会治理模式虽然倡导自由、民主、平等的精神，但是国家仍然强调政府本位，国家主导、控制着政治、经济、文化等各个方面的制度设计，档案制度当然也不例外。管理型社会治理模式下档案制度演变的时代背景主要从资产阶级的兴起、精英文化的影响、法的精神的主导三个方面展开论述。

5.2.1.1 资产阶级的兴起

统治型社会治理模式下的封建统治是长期禁锢公民思想的枷锁，随着资产阶级革命和改革浪潮的掀起，资本主义制度建立，封建主义逐渐瓦解，资产阶级民主思潮兴起。管理型社会治理模式下，资产阶级批判了特权合理的封建主义观念，传播了民主自由的先进思想。

管理型社会治理模式下，民主自由可以通过制度来制约、规制、调节行为，具体是指制度制定、监督和奖惩，诺斯对制度概念进行定义时就归纳了规则系统的特征和实施机制，他认为制度完全类似于竞技体育运动的比赛规则，"包括正式的、书面的规则，以及通常是非书面的行为律令，对正式规则起着基础与补充作用……如果运动员违反正式的规则与非正式的律令，就会被制裁和惩罚"。① 档案制度的规制过程可能通过集中的、正式的方式运行，也可能通过分散的、非正式的方式运行，档案制度运行的实质内容之一就是确保档案领域违反制度的人受到相应的处罚。

5.2.1.2　精英文化的影响

精英文化也被称为学者文化、上层文化，它是由为统治阶级服务的社会精英——极少数掌握政治权力的人进行提炼、归纳、记录的。管理型社会治理模式下，公民的文化素养和信息获取渠道薄弱，因此文化活动掌握在社会精英群体手中，国家的政治、经济和意识形态在精英政治下高度重叠。

档案制度受到精英文化的影响，由社会精英制定实施。管理型社会治理模式下的档案制度虽然脱离了统治型社会治理模式下对档案的绝对控制，表现出一定的开放性，但是依然以维护精英阶层的利益为主。精英政治的存在意味着社会不平等现象的存在，这在档案收集制度、鉴定制度以及开放与利用制度中均有体现。可以将社会记忆分为三个层次来揭示这种不平等现象，"由掌握权力的政治主体主控记忆；由掌握知识的精英主导记忆；由来自草根社会地方的主体记忆"②，权力所赋予的社会身份差异形成了不同社会阶层的划分，他们构建记忆所采取的资源获取渠道、资源组合方式等都受到社会治理模式以及具体制度安排的影响，呈现出不同的特点。

5.2.1.3　法的精神的主导

孟德斯鸠认为一个国家的法律应该是为该国量身定做的，"法律应当与国家的自然状况有关系；与气候的寒冷、炎热、温和有关

---

① 斯科特．制度与组织——思想观念与物质利益[M]．姚伟，王黎芳，译．北京：人民大学出版社，2010：60.

② 彭兆荣，朱志燕．族群的社会记忆[J]．广西民族研究，2007(3)：72-78.

系；与土地的肥瘠、形态及面积有关系；与人民的生活方式如农业、渔猎、畜牧业等有关系。法律与政治制度所能容许的自由程度应当有关系，应当适应于居民的宗教信仰、性格癖好、财产状况、贸易往来、风俗习惯等。最后，法律和法律之间，与它们的渊源，与法律制定者的目的，以及与建立法律的基础即事物的秩序等也有关系"。① 它们构成了"法的精神"，其核心是一种契约精神，支配着社会政治、经济、文化的制度安排，指引和制约着社会资源的配置方式。法律是经过民主协商而制定的行为规则，是全体公民意志的体现，也是捍卫公民权利和利益的工具，具有普遍的约束力，因此要促进法的精神的发展，推进法的精神转化为立法政策和法律原则，从而促进现代法律的发展。

管理型社会治理模式下，档案制度受到法的精神的主导，蕴含着平等与自由的理念，但是这种平等与自由并不是绝对的，也要受到必要的限制，例如不得损害国家与个人的利益等。

5.2.2 档案制度的表现

5.2.2.1 档案收集制度

北洋政府建立后，临时大总统袁世凯与历代统治阶级的做法并无二致，命令北洋政府中央各部、局接管清代外交、内务、财政、陆军、海军、教育、司法、交通等部的档案，对于翰林院、都察院等"闲散衙门"的档案却不予过问。后来，国史馆、清史馆、故宫博物院等机构对明清时期的历史档案进行了收集。此外，一些学术机构也参与了明清历史档案的收集工作，如：故宫博物院文献馆、中央研究院历史语言研究所、清华大学历史系、禹贡学会等，他们对于明清档案的收集、整理、保管作用重大，有效防止了这部分历史档案的流散和损毁。此前由于长期处于战乱状态，原本就为数不

---

① 孟德斯鸠. 论法的精神［M］. 彭盛，译. 北京：当代世界出版社，2008：5.

多的革命历史档案散落在全国各地，中国共产党和政府在接管旧政权档案的同时，也积极组织各级机关，成立相关机构，开展革命历史档案的收集工作。1941年8月，党中央发布《关于调查研究的决定》要求设置多个调查研究机构，广泛开展档案资料的收集工作。中央人民政府政务院于1950年6月16日发出了《征集革命文物令》，其中指出：革命历史档案和文物的范围包括"以'五四'以来新民主主义革命为中心，远溯到鸦片战争、太平天国、辛亥革命及同时期的其他革命运动的史料"①，这一时期的档案收集工作主要集中在旧政权档案和革命历史档案，1956年国家档案局发布的《关于加强国家档案工作的决定》明确规定了国家的全部档案包括"中华人民共和国成立以来的各机关、部队、团体、企业事业单位的档案，中华人民共和国成立以前的革命历史档案和旧政权档案"②，从中可以窥见我国的档案收集工作已被划定在特定的范围内进行，档案收集的内容不会超出国家档案局规定的"国家全部档案"的范围。"国家全部档案"的概念是20世纪50年代我国向苏联学习、演化而来的，最初起源于1918年苏联颁布的《列宁档案法令》，该法令确定了集中统一管理档案的原则，并建立了统一的"国家档案全宗"。

国家全部档案的收集范围划定后，我国又将档案集中统一管理作为档案工作的基本原则。1956年国务院颁发《关于加强国家档案工作的决定》，规定"各级机关的档案材料（包括机关的收发文电、内部文书、会议记录、电话记录、技术文件、出版物原稿、印模、照片、影片、录音等），应该由机关的档案业务机构——档案室集中管理……非依规定的批准手续，不得任意转移、分散或销毁，其中需要永久保存的部分，应当按照统一的规定，分别集中到国家的

---

① 邹家炜，董俭，周雪恒．中国档案事业简史[M]．北京：中国人民大学出版社，1985：246.

② 覃兆列，谢梦，秦荆华．档案"集中统一"原则的历史考察与现实意义[J]．档案学通讯，2013(5)：25-28.

中央档案馆保管"。① 档案的集中统一管理能够有效地保障档案的完整与安全，是依托档案收集工作实现信息资源管理和国家内部控制的根本保障，是由档案行政管理部门统一领导，实行分级管理，档案工作的覆盖面遍布全国，层级分明、结构严谨，但是这种高度集中的收集方式会在一定程度上限制档案的来源广泛性。我国这一阶段的档案立法侧重于对国家、集体利益的维护，忽视了私人档案的收集以及公民档案利用权力的维护，1986年《档案法》规定："本法所称的档案，是指过去和现在的国家机构、社会组织以及个人从事政治、军事、经济、科学、技术、文化、宗教等活动直接形成的对国家和社会有保存价值的各种文字、图表、声像等不同形式的历史记录"。不过，对国家和社会有保存价值的属于部分集体和个人的档案并没有纳入档案馆的收集范围内，《档案法》还规定："对于保管条件恶劣或者其他原因被认为可能导致档案严重损毁和不安全的，国家档案行政管理部门有权采取代为保管等确保档案完整和安全的措施；必要时，可以收购或者征购"。档案法的制定推进了档案工作步入标准化、规范化的法制发展轨道，档案收集工作仍然处于探索阶段，并没有形成完善的档案收集法规体系，《档案著录规则》(1999年)、《档案工作基本术语》(2000年)等单项标准的制定实施则为档案收集制度的制定提供了前期配套的制度基础。

从外国的情况来看，1794年，法国《穑月七日档案法》由法国大革命时期的国民议会颁布实施，法令明确规定了法国国家档案馆的收集内容为历史档案、历届国民议会和各中央机构的文件、立法文件、选举文件、国有化财产文件、国际条约等外交文件、人口统计文件、共和国印信和钱币模型等。② 1918年《列宁档案法令》规定："所有革命前包括私人手中的历史档案都属于国家财富，由国

---

① 国家档案局办公室. 档案工作文件汇集第一集[M]. 北京：档案出版社，1986：60-68.

② 朱月白. 纪念法国穑月七日档案法颁布215周年[J]. 档案学通讯，2009(5)：93-95.

家统一管理。"①凡是非政府机构、组织以及重要家族、著名人物在非政府活动中产生的档案都在私人档案的范围内，它是本国以及本地区历史发展和各项活动开展情况的重要补充和全面反映。这些对国家具有保存和参考价值的档案都被划入了档案收集范围，而普通公民的档案却被排除在外，这样的收集范围会导致社会记忆的缺失。档案具有社会记忆的基本属性，应该"把档案与社会、国家、民族、家庭的历史记忆联结起来，强调档案是一种社会（或历史、集体）记忆，含有'集体记忆的关键'，档案馆是'记忆的保存场所'或'记忆宫殿'，并从个人乃至民族的根源感、认同感、身份感的高度去看待档案及其保护的重要性"。②库克将证据、记忆、认同和社区总结为档案的四个范式，档案中涉及的集体记忆对建构和强化公民的身份认同具有独特影响，档案收集缺少反映公民个人记忆的部分，不利于公民社会认同的实现和个体认同的有效建立。

管理型社会治理模式下，档案收集的主体是各级各类档案馆，保管常规国家治理活动中产生的档案，以及为国家的日常管理和活动提供所需的档案材料。各级各类档案馆作为国家机构，构建的是国家宏观叙事系统，因此档案收集的内容具有明确的指向性。管理型社会治理模式下，通过颁布一系列的文件和法规，使档案工作有章可循，保障了档案工作的顺利开展。

5.2.2.2　档案鉴定制度

民国初期，档案鉴定是以内容标准为依据来判定档案价值和保管期限的，例如 1912 年颁布的《司法部文件保存细则》将文件划分为正辑、要辑、杂辑三种，其中正辑是"为将来引证之例规者"，要永久保存。这是开展标准化、系统化、制度化档案鉴定工作的首次尝试。1913 年《外交部保存文件规则》中规定："凡旧有文书之无

---

① 黄项飞．中外私人档案管理之比较［J］．档案与建设，2005（3）：15-17.

② 丁华东．档案记忆观对档案学理论的影响探略［J］．上海档案，2009（2）：20-22.

关重要而业已编档或毋庸编档者，先由档案库主管员检查。立销毁文书簿，每件注明事由、年月、号数，并注检查员职名，再由各厅司派员复检，如确无保存必要者，即监视销毁。"①档案鉴定销毁的程序较为严密，对档案鉴定销毁的态度较为严谨，因此制定了一系列的档案鉴定制度以规范档案鉴定工作，保障其平稳有序进行。中华人民共和国成立以前，我国不断探索、完善档案鉴定标准，具有一定的开拓性，也为后期制定档案鉴定制度奠定了基础。但是也因为分散管理以及法律缺位等原因导致鉴定标准不统一、鉴定环节不规范等问题层出不穷。中华人民共和国成立以后，国务院于1956年公布了《关于加强国家档案工作的决定》确立了集中统一管理档案的原则，并由掌管档案事务的最高行政管理机关——国家档案局负责确定归档范围，拟订档案保管期限标准表，建立档案鉴定制度。1956年，针对没有统一的保管期限表的情况，党和国家相继颁发了《党的机关一般档案材料保管期限的一般标准》《国家机关一般档案材料保管期限参考表》。1964年颁发的《机关文书档案保管期限参考表(试行草案)》根据档案不同的来源、内容、形式划分了保管期限。鉴定标准经过多次修订仍然局限于机关的文书档案保管期限表，保管期限表的粗线条不利于档案价值鉴定工作的开展。保管期限表仅进行宏观层面的规定，忽视微观层面以及鉴定标准单一化，无法全面涵盖各级机关、企事业单位的档案等问题。这些问题在20世纪80年代之后得到有效的缓解，国家档案局相继颁发了《机关档案工作条例》(1983年)、《档案馆工作通则》(1983年)、《机关文件材料归档和不归档的范围》(1987年)、《国家档案局关于机关档案保管期限的规定》(1987年)、《中华人民共和国档案法》(1987年)等法律法规。其中，《机关档案工作条例》对保管期限已满的档案进行存毁鉴定的方式作出规定："鉴定档案必须在机关办公厅(室)主任的主持下，由档案部门和有关业务部门组成鉴

---

① 王芹.民国时期档案法规研究[D].苏州：苏州大学，2009.

定小组共同进行。"①鉴定小组一般由办公室主任牵头，临时抽调、组织档案人员、文书人员、行政人员参加鉴定工作，并在鉴定工作结束后解散鉴定小组。面对日益繁重的鉴定任务，这种临时性的鉴定方式已经难以正常运转，因此需要建立固定的档案鉴定组织，构建规范化、标准化的档案鉴定体系，使档案鉴定工作经常化、专职化、制度化。《中华人民共和国档案法》(以下简称《档案法》)规定了"鉴定档案保存价值的原则、保管期限的标准以及销毁档案的程序和办法，由国家档案行政管理部门制定。禁止擅自销毁档案"，属于程序性规定，涉及面相对狭窄。总的来说，这些法律法规对机关文件材料的归档与不归档范围以及文书档案的保管期限划定标准做了新的阐释，将档案鉴定工作纳入法制轨道，但也具有一定的历史局限性。

外国近现代的档案鉴定工作是从 1789 年法国大革命彻底推翻了封建王朝，没收了封建国王和贵族的全部档案文件，建立了全世界第一个近代意义的国家档案馆开始的。档案工作改革揭开了档案鉴定工作的序幕，把档案鉴定制度的建设提到议事日程上来。《稿月七日档案法》为法国的档案工作提供了规范性的标准，使档案馆的归档鉴定和存毁鉴定有据可循。该法令的第二部分档案文件划分与挑选(8~14 条)，主要规定了档案文件的划分和处置原则及方法，如对地产文件、司法文件、绘图包括地图文件、私人文件、纯封建文件、印刷文件等的划分和处置。第三部分地方档案文件清理办法(15~28 条)，规定了地方档案文件的清理办法、清理程序和完成期限，以及对地方清理人员的要求和选用②，该法令将旧政权时期的档案分为四大类，方便清点和处理，其中有用文件(地产契据等)、历史文件予以保留，无用文件、封建文件一律销毁。这种鉴定方式缺乏理论基础和实践经验，也没有科学、严格的标准，掺

129

① 袁丽萍. 中外档案鉴定机制的比较研究[D]. 天津：天津师范大学，2014.

② 朱月白. 纪念法国稿月七日档案法颁布 215 周年[J]. 档案学通讯，2009(5)：93-95.

杂着相对标准和鉴定人员的主观意识，致使很多珍贵的档案被销毁，造成了无法弥补的损失。即便如此，《穑月七日档案法》仍标志着档案制度现代化的推进。

英国早在 19 世纪初，就有责成有关人员为准备处置的档案编制保管期限表的规定。保管期限表是确定档案保管期限的依据和标准，以此为参考来区分档案的不同保存价值，保管期限的初步确定为档案鉴定工作打下了基础。1838 年通过的《公文文件法》授权公共档案馆对档案进行清理和编目。英国公共档案馆根据 1877 年 8 月 14 日颁布的法律规定，可以销毁 1715 年以后意义不大的材料。① 1898 年英国《公共档案馆法》又规定英国的销毁文件材料界限为 1660 年，即 1660 年以前的文件材料一律不得销毁，这一规则反映了与迈斯奈尔"高龄案卷应当受到尊重"的类似思想，禁毁年限的规定有利于保存价值珍贵的档案。

值得一提的是，早在 19 世纪末对档案的认识就从司法——行政的有机联系转变为文化——社会的有机联系②，公众对档案及档案工作者提出了更高的要求，因此档案不再局限于经过国家挑选而残留下的记录。20 世纪初，德国档案学者迈斯奈尔提出了"高龄案卷应当受到尊重"的著名思想，规定了档案的禁毁年限，有利于保存珍贵的历史档案，还改变了以往孤立地判断档案价值的情况，把形成机关的地位和职能作为鉴定的重要标准。20 世纪 20 年代，英国档案学家詹金逊认为档案工作者并不了解文件形成过程的具体细节，会将个人意志运用到档案鉴定工作中，影响档案作为原始凭证的证据价值，并基于当时政治清明、行政官员是全社会道德品质最为高尚的一部分精英的状况，提出了"行政官员决定论"，声称"让行政官员成为留选和销毁其文件的唯一代理人"。20 世纪 20—30 年代，波兰档案学者卡林斯基提出了"职能鉴定论"，认为形成机

① 郝存厚. 档案价值试论[J]. 档案学通讯，1987(10)：9-21.

② 库克. 1898 年荷兰手册出版以来档案理论与实践的相互影响[C]//国家档案局. 第十三届国际档案大会文件报告集. 北京：中国档案出版社，1997：161.

关的地位和职能越重要，档案的价值就越高。20 世纪 50 年代，美国档案学家谢伦伯格提出了"文件双重价值论"，使得对于档案的价值考虑突破了原形成机关的藩篱，而走向非原形成者的研究利用需求考量，并主张档案工作者主动参与档案鉴定，打破行政官员仅从形成机关角度考虑档案价值的主体思维定式。20 世纪 60—70 年代，美国档案学者菲斯本、布里奇弗德等提出了"利用决定论"，强调学者(特别是历史学家)的利用需求是鉴定的重要标准。综上所述，档案鉴定的主体经历了由行政官员向档案工作者的转移，两者都会受政治环境、身份地位等因素的影响。档案形成机关的地位、职能以及学者的利用需求也是档案鉴定的重要标准，因此对档案进行价值判断时总会带有一定的主观倾向性。

管理型社会治理模式下，严格规范了进馆鉴定、存毁鉴定等环节，通过编制保管期限表、颁布法律法规等方式全面提高档案鉴定制度的标准化水平，使档案鉴定工作有了统一的标准，鉴定标准的理性化是这一阶段的特征，但同时这一理性化过程背后的主观性却被遮蔽了。

5.2.2.3 档案开放与利用制度

民国时期对档案利用对象、利用目的、借阅手续、归还时间等有很多限制性的条款，如《司法部文件保存细则》规定本部保管的档案可供本机关和其他机关查阅利用，《外交部案卷规则》规定外单位如果要调阅档案以供参考必须经过主管领导的许可，《福建省政府档案管理规则》规定档案调阅的时间不能超过五天。

尽管当时的档案开放与利用有很多约束条件，却开创了我国档案开放与利用的先河。1956 年发布的《关于加强国家档案工作的决定》指出："档案工作的任务就是要在统一管理国家档案的原则下建立国家档案制度，科学地管理这些档案，以便于国家机关工作和科学研究工作的利用。"此后，又陆续颁布了一些专门针对档案利用的规范性文件，如《关于各级档案部门加强工作为当前社会主义教育运动服务的通知》(1957 年)、《关于敌伪政治档案的整理、保管和利用问题的几项规定》(1959 年)、《关于使用中央历史档案的

131

规定》(1960年)、《国家档案局关于对革命历史文件、资料保管与使用的几点意见》(1961年)、《关于认真检查档案馆提供档案利用情况的通知》(1965年)等，这说明管理型社会治理模式下档案利用的严格封闭性趋势开始发生转变。

国家档案局根据中共中央书记处提出的开放历史档案的方针，于1980年制定并下发了《关于开放历史档案的几点意见》，将历史档案开放利用的对象限定在相关的学术研究部门，规定1949年以前的旧政权档案以及革命历史档案，除了少数特定部分限制利用外，其余拟向全国史学界和有关部门以及党史研究部门开放。我国历史档案开放的提出有着重大的历史意义，也具备特殊的历史背景，根据曾三同志当年在全国省以上档案馆工作会议上的讲话，他提出"根据客观形势发展的需要，根据全党工作重点的转移，根据目前历史研究高潮的到来，也看到历史档案机密程度的变化，我们提出要开放历史档案，正是顺应新的历史时期的特点提出的利用档案的新形式。"①据此观察，历史档案开放是当时我国档案制度中面对的首要问题，并且在此前的中国历史上，并没有系统提出过这样的利用政策。可以说，这是中国档案制度发展过程中第一次正式全面回应档案权利分配的矛盾。1985年发布的《档案馆开放档案办法》将档案开放的范围从历史档案扩大到了从形成之日起满30年的档案，并且规定各级各类国家档案馆都向我国公民开放；1986年发布了《关于开放历史档案的暂行规定》。可见档案作为社会文化财富，不只具有"资政"的作用，还具有开展历史研究的社会功能，开放历史档案的决定推动了我国档案开放与利用工作逐步走上正轨。《档案法》于1987年9月5日审议通过，是我国国家最高权力机关颁布的关于档案事业的第一部法律，其立法重点在档案开放与利用问题上。《档案法》规定："国家档案馆保管的档案，一般应当自形成之日起满三十年向社会开放。经济、科学、技术、文化等

---

① 积极开放历史档案，是当前档案馆工作的主要任务—曾三同志在全国省以上档案馆工作会议上的讲话（节录）[J].档案工作简报，1980(7)：2-9.

类档案向社会开放的期限，可以少于三十年。"为了维护档案的完整与安全，还设置了较长的封闭期，并且侧重于强调档案在国内的开放与利用。此外，信息传播理论强调"知的权利和传的权利不可分离"，而《档案法》却将知的权利和传的权利分割开来，规定："未经档案馆或者有关机关同意，任何组织和个人无权公布档案"，利用者面对已经开放的档案，只能查阅、不能传播，这种受约束的档案利用阻碍了档案信息的自由流通，阻碍了学术著作的出版。

美国的档案开放与利用起步较早，作为档案开放与利用制度最为完善的国家之一，早在中华人民共和国成立初期就注重档案的开放与利用，建立了"需要知晓原则"，由政府官员根据档案利用者的工作、社会地位，利用目的等，判断其是否有资格知晓档案的内容。1789 年，美国国会制定的《管家法》规定各级行政机关必须公开政府信息，但是行政官员仍然把控着自由裁定的权利来控制档案开放的内容。"需要知晓原则"和《管家法》旨在促进档案信息的公开化，虽然都是美国政府开放档案的有益尝试，但是却具有浓重的行政官僚色彩，这与美国追求自由民主的国家文化格格不入。19世纪初，美国政府公布了《国会议事录》，出版了美国独立战争时期的文件汇编《美国革命的外交函件》，以及《叛乱战争：联邦军队和同盟军队的官方记录汇编》《叛乱战争中联邦海军和同盟海军的官方记录》。19 世纪末，美国国会组织专门的机构对内战时期的档案进行整理，并出版了《联邦陆军和南方联盟陆军官方文件》《联邦海军和南方联盟海军官方文件》。以上档案编纂成果的出版表明当时美国政府开始有意识推动档案的主动公布，推进档案开放与利用制度的发展。

18 世纪 30 年代的西方，档案主要面向史学界开放，利用对象以历史学家和博物收藏家为主。档案的真实性、准确性使之成为史学研究的重要材料，美国历史学家斯巴克斯为了研究美国革命史走访各地查阅档案文献，正是因为大量查阅档案资料积累了丰富的经验而将他引入了一个全新的领域——档案文献的收集、整理和编辑，此后他陆续出版了档案史料汇编《美国革命外交信函》《华盛顿传记及文集》。不仅如此，历史学家还推动了档案工作专业化发展

133

的进程。1884 年，在美国历史学家亚当斯的推动下成立了美国历史协会（American Histori cal Association，简称 AHA），为促进历史研究提供档案材料。1895 年和 1899 年，AHA 分别成立了"历史手稿委员会"（Historical Manuscripts Commission）和"公共档案委员会"（Public Archives Commission），可见历史学家是促进美国档案开放与利用最迫切、最积极的呼吁者。

出于历史研究和政治斗争的需要，法国公布了大量的档案文件，如《王室档案摘录》《查理六世文件选录》等，再如 18 世纪末，雅各宾派为了镇压反革命分子，利用档案揭露路易十六试图借助国外势力恢复专制的反革命活动，达到了巩固革命政权的目的。法国《穑月七日档案法》是档案史上第一部成文的专门法律，提出了被称为"档案的人权宣言"的档案开放原则，规定"法国所有公共档案馆都实行档案开放原则，每个公民都有权到档案馆查用档案"，从根本上改变了档案为统治阶级提供专属服务的局面，为各国的档案制度建设以及档案事业发展作出了卓越的贡献。档案开放原则成为各国普遍接受的原则，在档案立法中也得到了体现，推动了各国的公共档案馆向具有公众开放性质的文化事业机构转变，具有开拓性和划时代意义。

管理型社会治理模式下，档案开放与利用的范围逐渐放宽，不再局限于统治阶级的控制用途，还包括以学术研究者为代表的精英阶层。并且开始有意识地向普通公民开放档案，但是档案开放的范围依然受到特定限制，并没有无障碍地覆盖到全体公众，因此尚且处于档案开放与利用的发展中阶段。

5.2.3　档案制度的主要特点

管理型社会治理模式下的档案制度是为了限制国家权力对档案的控制，因此制定了一系列的法律法规、规章制度，具有一定的创新性，但是档案仍处于半封闭管理的状态，主要面向以历史学家为主的精英阶层开放利用。管理型社会治理模式下档案制度的主要特点为规范性、局限性、探索性。

5.2.3.1 规范性

管理型社会治理模式下，受到法的精神的主导，档案工作逐步利用标准化、统一化的制度进行规范，档案工作步入法制化管理的时代。1933 年国民政府行政院颁发的《文卷保存年限四项原则》将文卷保管期限划分为永久保存、定期保存两种，列出需要销毁案卷的清单并呈报部门最高长官进一步裁决，最后呈请行政院核准，经行政院核准后才能销毁。对于销毁的程序、环节、主体也有明确的规定，政府行政院作为档案鉴定的重要主体，从宏观层次把控档案鉴定工作，此外还有文书人员、档案人员、最高长官的共同参与。此后，档案鉴定制度在此基础上发展和完善，1946 年 4 月 3 日修正的《福建省政府档案管理规则》中规定永久保存的文件是"法规章则掌故资料；中央及本省历届议决策；对外条章及有关之文件；铨叙恤赏考绩；中央饬办之案件；契约账据……"①明确了永久保存的档案种类，这是对档案鉴定标准的进一步细化，使各机关能够依据规范性的文件开展档案工作，减少主观随意性。

外国早期档案鉴定的主体锁定于行政人员，档案人员并无鉴定权。俄国、普鲁士的档案鉴定制度允许行政机关自行决定档案鉴定销毁。此后为了防止档案文件被盲目销毁，奥地利于 1832 年颁布了《关于剔除和销毁登记室和档案馆无用案卷的规章》，通过规范性的档案鉴定制度指出了对行政机关有实际价值的、有历史价值或其他价值的档案不得销毁。而其中坚定反对档案人员参与鉴定的古典档案学派的代表人物詹金逊提出著名概念"证据神圣性"，他坚持认为"文件是行政管理无意识的副产品，是行政活动和事务处理的原始证据，那么就不能有后形成者的人为干预，否则就会损害文件的原始证据性"②，因此档案人员不能从这个文件有机整体中进

---

① 中国第二历史档案馆.民国时期文书工作和档案工作资料选编［M］.北京：档案出版社，1987：585.

② 库克.1898 年荷兰手册出版以来档案理论与实践的相互影响［C］//第十三届国际档案大会文件报告集.北京：中国档案出版社，1996：91.

行挑选，因为档案人员鉴定中不可避免的"个人判断"，可能玷污
"证据神圣性"。而到谢伦伯格时期，他则积极主张档案人员参与
鉴定，并提出了深刻影响档案鉴定理论与实践发展的"双重价值
论"，强调档案的情报价值，"促使档案人员关注的焦点从文件转
移到其潜在用途上，特别是文件对于历史学家的用处，通过文件来
反映美国生活的方方面面"①。并且身体力行，在自己制订的档案
鉴定标准的指导下，组织销毁了档案馆的上百万立方英尺的无用档
案。上述规章和标准标志着管理型社会治理模式下具有规范性的档
案制度的产生，同时也为服务型社会治理模式下档案实践和理论研
究的发展奠定了坚实的基础。

5.2.3.2　局限性

管理型社会治理模式下，档案制度的局限性主要表现在档案收
集制度和档案开放与利用制度上。档案制度在明确档案收集内容的
同时，也局限了档案的收集范围，档案收集主体直接针对国家形成
的各类档案，收集领域的偏向性和局部性显露无遗。例如：1983
年国家档案局颁布的《档案馆工作通则》规定档案收集范围包括"机
关、团体及其所属单位具有保存价值的档案；应接收的撤销机关、
团体的档案及中华人民共和国成立以前的各种档案"，没有超出国
家全部档案的范围。我国通过划分"国家全部档案"的范围，将这
部分档案国有化，纳入国家档案控制体系之下，而其他社会组织和
公民在社会活动中形成的非国有档案不在档案收集的范畴之内。

很多国家虽然在理论或立法上承认了档案的开放原则，但是却
利用限制性政策设定了不同的利用门槛，极大地限制了档案的开放
与利用。此外，还有烦琐的利用手续和程序。英国公共档案馆每个
全宗的利用规则都由各机关规定，因此利用规则各不相同，1885
年以前的档案免费对外开放利用，而 1885 年以后的档案只有持特
别借阅证的科学家和研究人员才能利用。意大利国家档案馆的档案

---

① 　库克．1898 年荷兰手册出版以来档案理论与实践的相互影响［C］//第
十三届国际档案大会文件报告集．北京：中国档案出版社，1996：93．

利用必须经过行政官员的批准，并且规定某些档案信息不对外开放。再如《穑月七日档案法》规定："在规定的日期和时间内，任何公民在所有的保管处都可以要求查阅其保存的文件"，但是获得法国公民资格是有年龄、出生地等诸多条件限制的。① 相比之下，政府在法国大革命期间，想要取消个人的公民资格却是易如反掌的，这就意味着公民利用档案的权利掌握在政府的手中，随时都有被剥夺的可能。

这一阶段，档案制度的主要矛盾仍然集中在开放与封闭这一问题上。中外档案制度发展历史中突破性的制度创新基本上表现在开放利用制度方面，例如1794年法国档案开放原则的确立被誉为"档案的人权宣言"，是世界档案史中里程碑式的创举；1980年我国历史档案开放的提出则对我国档案制度推进起到重大历史影响。注重开放利用的视角在历史发展的过程中具有其合理与必然性，因为这是与档案制度的进化背景紧密相连的，管理型社会模式下，当时档案制度所面临的主要矛盾就是开放与封闭之间的矛盾。无论是法国开放原则的提出还是我国历史档案开放的决定，其实质是管理型社会治理模式下，社会对于档案本质的认识阶段，都处于将封闭与开放这样一对矛盾视为主要矛盾的进阶。因为已然产生的档案权利如何分配，这是当时人们的感知范围和认识水平以及制度环境中所能够达到地对档案领域核心权利的看法。

仅仅将档案制度核心置于开放与封闭的区隔，可以说这确实是一种局限，但同时反映了这是历史的局限，是社会发展阶段的局限，是社会治理模式的同步映射。

5.2.3.3　探索性

管理型社会治理模式下，档案制度的建设与发展仍在实践活动中不断探索。由于对档案制度中条款的理解以及标准的掌握很大程度上取决于档案鉴定的主体，即文书人员、业务人员或机关档案人

137

---

① 王增强. 档案与革命的交集——从法国大革命的宏观背景考察《穑月七日档案法》[J]. 档案学通讯，2010(4)：12-16.

员的主观看法，而这些人员的素质参差不齐，档案部门自由裁量的空间较大，档案鉴定很难按照统一的标准执行，因此在实际工作中要不断调整档案制度，加紧档案制度与档案工作实际的磨合。

1790 年法国颁布的《国家档案馆条例》将国民议会档案馆改名为国家档案馆，并且首次宣布了档案开放的规定——国家档案馆每周向公众开放三天，将档案看作全体公民共同拥有的宝贵财富，赋予了公民自由利用档案的权利，承认了档案馆的开放性和公共性。但是好景不长，1856 年又授权馆长在可能导致行政困难的情况下拒绝公民的档案利用需求。即便如此，法国《国家档案馆条例》在档案开放利用方面作出的大胆尝试不能抹灭，这体现出档案工作的创新性和先进性。在法国档案工作改革的影响下，美国、荷兰、意大利等国家纷纷建立了国家档案馆，对档案实行了不同程度的开放与利用，保障了公民的合法权利。其中，教会档案、皇室档案以及司法档案、外交档案和军事档案，出于机密、政治等理由没有对外开放，私人档案作为私有财产，不在档案开放与利用的范围内，因此也没有对外开放。

总的来说，管理型社会治理模式下迈出了档案开放的第一步，这一全新的尝试具有探索性，从档案制度中可以窥见档案不再是君主的珍宝、国王的铠甲，而是可以为公民所知所用，世界各国的公共档案馆正逐渐向具有公共文化性质的事业机构转变。

5.3 服务型社会治理模式下的档案制度

对于服务型社会治理模式的阶段划分，外国始于 20 世纪 70 年代，基于社会治理理念的兴起，以及由美国著名公共行政学家登哈特夫妇提出的新公共服务理论强调多元主体的共同参与，服务目标是尊重公民的地位和权利，实现公共利益，勾勒出服务型政府的雏形。这种全新的管理理念清晰地勾勒出了服务型社会治理模式的思想，政府工作的重心是"服务"，而不是"掌舵"。我国的服务型社会治理模式可以从 2004 年前国务院总理温家宝提出"努力建设服务

型政府"的目标开始研究。此后，"建设服务型政府"在党和政府的
各类文件以及学术研究中频繁出现。

5.3.1 档案制度演变的时代背景

服务型社会治理模式是从半封闭社会向开放性社会转型的高速
发展阶段，档案理论和实践正经历着从"国家范式"向"社会范式"
转变的过程。服务型社会治理模式下档案制度演变的时代背景主要
从公民社会理论的形成、民主文化的影响、伦理精神的主导三方面
展开论述。

5.3.1.1 公民社会理论的形成

公民社会(civil society)是指"处于个人与国家之间有组织的社
会生活领域，是与国家相对等的一种实体，是联系个人和国家的媒
介和桥梁，是形成稳定而长久的自由、宽容和社会参与的政治模式
的社会资本"。① 公民社会理论强调公民参与国家管理，作为一种
社会力量制约政府权力。

服务型社会治理模式下，我国开始支持各类学术团体、公益组
织的发展，以促进科学文化事业和经济的繁荣与发展，社会组织呈
现出爆炸式增长的态势。社会治理主体从执政集团到社会精英群
体，再到社会大众，呈现出社会治理主体多元化的趋势。从国家和
社会的关系来看，社会组织和公民的兴起打破了国家"单中心"的
社会管理格局，弥补了国家和市场能力的不足。② 社会组织作为公
民社会的代表，是社会建设和治理的中坚力量，它为构建多元化的
社会治理模式提供了社会支持和服务。档案制度作为社会治理模式
影响下的宏大制度体系的一部分，也深受公民社会理论的影响。国

---

① 常宗虎. 公民社会理论及其对社会管理工作的意义[J]. 中国民政,
2002(7)：29-31.

② 宋贵伦. 中外社会治理研究报告[M]. 北京：中国人民大学出版社,
2015：12-13.

家与公民社会之间的关系从强国家—弱社会向强国家—强社会转变，并不断向国家与公民社会的合作治理发展。在这一转变过程中，社会治理的主体呈现出主体多元化的特点。社会组织和公民为了维护自身的个人权利参与到社会治理过程中，打破了国家作为唯一的社会治理主体的局面，从自上而下的强制型治理向自下而上的平等协商型治理转变。

5.3.1.2 民主文化的影响

民主文化是一种政治文化，它往往与天赋人权、社会契约论紧密结合。联合国第六任秘书长加利认为民主文化"建立在不是就政策，而是就民主的政治生活的过程和范围达成这样一种社会共识：即人民的意愿构成政府权威的基础；任何个人都有参与政府的权力"。① 民主文化是在尊重和维护社会公共利益的前提下，力求实现个人利益的最大化，具有平等、参与、协商等政治属性。

民主文化背景下的社会公共资源是"取之于民，用之于民"的，档案资源作为社会公共资源的一种，其内容应当与社会公众密切相关，并且广泛地向社会公众开放，积极主动地提供利用。民主的核心内容是制度建设，制度是民主的形式体现。民主文化是服务型社会治理模式下档案制度的重要源泉，在民主文化观的推动下，档案制度的价值取向发生了相应调整。加强档案制度的建设，将民主文化的公正平等精神作为档案制度建设的核心价值，尽最大的可能满足包括社会少数群体、弱势群体在内的全体公民的利益和需求，维护全社会多元主体的权利。

5.3.1.3 伦理精神的主导

西方国家早在古希腊就出现了被称为"伦理学"（Ethika）的学科体系，对伦理关系和道德规范做出了系统的研究，伦理主要是指生活伦理，中国传统社会伦理更多地为社会治理的需要服务，服务型社会治理模式的生活伦理和治理伦理呈现出逐渐统一的趋势。社会

---

① 列宁全集：第 39 卷［M］. 北京：人民出版社，1986：368.

治理模式作为上层建筑，是由经济基础决定的。反过来，社会治理模式也在形塑着这个社会，服务型社会治理模式是受到伦理精神的主导建构的，建立在伦理关系的基础上，并且以道德规范作为约束力量。学者们认为服务型社会这种新的社会治理形式就是公共管理，在治理性质上表现为"德治"……要通过伦理精神的启蒙，去建构后工业文明体系，建构起适应后工业社会的德制，实现德治。① 伦理精神渗透进日常生活以及社会治理的方方面面，也对档案工作产生影响。

服务型社会治理模式形成了多元化的社会治理主体，即国家与社会自治力量合作治理的局面，这些组织产生于社会之中，以非营利为宗旨开展活动。档案制度的管理主体也呈现出多元化的特点，因此以往单向度的法律制度仅以强制性实现制度主张缺乏主体间的认受性，提高了制度成本以及不利于制度效果的充分发挥，建设蕴含伦理精神的档案制度则有助于以上缺陷的克服，从而成为服务型社会档案制度建设的迫切需要。

5.3.2 档案制度的表现

5.3.2.1 档案收集制度

服务型社会治理模式下，档案观由国家档案观转向社会档案观，强调档案要呈现出国家活动以及社会发展的方方面面，包括政策方针、重大事件等宏观层面的叙事，还要包括群体记忆、个人生活等微观层面的叙事，进一步推进"建立覆盖人民群众的档案资源体系"长远目标的实现。

2004 年，中国首家私人档案馆正式对外开放，标志着档案收集体系的不断完善与健全。为了使档案工作更好地为公民服务，档案行政管理部门也作出了努力，并且于 2007 年顺势应时地印发了

141

---

① 郑家昊. 怀着启蒙的情愫面对后工业化进程中的社会治理变革——读《论伦理精神》[J]. 探索，2011(2)：73-79.

《关于加强民生档案工作的意见》，要求以服务民生为发展目标来部署工作任务，整合优化各类档案资源供公民利用。可见档案部门正积极探索、不断实践，将公民的所想所需作为档案工作的方向和趋势。当前的共识便是民生档案、口述档案的收集对于填补历史空白，构建社会记忆具有重要作用。我国在 2004 年成立了口述历史研究会，为组织和推动口述档案历史档案研究做出大量工作……2008 年 4 月启动的"中国电影人口述历史"工程，担负起为社会构建记忆的责任与义务。① 然而现阶段尚未制定口述档案收集的相关规则体系，缺乏相关的法律法规和标准规范。不过从 2011 年颁布的《中华人民共和国非物质文化遗产法》中可以找到对"传统口头文学以及作为其载体的语言"，"采取认定、记录、建档等措施予以保护"的规定。我国口述档案资源体系的共建共享还需要进一步统筹规划，建立收集制度，以保障口述档案收集工作的科学性、规范性。

此外，2011 年我国出台的《各级各类档案馆收集档案范围的规定》明确了档案收集的范围除了政府部门和机构、国有企业和事业单位，新中国成立前本行政区内各个历史时期政权机构、社会组织、著名人物的档案，以及本行政区内重大活动、重要事件形成的档案，还包括涉及民生的专业档案。② 此外，社会组织、基层群众自治组织、家庭和个人等形成的对国家和社会有利用价值的档案也纳入了国家档案馆的收集范围，档案收集的内容不仅包括政府部门和相关机构的档案，还包括非政府活动中生成的档案，深入社会、贴近百姓生活，档案收集范围广泛，收集内容全面，为进一步实施档案馆的亲民战略进行了具体部署。

外国十分重视私人档案的收集，法国档案馆有意识地与私人档

142

① 王肖影，张洪江 . 我国口述档案收集策略研究[J]. 兰台世界，2016（13）：33-35.

② 中华人民共和国国家档案局 . 各级各类国家档案馆收集档案范围的规定 [EB/OL]. [2020-02-20]. http：//www.saac.gov.cn/xxgk/2011-12/20/content_12124.htm.

案潜在的捐赠者保持密切联系，在私人档案的收集工作上具有前瞻性和预见性。法国国家档案馆每年得到政府的 400 万法郎专项费用用于购买珍贵的私人档案……1982—1985 年法国国家档案馆陆续购买了 1731—1789 年皇家金库和皇族开支的账册和路易十六王后玛丽·安特瓦内特的往来书信，1983 年又收购了菲利浦收藏的关于法国革命和帝国时代的重要档案资料共 1.7 万件，1984 年向英国购买了有关弗朗索瓦一世和路易十五的珍贵档案。① 除此之外，欧美一些国家还规定了"以物代税"的政策，即向国家档案馆捐赠重要私人档案后，可以免交或少交个人财产继承税和所得税……通过这种方法档案馆接受了大量珍贵的历史档案，包括中世纪的"羊皮纸"档案、地图、报刊、传单等。如荷兰国家档案馆保存有近 9 万张羊皮纸航海图。美国罗斯福总统图书馆收藏了总统夫妇手稿 400 多万页、文件集 200 多个、照片 10 万多张、各类资料 5 万多册。② 这些档案载体、存在方式各不相同，但它们承载着珍贵的档案信息，可以充实和丰富国家档案馆的馆藏，同时也是反映世界、国家和社会发展历程的重要研究资料。

18 世纪 90 年代，"社会排斥"现象严重制约了社会的进步，因此英国提出了"社会包容"（Social Inclusion）政策以及"通过档案促进社会融合"的档案行动计划，将公民以及处于社会边缘群体的档案纳入档案馆的收集范围内，拉近了公民与档案馆的距离，促使群体记忆转化为社会记忆，提高边缘群体的社会认同度，实现全社会和谐相处，共同发展。美国档案工作者协会前主席格汉姆曾批评档案行业"缺乏富有想象力的征集准则或综合收集战略……主张档案工作者投入更大比例的智力资源，为全国范围的档案数据收集制定

---

① 屠跃明. 欧美国家的档案收集工作[J]. 档案与建设，2001(9)：25-26.

② 刘维荣. 私人档案管理在欧洲的新动向[J]. 湖北档案，2004(1)：68-71.

准则和战略"。① 此后，各国的档案部门开始分析馆藏内容和结构，并且制定相应的档案收集政策。近年来，澳大利亚也开始收集边缘群体的档案，如原住民、少数族裔和重大事件亲历者的口述档案，这些民间资料是社会记忆的重要补充，具有不可估量的价值。

档案收集政策的修订周期一般为 5 年，这为档案馆馆藏建设提供了一次全面评估的机会，也为馆藏结构和内容的优化提供了更深入的思考。服务型社会治理模式下，档案部门意识到了档案收集工作的不足导致了现有馆藏的空缺，多元档案权利主体逐渐受到关注，这也是未来档案收集工作的改进方向和收集重点。

5.3.2.2 档案鉴定制度

在档案鉴定的主体从行政人员到档案人员转移的背景下，卡林斯基提出了职能鉴定论，而后各国学者又提出宏观鉴定理论，包括"文献战略""宏观鉴定战略""社会分析与职能鉴定论"，它们都将档案鉴定置于更广阔的社会背景之下进行考虑。其中"文献战略"是 1984 年塞穆尔斯提出的，要求众多档案馆协同合作完成档案的鉴定工作，拓展了档案鉴定的对象，颠覆了传统档案价值观，关注的是反映社会需要的职能活动的档案。"宏观鉴定战略"是 20 世纪 80 年代末库克提出的，是依据文件形成过程以及形成机关的职能等因素对档案文件进行宏观鉴定。"社会分析与职能鉴定论"是 20 世纪 90 年代德国档案学者布姆斯提出的，20 世纪 60 年代末 70 年代初他就指出档案的价值既不是由行政官员决定的，也不取决于历史学家，而应取决于普通公民，应通过研究公众舆论来判断档案的价值。宏观鉴定理论是从宏观视角看待档案的价值，是以档案所反映历史事实的重要性为价值判断的依据，档案的内容不仅要反映政治、经济、文化等方面，还要反映国家与公民的关系。可见，档案理论和实践从"国家模式"向"社会模式"转变，档案反映的内容应

---

① 杜梅，赵丛. 政策是收集工作的关键——国外档案收集政策解析 [C]//中国档案学会，中国文献影像技术协会.2013 年海峡两岸档案暨缩微学术交流会论文集. 北京：[出版者不详]，2013：58-65.

当包括最广泛、最普通的公民而不只是国家叙事，这一思想受到了各国档案工作者的推崇。1999 年，库克在《铭记未来：档案在建构社会记忆中的作用》一文中指出：档案工作者是建构社会和历史记忆的积极因素。在此过程中，他们不仅有义务保护或记录过去，还有责任把未来的需要和期望铭记于心，唯其如此，才更能反映社会的"价值"而不只是某些重要用户或传统用户的价值。① 因此要注意保存能够反映整个社会的档案，这就要求档案的内容不仅包括精英阶级等少数群体的记忆，还要包括普通公众、弱势群体的记忆。

荷兰、澳大利亚、加拿大都运用了宏观鉴定理论的思想，从社会和公民利益出发鉴定档案的价值。荷兰是宏观鉴定理论实践的先驱，荷兰 PIVOT 项目（Project to Implement the new Transfer Period）中的"民众网上评价"环节是站在宏观鉴定的视角将公民的意见和建议纳入档案鉴定体系，强调公民参与鉴定，是对传统档案鉴定的创新和有效补充，它是为了缩短移交时间而开展的档案鉴定项目，通过文件的生成背景，文件在政府活动和任务中的作用来鉴定文件的价值，保存能够反映政府重要职能的信息。PIVOT 项目是由档案鉴定的主体——政府机构的专家、文件的管理者、档案专家和普通公民重塑和建构社会记忆。项目主要采取"三方咨询"的流程来决定档案的存毁，即民众网上评价、国家文化政策理事会部长批准、荷兰政府报纸出版生效。澳大利亚国家档案馆依据澳大利亚文件管理标准开展档案鉴定工作，档案鉴定主体由形成机关、档案人员、档案专家顾问组成，鉴定的取向涵盖了具有社会机制的档案，体现出了宏观鉴定理论的思想。其中，作为档案鉴定主体的档案专家顾问在档案鉴定的过程中，还要考虑保存能表现政治、文化、历史和人民生活的档案；能表现国家和公民社会地位以及所处的社会环境的档案等。档案专家顾问的参与有利于档案社会记忆功能的延续，考虑了社会的整体发展和公民的利用需求，避免了仅从形成机关角度出发鉴定的片面性。加拿大国家档案馆实施的"新宏观鉴定

145

---

① 袁丽萍. 中外档案鉴定机制的比较研究［D］. 天津：天津师范大学，2014.

接收战略"采用的是协商机制下的"背景调查与处置计划"互动体系，档案鉴定主体由形成机关、档案人员组成。国家档案馆档案人员在不断分析文件形成机构的职能与文件形成背景调查的基础上与文件形成机构协商确立"长年处置计划"。① 档案鉴定放置在社会大背景下考虑，强调文件形成之间的相互关系，档案的价值取决于形成机关的职能和业务活动、文件形成背景，也取决于社会结构。档案鉴定主体的意志、观念决定档案鉴定的价值趋向和鉴定过程中的利益立场、决断倾向，宏观职能鉴定改变了单纯关注文件形成者和国家利益的传统观念，呈现出关注更广泛的社会利益和公民利益的新趋势。

对于档案鉴定的认识经历了"选择文件销毁—赋予文件价值—选择文件记录社会"的发展过程②，服务型社会治理模式下，要拥有更加广阔的视野，从宏观角度考虑档案在社会、经济、文化建设方面的价值。档案鉴定的主体除了政府行政人员、档案人员，还融入了一股全新的力量——公民，这对于面向档案多元形成与利用群体，发挥档案的利用价值起到了重要的作用，有利于实现公共利益最大化的发展目标。

5.3.2.3　档案开放与利用制度

服务型社会治理模式下，档案从半封闭状态向开放状态转变。我国在民生档案的开放与利用上，档案部门对于公民频繁利用的婚姻档案、知青档案、土地宅基地档案建立了专门的数据库，面向社会提供信息查询服务。上海还开展了民生档案"全市通办"工作，实现"就地查询、跨馆出证、馆社联动"，浙江实施省市县三级联动，"异地查档、跨馆服务"，此外杭州、宁波还实现了"跨省出证"的服务，为公民查阅民生档案提供了极大的方便。

---

① 马帅章. 档案鉴定主体的组织与职能研究[D]. 天津：天津师范大学，2013.

② 陈智为，祭鸿雁. 从传统与现代的比较看欧美档案鉴定理论之发展[J]. 档案学研究，2002(5)：54-58.

越来越多的公众认识到档案是一种社会资源，政府信息"深藏闺中"是极大浪费，及时公布政府信息成为政府与公众的一致认识。为了使公众有序地参与政治生活，增强公众的政治素养和社会责任感，遵循公正、公平、便民的原则，推进和优化政府信息的开放，同时也推动档案的开放与利用。我国于 2007 年颁布了《中华人民共和国政府信息公开条例》(以下简称《条例》)进一步开放政府信息，《条例》为政府公开档案信息的范围提供了法律依据，并对"应当公开""重点公开""不予公开"的政府信息予以界定。其中，"涉及公民、法人或者其他组织切身利益的""需要社会公众广泛知晓或者参与的""反映本行政机关设置、职能、办事程序等情况的"以及"其他按照法律、法规和国家有关规定应当主动公开的"政府信息必须公开，传播渠道可以是政府公报、政府网站、新闻发布会以及报刊、广播、电视等便于公众知晓的方式①，《条例》覆盖范围广泛，开放与利用的对象不受限制，对于国内外的社会组织和个人一视同仁，赋予公民自由获取政府信息的权利，促进政府信息的社会共享，最大限度地满足公民利用政府信息的需求，体现出了服务型社会治理模式下档案开放与利用制度的先进性。我国随着国家行政管理部门和有关主管部门制定的《中华人民共和国行政许可法》(2004 年)《中华人民共和国政府信息公开条例》(2007 年)《档案管理违法违纪行为处分规定》(2013 年)《国家档案局关于严格执行财政部、发展改革委关于取消利用档案收费规定的通知》(2013 年)等有关法规、规定相继出台，档案开放与利用制度得到了进一步完善。档案利用对象范围扩大，不仅包括各行各业、各个阶层的本国公民，还包括外国人。公民利用档案的用途包括科学研究、文化休闲、了解政府行为等。

随着信息社会的来临，社会的权力结构发生了重大变化，权力正在从"拥有雄厚的资本"转向"拥有丰富的信息"，信息权力成为形塑社会秩序的重要力量，许多国家认识到了信息的重要性。为了

---

① 中华人民共和国中央人民政府.中华人民共和国政府信息公开条例[EB/OL].[2020-02-20].http：//www.gov.cn/zwgk/2007-04/24/content_592937.htm.

促进信息的自由流动，满足公民对自由、平等信息权的追求，纷纷颁布了相关法律以保障公民利用政府信息。由于政府问责制的要求，20 世纪 80 年代，政府为满足公众利用政府信息的需求，开始制定相关法律，保障公民自由获取信息的权利。1980 年 7 月，修订后的加拿大《信息获取法》(Access to Information Act) 出台，1966 年美国的《信息自由法》颁布，为信息的获取提供了法律依据，该法规定政府文件具有公共财产性质，除了 9 种不公开的例外情况外，其余都应该公开。此外，对各级档案馆的职责也作了详细规定，以保障公民利用档案的权利和优质的服务体验。除了提供馆藏档案，档案馆还向公民提供咨询、培训等检索服务，根据利用者的实际需要指定研究顾问帮助其完成检索工作。此外，美国的公民档案员项目、英国的档案志愿者项目、荷兰的众在参与项目以及新加坡的公民档案员计划都是在档案开放利用的基础上发展起来的，它们是在新的时代背景下充分利用网络平台，通过集结公民的力量来完成部分档案工作。如荷兰的众在参与项目(Velehanden) 是由荷兰阿姆斯特丹档案馆牵头，与 Picturae 公司合作开发网站，推出了相关的奖励措施来吸引公民对档案进行添标签、著录、建立索引等操作。2015 年 4 月底，该网站有 6 个涉及人口登记、昆虫档案等的专题已经完成了相关工作，还吸引了 3000 多位用户，完成了 50 余万份扫描件处理。另外，还有 26 个专题共 170 万余份扫描件正在进行众包，共计 8000 余人参与。公民提供翻译、标签标注、背景描述等服务，档案馆通过与公民合作，实现全员档案管理，共建共享档案资源，与用户共创档案价值。

服务型社会治理模式下，档案利用的对象从精英阶层向公民转变，除了传统的档案利用方式外，还要由档案馆统筹规划，向公民公开档案信息。近年来的档案志愿者项目将公民的力量集结起来，协调国家、社会组织和公民三者的关系，达到最佳状态。

5.3.3 档案制度的主要特点

服务型社会治理模式下的档案制度面向公民开放，档案处于逐步开放的管理状态。不仅如此，还邀请公民共同参与档案管理工作，在档案制度设计上体现出前瞻性和长远性。服务型社会治理模式下档案制度的主要特点为公共性、服务性、平等性。

5.3.3.1 公共性

服务型社会治理模式下，档案制度安排从源头抓起，注重对档案馆公共文化性质的发扬，广泛地收集档案材料。作为档案收集主体的档案馆不仅收集传统的国家宏观叙事系统档案，也收集新兴的民间微观叙事系统档案，从纯粹的"国家记忆"转变为多元的"社会记忆"，档案收集的内容趋向多元化、大众化，档案馆馆藏愈加丰富。档案馆通过联合社会组织与公民个人，建立合作型伙伴关系，明确各自在不同类型档案收集中的职责、划分档案收集范围，实现合理、有效地分配和管理社会档案资源。

此外，公共档案馆的建立也是档案制度公共性的体现，公共档案馆是为了实现公民自由利用档案而做的制度安排。自 2014 年起，北京市档案馆联合区档案馆在"国际档案日"向社会开放档案。"十二五"期间，全市国家综合档案馆共向社会开放档案 93.37 万余卷件，公布开放档案案卷级目录 89.33 万余条，文件级目录 213.49 万余条。①

2010 年 8 月，美国国家档案馆网页上设置了专门的栏目来开展美国"公民档案员"项目（Citizen Archivist），档案管理的参与对象具有公众性和普遍性的特点。该项目通过网络平台，借助广大网民的力量为档案添加标签、编辑维基百科、抄录航海日志中的旧天气等，是社会动员下的集体行动，具有全民参与的性质。"美国国家档案与文件局在《2014—2019 财政年度战略计划》中提出了'触发利用'（trigger the use）的战略目标，NARA 要超越其传统的档案利用提供者的角色，将通过提供促进公众参与的灵活工具和可利用资源

---

① 巩慧. 依法开放鉴定 提升服务成效——北京市档案馆推进档案开放鉴定与利用服务工作[J]. 中国档案，2016(11)：30-32.

来让'利用发生'。"①

库克精辟地指出，档案不仅要涉及政府的职责和保护公民的个人利益，而且更多的还应为他们提供根源感、身份感、地方感和集体记忆。② 服务型社会治理模式下的档案制度把尊重和保障个人权利作为价值标准，通过档案制度创新使档案真正融入人们的日常生活，通过档案权利的实现推动公民的社会认同。

5.3.3.2 服务性

2003 年 10 月 2 日，加拿大遗产部部长卡普宣布国家图书馆和国家档案馆合并，成立加拿大国家图书档案馆(Library and Archives of Canada，简称 LAC)也体现了这一服务理念。加拿大国家图书档案馆保存着大量的非现行政府文件以及谱系档案、体育纪念品、艺术和报纸等非政府文件，是为了建立一个创新型的知识服务机构，以更加便捷的信息获取方式，让加拿大人更广泛地获取本国的历史知识以及社会文化的文献遗产，满足本国人民多元化的信息需求。国家图书馆与国家档案馆的合并，将大众化的图书和神秘色彩浓厚的档案这两种开放程度截然不同的事物糅合在一起。加拿大国家图书档案馆坚持以用户为中心，使每一位利用者都感受到了加拿大国家图书档案馆的人文关怀，LAC 的任务包括四个方面：为了当代和后代的利益保存加拿大的文献遗产；成为所有人获取持久知识的来源，为自由民主的加拿大文化、社会和经济发展作贡献；促进加拿大各个社区团体之间的合作，共同致力于获取、保存和传播知识；成为加拿大政府及其机构的持续记忆器。③ 加拿大国家图书档案馆的定位是为国家保存、利用档案提供服务的公共文化机构，加拿大国家图书档案馆的用户只需要简单登记注册一张有效期为一年

---

① 陈艳红，宋娟. 中外档案法律法规比较研究——以档案利用条款为例[J]. 档案学通讯，2014(6)：27-30.

② 陈建，赵丽. 论社区档案参与社会记忆构建的作用及路径[J]. 档案管理，2017(1)：15-17.

③ 彭蒙蒙. 以用户为中心的加拿大图书档案馆及其对我国的启示[J]. 北京档案，2014(7)：37-39.

的利用卡便可利用馆内资源，其文本文件阅览室、控制文件阅览室、声像文件阅览室、缩微胶片阅览室以及加拿大家谱中心的开放与利用时间是每天上午 8 点至晚上 11 点，简便的手续和友好的开放时间体现出"以用户为中心"的服务理念。英国《信息自由法》确立了英国国家档案馆为政府提供电子文件管理和保护咨询服务的职能。2006 年 11 月，凭借着"国家的档案馆全球搜索""国家档案馆数字化项目""国家档案馆学习网站"三项服务一举获得了 2006 年国家电子政府奖的最终提名，成为当时英国最受欢迎的五大政府网站之一。① 在信息技术广泛应用的发展潮流下，计算机、多媒体等代替了传统的纸质载体档案，英国创新了档案开放利用的方式，以便捷的互联网为媒介将经过加工、整合的档案信息提供给公民。

服务型社会治理模式下，通过档案制度的改革与创新使档案收集内容广泛且贴近公民。通过邀请公民参与档案鉴定，扩大档案开放与利用的范围等方式深化档案部门的服务理念，提升服务意识，创新服务方式。

5.3.3.3 平等性

新制度经济学家诺斯认为效率是以公平、正义为前提条件的，因此在进行制度设计时，要确保公平与正义。服务型社会治理模式下，档案部门采取了众多举措来达到这一目的，例如：2001 年，积极响应和参与由国际科技界、学术界、出版界、信息传播界发起的开放获取(Open Access，简称OA)运动，联合美国埃默里大学图书馆、南方文化研究中心、亚特兰大历史中心和乔治音乐名人堂网站展开了研究项目 Music of Social Change，通过使用 OAI 协议开发一种图书馆、博物馆、档案馆合作的新模式，打破档案信息壁垒，整合档案信息资源，拓展档案信息的获取方式，推动档案信息的开放获取和流动。再如，加拿大图书档案馆的利用者不局限于加拿大人，也不局限于档案利用的传统用户群体——历史学家、谱系学家

---

① 武俊. 国外档案服务形势及其借鉴意义[J]. 山西档案，2011(S1)：6-7.

等研究人员，根据《加拿大图书档案馆法》规定："加拿大图书档案馆的目标是要使文献遗产为加拿大和任何对加拿大感兴趣的人所知"，它向所有利用者提供平等的信息、咨询、研究、借阅等服务。此外，"美国记忆"项目将近千万条的数字档案资源免费向公民开放，联合国教科文组织（UNESCO）的"世界记忆"项目将搜集到的世界各国的文化遗产保存下来提供给全世界公众利用，以上项目都体现了档案开放与利用的平等性。

服务型社会治理模式下，档案制度是以保障公民合法档案权利、促进档案开放与利用理念为导向，积极主动地为公民提供公正、平等的档案利用机会和服务标准，为推进社会的信息平等创造条件。

5.4 社会治理模式影响下的档案制度变迁规律

不同的社会治理模式，牵引着不同的档案制度呈现方式与状态，根据上文的讨论，社会治理模式影响下的档案制度变迁规律表现为：第一，社会治理主体映射档案制度管理主体；第二，社会治理途径牵引档案制度实现途径；第三，社会治理方向形塑档案制度设计方向。

5.4.1 社会治理主体映射档案制度管理主体

统治型社会治理模式下，国家作为社会治理主体，为了维护自身的合法统治，通过对档案实行绝对的控制和权威性的分配，达到垄断档案信息的目的。档案的内容围绕精英的治理活动展开，所包含的信息广泛雷同，表现出共同的信息传递指向，是经过统治精英阶层精心筛选的，以维护和传达统治叙事指向为标准。档案的利用局限于特定的阶层，主要面向统治阶级和特别指定的官员，对利用目的的规定也十分苛刻。统治阶级作为档案制度管理主体，通过垄断档案来塑造一种同质文化，用以灌输其主张的意识形态，从而实现社会控制的目的。

管理型社会治理模式下，国家作为权力中心的性质仍然没有太大的变化，但是国家运用权力的方式却发生了巨大的变化，法制成为管理型治理模式中最为重要的特征。依法办事这一前提，使得国家作为权力中心的行为方式和与社会的互动方式发生了质的变化，国家和社会都在法的界限内行事。国家的合法性建立在法律的基础上，社会组织、公民与国家形成一个均衡的体系。国家对档案制度的安排也不能仅仅通过单向的行政手段强制进行，而是在法律框架下通过建立相关的档案制度来实现对信息的合法适度控制，从而使得档案信息权利的分配在这一导向下提升了对于普通公众的保障。

服务型社会治理模式下的社会处在高度复杂性和不确定性的环境下，因此需要重新考虑社会治理主体的配置问题。引入更广泛的社会因素——社会组织的力量来共同维护政治稳定，推动社会全面进步。社会中介组织可以理解为国家、政府和商业企业以外的所有民间组织或关系的总和，包括非政府组织、公民的志愿性社团、协会、利益团体和公民自发组织起来的运动等。[1] 国家不再是掌控档案资源的唯一主体，社会组织作为一种新生力量在行为方式上展现出与国家截然不同的特性。同时运作的是将公民纳入社会治理主体，形成国家—社会组织—公民多元合作治理的模式，重视公民的参与和体验，不断加强公民在档案管理中的主体地位是社会历史发展的必然趋势。在卢梭看来，国家发展须经历从承认和保护"多元个体利益"的众意社会再到以"公共利益"与"道德共同体"为特征的公意社会两个阶段。[2] 要构建公意社会，首先要保障信息的自由流通，只有确保了公民拥有自由利用信息的权利，使个人的信息权利得到充分的尊重，才能实现社会的进步。

---

① 肖文涛，黄剑宇. 善治视域下的社会中介组织发展[J]. 马克思主义与现实（双月刊），2007(6)：105-109.

② 卢梭. 社会契约论[M]. 何兆武，译. 北京：商务印书馆，1982：29-30.

档案以及档案制度管理主体面对服务型社会治理环境，也需要服从该环境必然消除中心地带群体对边缘地带群体的漠视与排斥的要求，从根本上解构工业社会遗留下来的中心——边缘结构。将国家、社会组织、公民纳入一个平等的合作体系中，使每一个体都能够参与档案制度体系的构建，保障公民的合法权利。在档案鉴定方面，统治型社会治理模式的档案鉴定主体是行政官员，档案鉴定工作标准只需服从维护统治阶级的中心叙事权和记忆留存权即可，鉴定标准粗疏，只有维护自身工作便利和统治形象合法化的总体诉求。管理型社会治理模式的档案鉴定主体是政府官员、行政人员和档案人员，他们在进行档案鉴定工作时会受到制度环境、身份地位以及主观意识的多重影响，鉴定标准逐渐走向法治化、标准化、规范化。服务型社会治理模式的档案鉴定主体引入了公民的力量，共同建构社会记忆，鉴定标准的多元化是这一阶段的主要转变。英国档案志愿者项目已持续开展了 20 多年，它是公民参与档案管理的长期性活动，英国档案部门还颁布了相关的法规政策，对档案志愿者的工作职责、服务内容等进行了详细阐释，当前档案志愿者主要提供档案目录化与索引化、档案收集与保存以及档案的编目与开发这三种服务。2015 年 7 月，由 20 多个志愿者组成的团队完成了英国陆军部相关档案的重新编目，包括近 78000 名军官提供的临时记录以及第一次世界大战中领土军官的记录和信件。再如新加坡的公民档案员计划，这个项目主要由两个部分组成，其一是对海峡殖民地时代遗留下来的手稿和书信进行转录工作；其二是对大量的旧照片添加文字说明，为日后的研究工作提供便利。目前有 100 万页海峡殖民地时代手稿以及 14 万张旧照片有待民众转录及提供说明，国家档案馆打算每两个月推出新一批旧照片及手稿。① 档案馆通过发动公民的力量来参与档案管理工作，通过三方的合理分工共建共享。

---

① 联合早报.“公民档案管理员”借助群体推动历史研究［EB/OL］.［2020-03-12］.http：//www.zaobao.com/realtime/singapore/story20150310-455271.

从社会治理主体以及档案制度管理主体的变化，可以看出国家
与公民关系的重新规划，社会组织与公民通过参与治理增强社会认
同感，促进善治的实现。

5.4.2　社会治理途径牵引档案制度实现途径

　　统治型社会治理模式的社会治理途径是"权治"，是以权力关
系为主导的。对权力的绝对服从是其主要特征，缺乏制度化的约束
来制约权力。统治型社会治理的实现很大程度上是通过垄断信息达
成的，国家权力对档案的影响集中体现在对档案制度的设计与塑
造。例如：哈里斯对南非种族制度的研究以及斯德勒对荷属东印度
殖民者的研究都揭露了那些当权者是如何塑造、命名、利用以及销
毁文件以强化其权力，创造他们的统治范畴，边缘化那些他人，以
及为他们自己的行为逃脱责任。① 国家利用强权力塑造了一种权威
型的档案制度，如前文所述我国的《诸司应送史馆事例》《庆元条法
事类》《唐令拾遗》《宋会要辑稿》《唐疏律义》《至元新格》《元典章》
等，虽然相对零散，没有构成档案制度体系，但是达到了最初设定
的严密控制档案流通的目的。
　　管理型社会治理模式的社会治理途径是"法治"，是以法律关
系为主导的，国家利用法律来强化社会的契约秩序。法律权威置于
政府权威之上，由法律意志取代权力意志。法律拥有最高的权威，
它可以限制国家权力对公民权利的侵犯，调整国家绝对权威的中心
地位，通过分散权力来保证权力按照原本设定的规则行使，是公权
力转变为公共权力的过程，能够杜绝权力的非理性行使。档案制度
就是在一般规则的大框架下制定实施的具体规则，具有理性权威和
客观性的特征。中外都制定了相关的档案法律法规及规章制度，如
前文所述的我国的《征集革命文物令》《关于加强国家档案工作的决
定》《档案法》《机关档案工作条例》《关于开放历史档案的几点意

155

────────────

　　① Cook T, Schwartz J M. Archives, records, and power: from(postmodern)
theory to(archival)performance[J]. Archival Science, 2002, 2(3)：171-185.

见》《档案馆开放档案办法》等，美国的《管家法》《信息自由法》，英国的《公共文件法》《公共档案法》《公共档案馆法》，法国的《国家档案馆条例》《稿月七日档案法》等，还配套颁布了一系列的政策以构建系统性的档案制度体系，推动档案工作向法治化、标准化、科学化发展。通过档案制度的规范化来限制国家权力对档案的绝对控制，档案制度开始呈现开放的姿态。

服务型社会治理模式的社会治理途径是"德治"，是以伦理关系为主导，并与权力关系、法律关系同构的治理体系。如前文所述的我国出台的《关于加强民生档案工作的意见》《各级各类档案馆收集档案范围的规定》《中华人民共和国政府信息公开条例》等，加拿大的《信息获取法》《加拿大图书档案馆法》，美国、英国的《信息自由法》等是法律关系的体现。再如前文所述的我国的私人档案、民生档案、口述档案的发展以及荷兰的 PIVOT 项目、众在参与项目、美国的公民档案员项目、英国的档案志愿者项目、新加坡的公民档案员计划等是伦理关系的体现，是用道德权威来协调、消弭权力权威和法律权威的矛盾与冲突，使社会治理德治化。在服务型社会治理模式中，处在良性互动和沟通中的多元社会治理主体促进了社会合作行为和社会合作体系的产生。国家、社会组织、公民基于共同的价值观念和文化模式，使档案管理趋向合作治理的模式发展，包容性更强，更注重平等参与，体现出更强的有机性。《2006—2020年国家信息化发展战略》提出"鼓励企业、个人和其他各种类型的社会组织参与信息资源的公益性开发"①，我国国家档案局也提出了要充分运用市场和社会的力量，对档案信息进行研究和开发。档案部门与电视媒体联合推出电视节目就是档案资源开发的一种，如广东省档案局与广东省电视台合作推出《解密档案》节目，第一历史档案馆与湖南广电集团合作推出《清宫密档》节目，利用了大量的档案材料并将档案所反映的内容真实地展现在了公众面前。此外，青岛市档案馆邀请青岛市旅游局、中国海洋大学等 17 家单位

---

① 檀竹茂. 档案信息资源开发的有效途径——协同合作［J］. 档案学通讯，2014（2）：55-58.

联合举办《青岛与海洋》展览，通过协同合作的方式拓宽了档案信息的开发途径。联合国教科文组织《保存数字遗产宪章》中还提到一种新思路，"在当今存在着数字鸿沟的状况下，有必要加强国际合作和互助，使所有国家都能创制、传播和保存自己的数字遗产并使其得到持续不断的利用"。① 可见参与式协商的方式并不局限在本国范围内，还可以将这种平等合作的关系扩展到全球范围内，开展档案领域的全球合作，加强档案资源的开发力度，挖掘档案资源的开发深度。

鉴于服务型社会治理模式的角色定位，国家扮演着基础的服务者角色，国家、社会组织、公民共同参与档案管理工作，在合作治理的体系下兼容并蓄、协同合作，共建共享档案资源。

5.4.3 社会治理方向形塑档案制度设计方向

统治型社会治理模式转变为管理型社会治理模式，继而走向服务型社会治理模式的过程，也是社会治理方向从"社会控制"向"社会治理"转变的过程。社会控制是为了维护特定的社会秩序，档案作为国家社会控制的工具，也是为了维护少数精英阶层的统治秩序而存在的。而进展到服务型社会治理模式，国家—社会组织—个人组成的扁平化组织重塑了治理结构，档案制度的治理结构呈现出同向变化，档案制度表现出对档案分散占有、协同管理、多元管理的新导向。

受到社会治理模式根本理念转变的影响，档案收集、鉴定、开放与利用的理念和方向也发生了变化，开始更多地关注利用群体与公众的需求，从档案的形成到提供利用的全链条延伸覆盖了最广大的社会阶层，力求反映国家、社会组织、公民的活动，逐步建立起覆盖人民群众的档案资源体系和服务人民群众的档案利用体系。

在档案收集方面，私人档案、家庭档案、社群档案的出现是公

157

---

① 彭冬梅. 非物质文化遗产数字化保护与传播研究：以剪纸艺术为例［M］. 济南：山东人民出版社，2014：211.

民参与档案内容体系建设的典型代表。2004 年 6 月 2 日，我国首家私人档案馆的开放标志着公民对身份感、地方感的需求在档案实践层面的落实。屈干臣先生花费 20 多万办起私人档案馆，收集了广东省人大 50 年来的选民证、1954 年版的中国第一部宪法、1956 年全国高考准考证等 3 万多件档案珍品。私人档案馆与公共档案馆的收集范围不同，前者收集的内容主要对个人具有长久保存价值的档案，具有草根性质；而后者则倾向于收集对国家和社会具有长久保存价值的档案以及名人名家的档案，收集门槛较高。私人档案反映了基层社会发展面貌和时代变迁历程，它既是个人人生历程的记忆，也是社会记忆的进一步细化和补充。它的个体、群体、地域特色从另一个角度出发，对社会发展进行全方位记录，在保存民族文化和人类文明的记忆方面具有卓越的表现。

此外，国内一些档案馆还积极引导家庭建档，鼓励并指导公民建立家庭档案，传承社会文明。家庭档案的收集内容主要集中在对个人成长具有重要影响的方面，如学习、工作、婚恋、医疗等。2010 年沈阳市档案局开通了中国首个家庭档案网站，收集以照片、录像、文字为载体的家庭档案，内容主要包括老奖状、税务证件、家谱家史等。在网站的论坛版块，公民可以上传自己的家庭档案，这是个体参与家庭档案收集的集中体现，网站还设置了网上展厅方便公民查看家庭档案。国家治理模式的社会化发展引导了档案制度的社会化发展，除了传统档案工作者的参与，还加入了包括社会组织、公民在内的广泛主体，多元主体参与档案管理的形式呈现出多样化发展的趋势。

不仅是中国，外国的档案制度设计方向也深刻地受到了社会治理方向转变的影响。信息技术的发展、社交媒体的兴起给予了公民极大的参与空间。2011 年 2 月，NARA 出台《Web2.0 和社交媒体平台的文件管理指南》规定在 Web2.0 和社交媒体产生的信息符合一定的条件就应该认定为档案文件纳入档案收集范围。公民在社交媒体上留下的信息成为档案的重要来源，实现了个人记录参与社会记录的转变。英国国家档案馆"在线社交媒体档案库"已保存 7000 多个 YouTube 视频和 6500 余份政府部门发布的 Twitter 消息，由于公民在社交媒体平台上形成的社会记录占据很大的比例，因此以公民产生的信息为主。美国纽约皇后区记忆项目也是公民参与档案管理的典范，皇后区记忆项目包含了地图、报纸杂志以及当地居民的口述历史档案，通过采访 20 多位受访者，形成了 100 多个皇后区记忆的片段，该项目是由社会组织、公民共同管理，实现了档案资源的社会化开发。

部分边缘群体也参与到了档案制度设计方向的规划中，对这些边缘群体来说，社群档案的建立初衷是由于以往主流档案机构漠视边缘群体，边缘群体主动规划自身的记忆记录，建立自身的文化遗产记录系统。边缘群体在社会中的边缘性地位决定了他们的意见表达经常性地受到忽视，因此这些社群开始收集那些被主流机构遗失的档案材料，并且为了应对档案数量的高速增长，很多社群档案的保管机构都制定了档案收集政策，明确了档案收集的重点和目标。此外，社群档案的开放与利用也不受制约，例如美国纽约同性恋历史档案馆的档案可以自由查阅。而服务型社会治理模式的到来也同步唤起了主流档案机构对于边缘群体记忆需求的关注与回应。美国档案工作者协会 2006 年联合年会关注到了档案内容体系的多样性，讨论了"同性恋与双性恋者文件的收集和著录""华盛顿美国黑人的历史"等问题。

此外，在档案开放与利用方面，从统治型社会治理模式面向特定阶层开放利用的封闭状态，到管理型社会治理模式面向精英阶层开放利用的半封闭状态，再到服务型社会治理模式面向广大公民开放利用的开放状态，体现出了档案制度设计方向的先进性和与时俱进性质。

档案制度设计方向伴随着社会治理模式的转变，从社会控制走向社会治理，将档案信息权利共建共享的观念融入档案制度设计中，逐步实现档案资源体系全方位建设的格局。

159

6 档案制度变迁的动力因素解析

在前文第四章中阐述了档案制度变迁的动力要素框架，明确了将运用诺斯的三大制度动力因素分析框架作为此处的分析基础，并进一步将该框架中的产权因素具象为信息产权，以更适用于档案制度分析。国家、信息产权与意识形态作为档案制度变迁的基本动力因素，各自在社会治理的发展趋势中面临怎样的变迁背景，在前社会治理和社会治理形式下是如何作用于档案制度的，作用的结果如何是本章所要探索的内容。

6.1 社会治理对三大基本动力因素的影响分析

随着社会治理观念进入国家政治方针与人民政治生活，社会治理便不仅是一种抽象的理论观点和单薄的政治语境，而是为国家政府系统与公共管理部门所采纳和运用于国家体制改革的有力工具。社会治理的模式昭示出：既不能由国家单纯垄断权力，又不能忽视国家作为治理主体的秩序规范功能；信息产权的明晰则意味着治理逻辑起点的确定；意识形态则起着修正与调试制度的作用，在提高制度的认受性方面有着积极的作用。

6.1.1 社会治理背景下的国家因素

6.1.1.1 社会转型开启对于"有限权力"政府的关注

当代国家对于国家权力的定位已然发生了显著变化，社会治理理论逐渐深入政治生活，反映国家在治理模式转型时期对于公共理想的关注。目前，国家履行职能时开始强调有限型政府概念，提倡各类社会主体参与的共治方法。"21世纪的社会结构创新是一个创建以公民为中心的社会治理结构的复兴实验过程"①，公共治理专家博克斯认为国家必将经历由政府本位向公民本位的发展过程，政府有限权力思想是国家适应社会治理模式而产生的，引领国家由控权走向多元主体分权的新思潮。有限权力最早可以追溯到洛克的社会契约理论，他早在17世纪就提出政府拥有的权力是社会中每个个体所有权利的总和的观点。"政治社会及其政府的权力的合法性来源于整个社会的委托"②，政府存在的意义是为了维护社会共同体的利益，其权力实质上是从人民那里让渡过来的，当人民对其权力的使用存在质疑时，有权将权力收回。洛克的有限权力理念显然已具备国家权力限制或重新分配的理论雏形，为有限型政府在当代的建立打下了理论基础。

6.1.1.2 全球化触发个体观冲击

个体主义的理论溯源久，汇集着许多杰出理论家的智慧结晶，直接影响着许多国家的政治体系，包括个人与国家内在关系的构建。作为自由主义原则的先驱者，霍布斯在他构想的'利维坦'国家学说中就已经出现了"每个人都有使用自己的权利，按照本人的

161

---

① 博克斯. 公民治理：引领21世纪的美国社区[M]. 北京：中国人民大学出版社，2013：50.

② 邢雅杰. 试析洛克社会契约论思想的源与流[J]. 佳木斯教育学院学报，2010(6)：248-249.

意愿保卫自己本性的自由"①的观念。在其之后，哲学家斯宾诺莎对国家与个人的关系阐释是近代意义上的首次系统论述。他认为个人的思想和言论自由不容侵犯，他承认国家与个人之间围绕力量和权力存在潜在的利益冲突关系，但他明确指出"政治的真正目的是自由"②，反对国家处于自身利益对个人的言论、意见进行规定，认为维护公民的意见表达才能保证他们对于建设国家的积极性。康德也讨论了人的主体地位，他的"反思判断力"范畴中详细阐释了政治自由与人际自由的"自由感"和"自由权"，因此有学者评价康德的是从哲学体系上立足于人的本性而从两个层面上追问了自由的本性。③ 马克思在吸取前人经验的基础上，创立了更为科学的、历史唯物主义的自由观。他提出："在认识客观必然性的基础上，自由是通过能动地改造世界的实践活动"④，自由的个体观不仅包括精神自由，还意味着实践自由，即人们不仅需要追求自由的主动性，还需要拥有追求自由的资源和权利。个体观念的增强在全球化过程中通过全球范围内的交流影响各国的政治理论系统，对各国处理个人与国家关系的方式产生了影响。

6.1.1.3 信息化引发新技术冲击

自 20 世纪 60 年代信息化技术兴起以来，经过半个世纪发展，各国均已形成较为成熟的网络技术、现代通信技术与数据库技术，以计算机为代表的信息化生产工具已深入人们的社会生活，改变着整个社会的生产、生活方式，随着智能化信息技术与工具的发展，政府的工作理念和方式也在进行革新。据调查显示，我国截至 2013 年底的电子政务投资规模已达到 1634.2 亿元，可能在 2018

---

① 霍布斯. 利维坦[M]. 北京：商务印书馆，1985：92.

② 斯宾诺莎. 神学政治论[M]. 北京：商务印书馆，1982：72.

③ 洪克强. 康德自由观的历史贡献及当代意义[J]. 云南社会科学，2003(4)：21-23.

④ 吴巨平. 论马克思恩格斯的自由观[J]. 马克思主义研究，2006(11)：53-57.

年已超 3400 亿元。① 政府的信息生产、传递方式更符合信息化背景下的时代特性，人们的信息接收和利用方式也通过信息化技术得到了优化，国家因此实现了传统工作方法向应用服务创新的转变，这些变化也在档案工作领域得以体现，具体展现为档案信息资源载体的变更和传播、利用方法与效率的变革。信息化带来了数字技术、网络技术、新媒体技术的蓬勃发展，这些技术层面的变迁时刻改变着国家基础设施、人民生活和行为习惯，也渐进地影响着国家制度乃至档案制度的呈现。

6.1.2 社会治理背景下的信息产权因素

6.1.2.1 社会发展引发信息竞争的加剧

人类社会经历了从原始农业到大机器生产，一直到今天的信息爆炸时代，在社会经济结构已经发生了重大变化的同时，对于信息的认知也发生了变革性的变化。在统治型治理社会，统治阶级享有绝对的信息占有权，对信息的控制成为统治的一种方式，并且由于传播技术的落后导致信息的流动十分缓慢。而随着社会发展，如今全球进入了信息时代，信息的价值逐渐被人们重视。信息作为三大能源之一，是人类的发展和创新所需的重要资源，《世界人权宣言》中第 19 条明确了"人人有权享有……通过任何媒介和不论国界寻求、接受和传递信息和思想的自由"②。宣言的提出意味着信息垄断时代已经结束，为信息的自由传播提供了法理依据。自此之后，信息的资源性质从垄断性逐渐向扩散性转变，其资源的经济性和知识性价值被发掘，在人人享有信息传播和开发权利的大环境

163

---

① 中国电子政务网. 2016 年中国信息技术市场基本情况及行业发展概况分析［EB/OL］．［2020-11-01］．http：//www.e-gov. org. cn/article-162575. html.

② 联合国. 世界人权宣言［EB/OL］．［2020-11-01］．https：//www.un. org/zh/universal-declaration-human-rights/index. html.

下，人们对信息的占有行为从控制驱动转化为利益驱动，并呈现出竞争现象。从宏观来说，信息资源的利用成为国家发展过程中极为重要的部分。从微观来说，包括科技知识，生产知识等在内的信息资源，是人类提高对自然界和人类社会认识水平的物质基础，是提高其他资源的利用率、减少物质和能源消耗或者使物质和能源的利用程度最大化的关键要素，是有效减少人们的重复劳动、大范围内实现联合生产或合作，以及企业与个人经济活动的重要前提。由此看来，信息是时代发展过程中累积财富的新源泉，成为国家、组织和个人之间竞争的对象。

从档案角度看，档案信息资源内在的稀缺性成为档案信息竞争加剧的重要原因。有学者认为档案资源稀缺性的根本来源是档案的客观性①，即档案所独有的最高原始记录性，并不会因为利用需求的增加而改变，这是档案区别于其他事物尤其是相近事物的独一无二的属性，也是档案信息资源稀缺性最重要的来源。档案信息的稀缺性可分为三个层次，第一层次是有用性的稀缺，即档案信息客观状态与主体对档案信息的认识和表达状态难以一致；第二层次是非同质稀缺，即相同或类似的信息资源在理想状态下仅产生一份，通过共享实现成本的最低状态，而档案自产生开始具备的独一无二性和国家垄断性使其具备非同质性，但不具备共享和流通的条件；第三个层次是制度层次也是最深层次的稀缺性，基于档案信息资源所有权制度为核心的制度设计，包括对所有权主体的确定和所有权权利的分割，体现出以及档案信息资源所有权之于占有和使用上的法律制度缺陷。

由于整个社会范围内信息竞争的加剧，特别是档案信息资源的有效供给不足增强了相对稀缺程度，使档案制度在完善过程中需要格外考虑信息产权的调配作用，思考信息产权在新时期的优化方向。

---

① 王运彬，郝志军．档案信息资源的稀缺性研究［J］．档案学通讯，2012（6）：48-51．

6.1.2.2 治理进程中权利人意识的强化

经济学领域对产权已作出非常清晰的定义:"产权包括一个人或其他人受益或受损的权利"。① 因此产权是用来界定人们如何受益及如何受损的概念。在这一概念中能够看到非常明显的利益与权利关系,产权的交换与实施过程实质上是权利人之间的活动。随着社会治理进程的加速,社会群体意识到信息所具有的资源属性和经济效益后,信息权利人意识逐渐增强,并在一种比信息产权更为狭义的概念——知识产权中体现出来。

相比信息产权,知识产权在人们视野中出现已有一段时间。知识产权被广泛承认为一种私权。自前治理时期开始,知识产权就是作为特许权由国王颁布并授予的,而进入社会治理时期,知识产权更体现为一种财产权性质的私权,体现出鲜明的权利人特征。在如今信息共享的环境下,权利人意识的加深虽然能从很大程度上保护个人权益,但在信息产权范畴,学界也开始考量权利人意识与往后社会发展的适用性。其一,在如今信息技术发展、信息规模激增的背景下,不同的社会成员在获取和享用信息资源很容易出现分化现象,造成信息鸿沟这样的不良后果,如若一味注重权利人的地位,关注信息的占有性使用,并不符合时代的社会治理要求。其二,从档案范畴来说,档案是人类所创造的一种宝贵的精神文化财富,其功能发挥是建立在人类社会文化的积累、传播、发展与进步上的。② 因此档案信息本身蕴含很强的公共利益性,权利人概念与这种公共利益特质两者容易产生冲突。

针对公益性与私利性的产权冲突,法学家卡尔曾说:"在公法与私法之间,并不能用刀子把它们精确无误地切割开,就像我们用刀子把一只苹果切成两半一样。公法与私法在许多方面相互交错一

---

① 科斯,阿尔钦,诺斯.财产权利和制度变迁——产权学派和新制度学派译文集[M].刘守英,等译.上海:上海人民出版社,1994:440.

② 冯惠玲,张辑哲.档案学概论[M].北京:中国人民大学出版社,2006:55.

起，其中历史上的原因起着一定的作用。"①无论是知识产权还是更广泛意义上的信息产权，私与公的偏向问题与社会的发展形态有关，传统知识产权从权利人的角度出发的局面需要被改变，这引起了信息产权基于知识产权基础上的视野拓展，启发了信息产权有关权利人的利益和公众的公共利益立法基点的新思考。

6.1.3　社会治理背景下的意识形态因素

6.1.3.1　作为解释变量迎接社会环境的变迁

意识形态概念最早由法国学者特拉西在其《意识形态原理》中提出，最初意指一门新的观念的经验学科。他认为，意识形态的目的是"给予我们理智的能力，形成一类完备的知识，再从这一知识中推演出其他所有知识分支的第一原则。"②诺斯在其意识形态理论中提出，制度就是"一系列被制定出来的规则、守法程序和行为的道德伦理规范，它旨在约束追求主体福利或效用最大化利益的个人行为。"③从诺斯对制度的定义看，其中代表意识形态出现的"道德伦理"是制度框架内的一项关键要素。诺斯认为，意识形态是一个内涵丰富且不断变化的概念，其变化是以社会存在的变化为基础的。但由于意识形态的相对独立性特征，它在实践中会出现意识形态的发展变化与社会经济关系发展并不完全一致的情况。因此，作为认识世界和理解社会发展的解释性变量，意识形态会跟随社会环境的变化产生积极作用，也可能出现消极后果。例如，法国大革命时期，拿破仑曾短暂地把特拉西的意识形态理论作为法兰西共和国的官方学说加以推崇，但随后由于其中的民主和革命思想阻碍其复

---

①　拉伦茨. 德国民法通论[M]. 王晓晔，邵建东，等译. 北京：法律出版社，2003：7.

②　迈克希伦. 意识形态[M]. 长春：吉林人民出版社，2005：45.

③　诺斯. 经济史中的结构与变迁[M]. 陈郁，罗华平，等译. 上海：上海人民出版社，1994：225-226.

辟道路而被完全否定。① 可以看出，意识形态的消极作用若被放大，可以作为特定的统治阶级表达自身利益的工具。

因而，意识形态的功能是由于意识形态与社会实践之间的互动所造成的作用和影响而决定的，这就要求意识形态的发展方向是积极的、对公众有益的。在社会信息化的浪潮中，现代信息技术已被广泛应用，电子文件的产生标志着人类记录信息、传达信息、留存信息的方式发生了革命。这场革命是自纸张产生以来，档案工作领域最剧烈的一次变革，它直接影响着档案工作的运行方式、档案学科的基本理论乃至档案领域的思维观念。加之随着社会经济的发展，文化政策的日益宽松，物质和精神产品的丰富，社会公众对于精神生活有了更多的向往和追求，这些新的环境因素均对意识形态的积极功能提出了要求。

6.1.3.2 作为内在动力需要满足制度效率的需求

意识形态是影响制度变迁的一个前置的、总括性的因素，它深层次、全方位地影响着制度变迁的效率。新制度经济学理论认为，通观历史，在发明与创新中几乎总是存在着私人收益与社会收益的巨大差异。② 可以说人类行为动机是双重的，一方面追求财富最大化，另一方面又追求非财富的最大化，因此会基于自我利益的考虑和追求出现机会主义倾向，这将对社会制度的效率造成很大阻碍。马克思从历史唯物主义的角度提出，意识形态是与社会资源与权力分配联系在一起的。因此，意识形态从本质上来说始终受到权力和利益因素的影响。

从档案实践看意识形态的发展，前社会治理时期的权力与利益的配置主要围绕着优势集团展开，包括档案制度的设计与实施，因此对档案信息的封闭和独占是这一时期满足这一意识形态下最符合

167

---

① 戈士国. 拿破仑. 波拿巴的意识形态批判[J]. 马克思主义研究，2007(9)：47-52.

② 诺斯. 经济史中的结构与变迁[M]. 陈郁，罗华平，等译. 上海：上海人民出版社，1994：16.

制度效率的安排；而社会治理时期，尤其是服务型社会治理模式的到来，使得社会资源与权力配置的基本模式发生了根本变革，意识形态的同步调整使得档案信息的开放与平等配置成为更符合新的制度效率的实现方式。

由此可知，意识形态作为观念的集合，其内在动力能够作为社会力量提高档案制度实施的效率，这对今后意识形态作为内在动力如何发挥作用指导具有效率的制度产生、保证制度的执行与实施提出了新要求。

6.2 国家因素在档案制度变迁中的作用演进分析

面临社会治理的历史性到来，前社会治理时期和社会治理时期国家这一动力因素对档案制度的作用有何不同，具体表现如下文分析。

6.2.1 前社会治理时期国家因素对档案制度的作用

在新古典国家理论构想中，诺斯对国家有过这样的描述："国家既作为每一个契约的第三者，又是强制力的最终来源，它成为为控制其决策权而争斗的战场"。① 他以这种方式点明了权力场域中不同集团对于福利和收入的争夺现象，理论性地揭示了场域中不同权力主体的权力边际问题。作为权力域中最主要的两种力量，国家权力和公共权力经常被理解为具有不同特性的两极，在前社会治理阶段，国家权力以压倒性优势占据着权力域的领导地位，公共权力受到压制、排斥而处于被忽视地位。在此状态下的档案制度成本较高，档案资源在国家与公众两极存在极大的信息不对称问题，有关

---

① 诺斯. 经济史中的结构与变迁[M]. 陈郁，罗华平，等译. 上海：上海人民出版社，1994：22.

档案资源生产、档案资源管理、档案资源获取与利用的制度都处于较为封闭和落后的状态。因此在前社会治理形势下，国家对档案制度的作用力集中于制度的政治性功能建设，主要目的是通过档案工作的逐步规范社会的纪律性和秩序性。

6.2.1.1 制造制度约束实现档案内容体系的控制

档案制度并不是自然的产物，它受到国家权力的影响，并成为国家权力的传导工具。国家通过档案制度的设计达成对档案内容体系的控制，这些程序往往由国家的档案工作者执行，档案工作者实质上是国家权力的执行人。

从微观内容的角度看，国家控制着信息写入档案载体的方式。我国自殷商时期便出现了记于甲骨之上的王家档案，以固定而专门的程式行文，对应王朝祭祀与政务活动的记载；到秦朝，在统一文字的基础上形成了一整套统一的文书体式，改命为制，易令为诏，严格规定君主复诏、臣僚奏请与议事的内容格式；隋唐时期统治者要求史官编写起居注，详细记载帝王的言行，至清顺治年间更有"凡皇上嘉言善行，一一记载，于以垂宪万世"①的奏请，于康熙九年设起居注馆后修注之事一直延续到清末。清朝还设有军机处总揽军国大政，负责文书处理、记注档册、撰拟文稿等多项档案事务，因事权扩大而成为地位极为显赫的中枢机关。但尽管如此，军机处仍"只供传述缮撰，而不能稍有赞划于其间"②，须听命于帝王旨意进行文书撰写与政务处理，而无决断之自由。古代的档案制度即使还未完全塑造出系统而完善的工作流程和行动准则，但制度对于档案内容的规制已非常明显，档案制度在当时成为一种强化封建统治的工具。在现代社会，国家仍然在为档案内容的完整呈现制造制度约束，卡斯韦尔的研究表明围绕档案内容的制度约束已经影响到人权工作的开展，他认为目前的档案制度似乎存在某些"灰色

169

---

① 夏宏图. 清代起居注的纂修[J]. 档案学研究，1996(3)：28-30.

② 周雪恒. 中国档案事业史[M]. 北京：中国人民大学出版社，1994：283.

地带"，在面对人权侵害局面时，档案的记录和处理方式具有利益的偏向性，很多侵犯事迹和行为并无法成为档案内容的组成部分，因此侵犯人权行为的受害者成为档案制度"强加偏向"的牺牲品。"档案、档案人员与人权侵犯及随后的判决、和解、纪念行为之间的矛盾须得以解决"①，卡斯韦尔根据其研究成果提出档案制度应引导档案资源具有更大的宽容性，在实践中为历史和真相留存空间。

从宏观内容的角度看，国家控制着档案内容体系的构建，这在主流档案与边缘化档案之间区分了明显的界限，这一体系隐形规定着国家档案体系应该包括哪些档案，而哪些档案又会被体系排除在外。英国文化遗产政策与交流中心主任兰博明确反对了当今档案制度所存的偏见性，"我无法相信，在这个国家有关黑人的历史档案居然比城堡和中世纪的教堂更少，而它是需要我们分享的东西，它值得存在"②。国家有关构建档案内容体系的包容性缺位其实屡见不鲜，英国布里克斯顿地区长时间存在对于黑人文化的偏见现象，收集、保管黑人族群的档案、宣传与之相关的文化等行为自然也被档案制度排斥。因此主流社会不可能形成与此类受忽视群体相关的档案制度规范，这种缺失导致了黑人族群的文化挫败感，与主流群体的疏离感，抑制了他们更广泛的社群活动。由此看来，特殊群体尤其是非主流弱势群体极易被打上异化的标签从而被边缘化，档案制度存在的社群偏见会逐渐影响档案制度在全社会范围的认可与接纳度。"我们的实践应该强调人们所经历、所描述的历史，而不是偏执于这段历史的主体是谁"。③ 历史学家的箴言显然为档案制度的发展作出了颇具建设意义的发声，档案制度中应包含的"全体利

① Caswell M. Toward a survivor-centered approach to records documenting human rights abuse: lessons from community archives[J]. Archival Science, 2014 (14): 307-322.

② Flinn A. Community histories, community archives: some opportunities and challenges [J]. Journal of the Society of Archivists, 2007, 28(2): 76-151.

③ Hilda K, Paul M, Sally J M. Seeing History: Public History in Britain Now[M]. London: francis boutle, 2000: 16-17.

益观"仍然匮乏，其发展和完善需要形成更为广泛和多元的视角，并不再干预曾经被制度排除之外的群体进行实践尝试。

6.2.1.2 制造制度约束实现档案规则体系的控制

档案学家将档案得以保存的直接原因归结为档案具备的有用性价值，指出基于档案可利用性的有意识保管行为甚至可追溯至古代书写作品的保存。① 但是在前社会治理形势下的档案保存实际上是为少数人服务的，这归因于这一时期的国家对档案规则体系进行的一系列控制。

档案制度中对收集环节的垄断。国家对于档案规则体系的控制过程中，首当其冲的便是档案的收集制度。古代的档案工作实践表明，当时的档案收集工作大多由封建王朝的史官进行，并具有"注"与"掌"兼具的特点，换言之，即档案的形成与收集管理很多时候都由史官负责。如两汉时期设丞相府，不但要求收天下文书，还负责省录众事。西周的史官皆为高级知识分子，负责西周的档案收集工作，一并负责记载当朝之事和掌管前朝档案。据周朝金文记载，这一时期的史官都有"世官守业"的传统，他们收集的档案成为其与后人的重要教育材料，这也是为何史官皆具备广博学识的缘由，"这种制度使非居其职位者不能接触档案，而史官后人却可以得天独厚，从家学渊源上他们从小就可获得广博的知识"，② 书中所述的情景表明从档案的收集开始，身居要职的国家官员就占据档案信息获取的上层地位，把持着信息垄断权。

档案制度中鉴定的价值错位。与当代鉴定原则所提倡的社会模式不同，前社会治理时期的档案鉴定关注的不是文件间的内在联系和其体现的社会职能，而是将鉴定工作建立在优势集团利益的基础之上。法国资产阶级革命中颁布的《穑月七日档案法》中就有将鉴

---

① 韩玉梅. 外国现代档案管理教程[M]. 北京：中国人民大学出版社，1993：17.

② 周雪恒. 中国档案事业史[M]. 北京：中国人民大学出版社，1994：43.

定过程定义为区分有用文件、无用文件、历史文件和封建文件的规定。其中有用文件是国家没收贵族财产的证据性文件，封建契据是与封建权利和特权有关的各种文件。① 有用文件得以保留是因为资产阶级革命对贵族的斗争胜利后，有关贵族财产的文件涉及资产阶级对国家的后续管理；而封建文件记载着国家在革命前的腐败现象，出于维护国家秩序的需要，此类文件必须予以销毁。由此可见，前社会治理阶段的档案鉴定工作包含执政阶级的主观意愿。著名档案学家库克曾对詹金逊的行政官员决定论鉴定思想提出了批判，认为由行政官员进行的鉴定工作会导致档案工作走入极端，使得档案工作变成由代表国家意志的掌权者操控的活动。"美国总统尼克松或布什这样的文件形成者就可以通过销毁或剔除那些有关任职期间不利证据的文件。"②

国家权力对档案开放制度的渗透。在前社会治理阶段，国家权力严格控制着档案的开放，档案一般很少能面对公众开放，即使开放也充斥着国家的政治目的。春秋时期各国向民众公布律法档案，实质上统治者将律法档案的开放作为推行新政的工具，档案的开放仍是为统治阶级的专制目的而展开的。即使第一部专门的档案法——法国穑月七日档案法颁布之后，档案开放原则开始真正走入人们的视野，但仍有学者指出此次档案改革的目的是为资产阶级利益服务的。改革以维护资本主义私有制为前提，因此是针对部分档案馆的不完全改革，在档案法中并没有说明档案移交档案馆的期限和具体制度，导致仅集中了一小部分档案，相当数量的档案还由不受国家档案机构统领的私人、团体掌控。由此可见，转折期的档案开放制度仍然是一些未成熟的规定之集合，并没有形成基于档案开放的完备的权利和义务关系。"法国的档案工作改革是资本主义性

---

① 宋魏巍. 欧洲大陆国家档案鉴定理论与鉴定方法论发展述评[J]. 档案学研究，2013(3)：81-86.

② 特里·库克.1898年荷兰手册出版以来档案理论与实践的相互影响[C]//国家档案局、中央档案馆. 第十三届国际档案大会文件报告集. 北京：中国档案出版社，1997：148.

质的，存在很大的局限性，"①从学界对于法国档案改革的评价中可见一斑，档案开放制度依旧无法脱离占主导地位的优势阶级的影响，其发展与演进还需要较为漫长的过程。

国家权力对档案利用制度的干扰。从获取途径而言，在档案利用封闭时期，档案制度对获取控制极为严格，普通民众几乎无法触及国家的档案财产，档案获取和利用权力在这一时期为统治阶层所专属。我国古代自商朝开始就有集中管理档案的行为，目前发现的甲骨档案绝大部分出土于殷都遗址，集中保管意图明显，藏于"宗庙建筑右半穴居式地下室的圆窦和方窖中，窖深一般都有两米左右"。② 西周建宗庙作为储存档案正本的处所，其也成为历史上可考的第一类档案库，"天府，掌祖庙之守藏与其禁令……献其书，王邦受之，登于天府"③宗庙作为至高神圣的档案贮藏地，保卫森严，以维护档案的安全和保密。至明世宗时期，封建史上最具代表性的档案保管地——皇史宬建成，墙体皆为砖石结构，用以存放君主的实录、圣训与玉牒。其中贮藏的档案如需调阅，必须遵守严格的制度，"启匮查阅，要'焚香九叩首'"。④ 由此可知，这一时期无论是档案的保管还是利用呈现封闭状态，档案制度借由国家赋予的强权控制力对档案的获取进行严格的限制。直至受文艺复兴思潮的影响，自古以来向世人封闭的档案和档案馆开始面临历史学者、档案学家不断增长的开放呼声。波尼法西奥在其著作《论档案》中提出"档案馆的性质应该是公开的"⑤，成为有关档案馆公共性质的首次公开论证。虽然改革的思想背景已经滋生，但在

① 陈子丹. 外国档案事业史[M]. 昆明：云南大学出版社，1999：111.

② 周雪恒. 中国档案事业史[M]. 北京：中国人民大学出版社，1994：28.

③ 周雪恒. 中国档案事业史[M]. 北京：中国人民大学出版社，1994：52.

④ 周雪恒. 中国档案事业史[M]. 北京：中国人民大学出版社，1994：266.

⑤ 裴友泉，马沐. 论政府信息公开对档案利用的牵引[J]. 档案学通讯，2008(2)：44-46.

当时的实践中档案利用仍然是权力的拥趸，如伏尔泰曾经提出的关于利用有关路易十四时代档案的要求就遭到拒绝，原因则是他所作史诗"讽刺了封建贵族，描写了宗教战争加于人民的灾害"。①

6.2.2 社会治理时期国家因素对档案制度的作用

随着时代发展和社会治理的推进，以国家权力为绝对中心的制度构建模式已不再可行。福柯曾将权力表述为一种关系，他反对将权力物化的观点，并认为权力并不仅仅存在自上而下的单向统治形态，而是以一个互相关联而交错的关系网的形式运行。福柯的观点体现出明显的后现代主义去中心化特征，权力是无主体的、非中心化的，强调权力的分散性、多元性。② 哈贝马斯的观点则更为明确，他直接点明应关注来自边缘地带的人们和团体的权力，这也是最重要的权力。③ 社会治理时期，国家开始改变以往在档案制度建立、实施中的"中心垄断"观念，立足于社会各组织的整体利益，实现权力域中各组成主体的和谐交往和平等互通。该趋势下的国家动力因素更关注档案制度之于社会性功能的发挥，面对公共权力的壮大，国家开始为其提供生长的土壤，形成国家进行方向性引导、多方参与档案信息资源建设、全民加入档案多渠道利用的局面，最终促进档案事业的包容性与全面性发展。

6.2.2.1 创造优化档案信息资源层次的制度环境

档案资源一般可以理解为国家产生的档案资源与非国家产生的档案资源两个层次，不同时期这两个层次的档案资源呈现的比例存

① 姚国强. 美国档案开放利用的历史考察[D]. 山东：山东大学，2006：10.

② 张首先. 话语、权力、责任：生态后现代主义政治哲学之历史建构[J]. 南京政治学院学报，2009(3)：63-66.

③ 陈冬. 后现代主义主要代表人物权力观研究[D]. 河北：燕山大学，2010：39.

在很大差异。在前社会治理时期，国家产生的档案信息占据了档案中的绝大多数，能够传递给公众和可供利用的档案资源微乎其微，大众形成的档案信息资源无法进入国家的档案叙事系统。而进入多元主体共治的社会治理时期，国家在信息技术快速发展的背景下，面向公众提供的档案信息资源数量持续增长，同时也更加关注档案信息资源的质量，确保国家主动公开的档案资源以及后续的档案信息资源开发能切实满足大众需求。

事实上，早在 2000 年第 14 届国际档案大会就已经提出档案馆应确立休闲利用观，即推行与学术利用、实际利用并重的普遍利用，它强调档案馆应具备为无特定利用目的的群体服务的能力。英国档案学家库克在联合国教科文组织和国际档案理事会联合主持的"文件与档案管理规划项目"报告中指出，"整个社会应该把档案馆看作是它的一个文化机构，即使给档案馆贴上'文化娱乐'甚至'消遣'的标签也是无可厚非的"。① 国家将普遍利用纳入档案制度目标，能最大限度发挥档案馆的公共服务功能，激励档案部门多渠道开发档案资源，最终实现百姓走进档案、档案走向社会的新格局，实现档案部门与公众基于档案资源的双向会话。

档案信息资源层次的优化也需要建立档案部门与社群之间有关档案资源的交流互动，重中之重是国家需要通过档案制度的设计对入馆资源范围进行调整。多种多样的社群在自身发展过程中积累了许多卓越的档案遗产，其门类丰富，能大幅度弥补综合档案馆的层次性缺失。洛杉矶的 ONE National Gay & Lesbian Archives 包含大量性少数群体的档案，英国索尔福德工人阶级运动档案馆/图书馆（The Working Class Movement Archives/Library）和介入档案馆（Interference Archive）集合了社群在经历社会快速而重大的变化时的历史记录，黑人文化档案馆（Black Culture Archives）是世界上保存最完备的种族人口历史档案的档案馆之一。这些珍贵的档案资源作为国家档案资源体系的组成部分，可以有效提升馆藏资源的丰富

175

---

① 瓦尔纳. 现代档案与文件管理必读［M］. 孙钢，丁志民，等译. 北京：档案出版社，1992：38.

性与覆盖面。

6.2.2.2　形成立足于档案信息分配公平的制度目标

在前社会治理时期，国家通过控制档案制度的设计与实施实现了档案信息的特定形式与内容覆盖范围。而发展到社会治理背景下多元主体共治时期，国家在信息化、数字化环境下需要确保可利用档案信息能最大限度地实现在整个社会空间之内的流转，档案制度须保障档案信息资源的高度开放与易于获取的状态。

社会治理阶段，各国纷纷行动起来，以政府信息透明度、公众参与、多元组织合作等作为标准引导政府信息的开放建设，不断推动包括档案馆在内的政府信息管理系统的变革，让公众能够获得透明和准确的信息。在一系列举措中，尤以透明、参与、技术这三个关键词为核心，这也成为国家面临时代发展与技术转型背景下对档案制度的改革、规划与定位的起点。多国兴起的开放政府计划也在这一背景下同步推出，作为开放政府重要一环的档案制度的设计也面临着调整档案制度以适应群众对于开放、透明档案信息不断提升的需求。各国政府信息开放的探索经验告诉我们，多元主体共治趋势下，国家开始高度重视档案制度在保障公众信息获取的便捷性与平等性方面的作用，把档案信息公开透明看作一个负责任政府的重要衡量标志。在这一时期，档案部门作为国家档案制度的制定与执行机关，在政府信息开放进程中被赋予较以往更具效用的领导力，成为促进档案信息分配公平的关键一环。

6.2.2.3　形成立足于维护公共利益的制度规范

众所周知，前社会治理时期的档案制度规范皆是为巩固优势集团统治而制定，制度内容不外乎是有关档案的立卷、整理和编目程序以及对于保管、保护的防范性措施，以防史官"有章不依"。到了多元主体共治时期，档案制度的偏向性则转变为维护公众在合理条件下获得档案信息资源的利益，其公共利益属性达到前所未有的高度，国家在这一时期将调整档案制度规范对象的偏向性，加大对权能机关与国家档案工作人员的规范性约束，减少档案制度对档案利用群体不必要的制度性限制。具体来说，是加大对于档案信息在收集、存储和管理流程中的信息安全和完整的规范制定，提高满足开放条件的档案信息在社会中的开放比例和流通效率，使档案制度适应技术的发展创新。

从涉及档案安全与完整的角度看，国家应增加档案制度中对档案机关的职能与责任规范条款。美国于 2014 年通过的《联邦档案责任法案》进一步加强了美国国家档案和文件管理局的法规制定和监督职能，允许档案部门直接监管联邦雇员与其可能影响后续档案管理的行为。如法案第三节设有关于规范电子信息系统邮箱账户的内容，明确规定应约束公务人员使用非公务电子邮件生成和发送档案的习惯。我国在档案机关的设置方面具有独特优势，在相关规则的建设方面也在不断进行推动，自 2021 年 1 月 1 日起实施的新修订的《档案法》中也增加了档案机构对社会组织和基层群众性自治组织的档案工作进行监督和指导的新内容。

从涉及档案信息的开放利用角度看，国家应满足信息公开加速背景下对于档案信息可公开性的时限。新修订的《档案法》规定了，县级以上各级档案馆的档案，应当自形成之日起满 25 年向社会开放。经济、教育、科技、文化等类档案，可以少于 25 年向社会开放。这一规则将原有 30 年的封闭期限缩短为 25 年，在档案制度层面为推进档案的及时利用迈进了积极的一步。还有的国家在开放政府行动中设立了国家解密中心，尝试在解密中心中实施对到期应解密的政府文件重新审查的工作。除了确实有必要继续保密的，或者部分不得公开而需要在解密时采取相关技术措施的，其余文件要在规定的解密时限到来前时实现向外公开。① 自 2009 年 12 月设立至 2013 年 8 月，该中心已成功评估了存储在国家档案馆内的 357 亿页档案信息，其中 80% 的内容经过评估被认定为满足解密要求，成功公开利用。相关实践尝试对档案的开放利用具有积极作用，各国也正在从档案制度层面推进对公共利益的关注。

177

———————————

① 余恺辛．政府信息公开环境下档案开放程度研究[D]．杭州：浙江大学，2015.

6.3 信息产权因素在档案制度变迁中的作用演进分析

　　档案信息产权在前社会治理时期由于存在长期配置不公，整体将档案信息产权集中于国家主体，而对社会与公众是否拥有档案信息产权存在认识与实践上的偏差，从而产生了档案信息资源配置的不均衡现象。而在社会治理背景下，这一现象得到了相应的改善并在不断进步过程中，档案信息公平配置的理念正在路上。

6.3.1 前社会治理时期信息产权因素对档案制度的作用

　　信息产权一词是由彭德尔顿于 1984 年在其专著中首次提及，国内则是由郑成思率先讨论，并将其定义为知识产权的扩展。作为知识产权的上位概念，信息产权伴随信息技术的发展得以提出，电子信息逐渐成为信息形式的重要组成部分的同时，新型信息权利也由此浮出水面。在前社会治理时期，有关信息产权的定位实际上更贴合其下位的知识产权概念，即特定人享有的私人权利处于主导地位，而公共利益一定程度上遭受忽视。

6.3.1.1 档案信息产权配置的不均衡问题

　　在前社会治理时期，对于信息的产权安排具有极强的专制色彩，所有权和使用权都由国家掌控，很少考虑公众的档案信息产权问题。从封建时期的档案保管方式看，除控制着档案实体之外，还对档案信息的利用进行了强制性限制，档案从公布到利用档案进行的汇编工作都成为强化统治的手段。"清以例治天下，一岁汇所治事为四季条例，采条例而为部署则例，新例行，旧例即废，故则例必五年一小修，十年一大修"①讲述了清朝运用档案所载信息制定

---

　　① 邓之诚 . 中华二千年史（卷五下）[M]. 北京：中华书局，1983：531.

国家规范的现象。

国家作为公众权利集合的承担者和执行人，从本质上来说与公众之间是委托-代理关系，从这个意义上来讲，国家在代替公众管理政府运行过程中形成的档案信息资源本质上也是归属于委托人所有的，至少委托人是拥有使用权利的，但前社会治理阶段当然地将国家视为其所形成的档案信息资源的唯一所有权人，与公众与国家的委托-代理关系的实质是有所冲突的。对档案信息产权的国家占有这一认识正是前社会治理阶段中国家对档案信息资源进行垄断控制的根源。既然国家是档案信息资源的唯一所有权人，因此享有对档案的使用权、处置权和收益权。在这一认识的指导下，前社会治理时期当然地呈现出档案产权分配不均衡的状况，国家与委托者——社会公众之间的档案信息配置出现了巨大的鸿沟。

6.3.1.2　档案信息产权收益的不对等问题

目前，有关档案的所有权划分在各国有不同标准。我国档案的所有权一般分为国家所有、集体所有和个人所有三种情形，集体所有和个人所有的档案若移交、捐赠给档案馆后，根据物权法规定，档案所有权同时转移给国家。并且档案法第十六条规定，集体所有的和个人所有的档案若涉密应妥善保管、若保存环境不符合要求应由国家代为保管或被国家征收；不涉密的档案在公布时应遵守国家规定、由相关部门同意。因此，集体、个人在拥有档案所有权的情况下，不享有完整的处分权。美国的档案所有权在无实物所有权——寄存和有实物权基础上，对实物权分为三种情况：档案馆拥有档案的版权、版权由第三方所有和无归属版权三种情况。虽然根据国情的不同，档案对于所有权规定不尽相同，但从档案馆所能提供的信息角度理解，能将档案信息产权划分为国家所有和非国家所有两种。

档案馆对于知识产权不属于国家的那部分档案，档案馆留存的原因在于其具有进馆价值，以期通过"合理使用"原则来增加馆藏的丰富性、满足公众的合法利用需求。在这种情况下，档案馆能够获得档案的实体保管权与符合相关法律规定的档案信息处置权，知

179

识产权人能获得法律赋予的优先利用权，和法律规定的排他性权利，并能在利用者超过合理使用界线时依法获取报酬。而事实上，在实际操作中，双方看似较为平衡的利益协调关系时常出现失衡现象，知识产权人的权利在实施中会对档案馆的合法权利造成牵制，产权问题会影响档案制度所规定的正常活动的开展。例如须归档的科技档案在规定时间内应向档案馆移交，但科技人员担心科技材料归档有泄密危险而损害知识产权利益，因此经常出现科技项目完成后项目材料拒绝归档或拖延归档或核心材料不归档的现象，这将会严重影响档案馆正常的馆藏秩序。

档案馆对于知识产权归属于国家的那部分档案，虽然通过提供利用实现了一定的公共服务效果，但信息作为无形资产的特性并没有得到完全展现。其实，档案信息作为信息范畴，其自身特性意味着档案信息本身具有资产特性，是一种信息财产。有学者指出档案信息的财产特性可借助知识产权、信息产权等直接实现。① 档案信息具备稀缺性、价值性和可控性三种特点，能满足财产权所需的属性要求。而现实实践中，档案馆拥有大量档案信息的知识产权，但其财产价值并没有落实到档案制度中，导致档案馆处于"捧着金饭碗要饭"的尴尬境地。

综上所述，在前社会治理时期，信息产权在此期间多以下位概念——知识产权而呈现，主要目的在于实现利益的最大化，产权的分配存在产权人与档案馆、公众之间的不对等问题，公众利益在产权实施过程中经常被弱化处理。

6.3.2 社会治理时期信息产权因素对档案制度的作用

从实质上来说，信息拥有一个更为本质的特性——公益属性。有学者曾提出与个人信息相对的公共信息概念，认为公共信息"其中可能会有一些信息涉及专利、商标、商业秘密等知识产权，但从

---

① 蒋瑞雪．档案信息的财产权定位及其制度价值［J］．档案与建设，2016(5)：8-11.

总的概念上定性，公共信息不应成为知识产权的客体"①。可知，公共属性才是信息更为本质和客观的属性。而对于档案信息而言，除了涉及国家的涉密敏感信息、商业机密及个体隐私之外，由于公众与国家的委托-代理关系，公众从本质上拥有对其代理人所形成的档案信息的使用权，因此很大一部分档案馆所持有的档案信息应具有非竞争性与非排他性、非消耗性、公共物品的公共信息资源特征。

6.3.2.1 达到私权与公权的平衡

发展到多元主体共治阶段的社会，国家与社会关系的重新协调已然成为国家与公众的一致共识。

在此状态下，档案制度的设计首先应回到信息产权的本源上来认识问题。国家作为公众的代理人，其在实施社会治理各项职能中形成的档案信息资源本质上应该是与其委托人共同占有，共同支配的。从这个意义上来讲，除了私人档案馆，各级各类公立档案馆所保有的档案信息资源均应视为公共信息资源，公众与国家是同等地位的信息权利持有人，因此凡是已公开的档案信息，应该无条件地向社会公众公开，不应设置任何障碍。

在档案信息产权共有的认识基础之上，在档案信息领域公众的私权与档案机构的公权是有着平等与平衡的基础的。国务院在《促进大数据发展行动纲要》中提出稳步推动公共数据资源开放的任务，规定促进政府数据在风险可控原则下最大程度开放。② 这一规定预示着公共的信息利益将在未来获取更多关注，纲要中承认了政府数据开放不足的缺陷，并强调公众对于基础性战略资源享有信息获取权，纲要的出台代表国家已出现协调私权与公利的趋势。外国档案学界也出现了档案信息归属的探讨，甚至直接表示对于推行数

---

① 余筱兰. 信息权在我国民法典编纂中的立法遵从[J]. 法学杂志，2017，38(4)：22-31.

② 国务院. 关于印发促进大数据发展行动纲要的通知[EB/OL]. [2020-09-10]. http：//www. gov. cn/zhengce/co ntent/2015-09/05/content_10137. htm.

字档案水印或加密技术都属于错误认识，"尊重公众在公共领域信息方面的利益，就能够避免许多博物馆因为试图垄断和控制馆藏而招致的谴责"①。档案馆未来的职责就是既要使档案信息获取符合法律法规，促进档案资源的公共获取。也就是说，在协调两者的关系时，要力图保持私权与公共利益的平衡。

6.3.2.2 促进公平与效益的统一

在面对信息产权与公共信息获取的问题时，人们习惯于从两种不同的价值观角度来探讨，即法学的价值观和经济学的价值观。法学价值观强调社会价值和公共利益，经济学价值观则更加强调市场价值和个体利益。如单从法学的价值观来考察档案信息公共获取的产权问题，则必然强调法律基础的权威性而维护档案信息流转的正义秩序，更关注权利人的权益不受损害，而不考虑档案馆信息资源开发的专业职能。如从经济学立场来说，更强调产权实施所能获得的效果和效率。这种观点更关注的是产权制度所能取得的经济效益，而较少考虑社会公平的问题。从这两种角度看来，我们可以发现社会对知识产权法的解读并不是仅仅按主体区分，即权利人与公众如何获利的问题，而是按照"要素"区分，即哪种行为能够获利而哪种行为是违法的。从档案角度而言，公众有在最大限度内获取档案信息的正当权利，也有破坏档案信息秩序的风险；权利人有垄断档案信息资源的可能，但也有为国家创造档案信息资源的潜能。

与档案制度相关的信息产权离不开国家发展阶段和战略的影响。在多元主体共治的趋势下，社会治理的目标必然使信息产权向着维护档案信息开放获取的方向发展。保障与国家相比较处于弱势的个体实现档案信息产权中的使用权，维护其在档案信息资源使用中的利益，提供多种途径保障多元主体对此权利的平等使用，是未来一个阶段国家通过档案制度的设计所要实现的重要目标。

---

① Hirlte P B. Archives or assets[J]. The American Archivist, 2003(3): 235-247.

6.3.2.3 注重开放与封闭之间的权宜

在数字环境下，社会平等的价值取向与知识鸿沟加深的现实之间的矛盾更加凸显。档案馆应当为用户的档案信息获取权提供保障，保护公民的信息获取权益，尽可能满足档案用户的一切合理利用需求。档案馆作为人类的科学文化事业机构，是管理档案信息和开发档案信息资源为社会各项活动服务的重要场所。档案信息资源是当代国家重要的战略性资源，确保已公开的档案信息能够自由流动具有重要的基础性意义。

在承认档案信息产权的国家与公民共用的基础上，在保障档案信息公共获取的过程中，在充分保护公众的档案信息权利，防止正常的档案信息流动受到阻碍的同时，也要尊重档案自身的特殊性。档案的凭证价值是档案不同于其他各种信息资源的最基本的特点。档案是确凿的原始材料和历史记录，它可以成为查考、研究和处理问题的依凭，认定法律权利、义务与责任的证据，以及政治斗争、外交斗争和教育人民的工具。① 由于档案与生俱来的原始记录性，它所承载的信息有一部分可以通过公开利用而维护人类利益，促进社会公正，而有些却因牵涉国家利益存在不适宜在公共场合传播的情况。

一方面，全球范围内的档案学领域对档案正义研究呈现出如火如荼的态势。档案的证据性价值促使档案学家考虑档案在社会正义伸张过程中的独特价值和地位。另一方面，《档案法》规定，集体所有的和个人所有的档案，档案的所有者有权公布，但必须遵守国家有关规定，不得损害国家安全和利益。由此看来，涉及国家安全的档案信息应另行考虑其开放规则。

因此，协调档案信息获取中有关开放与封闭的权宜，是多元主体分权趋势下信息产权完善所需重视的一对价值关系。在这一对价值中，偏废任何一个方面，都是不足取的。

---

① 冯惠玲，张辑哲. 档案学概论[M]. 北京：中国人民大学出版社，2006：48.

📚 6.4　意识形态因素在档案制度变迁中的作用演进分析

意识形态对制度的设计与巩固都有着十分重要的作用，在档案制度的变迁中，从前社会治理时期意识形态在档案制度中单一、僵化和形式化的作用方式到社会治理时期注重其适应性、认受性的作用方式，表明意识形态的功能正在档案制度变迁中深化发展。

6.4.1　前社会治理时期意识形态因素对档案制度的作用

正如诺斯所言，思维形态来自人们的经历。如果所有的人有相同的经历，就可以断言他们对周围世界的看法会相同，而不同思维形态的出现是因为人们有不同的经历。因此诺斯认为，意识形态不同来源于地理位置不同和职业专业化。① 也有学者指出，共同体符合当时个体的成本——收益计算，正是因为要解决"人的非独立性"所导致的生存、安全等问题。② 个体为保证从属的那个社会集团或阶级在既存社会生产关系中的地位与利益，需要意识形态来对其制度产品进行生产与推广，以实现对其相对的、各种各样的共同体实施统治，这种状态下意识形态成为该阶级实现收益的必需选择，甚至可以说，是个体生存的前提。新制度经济学对意识形态的理论分析提示，前社会治理时期的意识形态呈现为统治阶级和当时社会出于其地位及生存维护需要，为实现其目标而提出的思想体系和理论主张。

---

① 高伟，黄少安．对诺斯意识形态理论的评析[J]．天津社会科学，2003(4)：87-89.
② 林浩．意识形态的起源、成本和功能失灵——关于诺思意识形态理论及一些评论的评论[J]．云南财贸学院学报，2004(2)：127-130.

6.4.1.1　意识形态导向力褊狭，档案制度的利民性遭受质疑

前社会治理时期的意识形态符合马克思意义上的"统治工具"特征，是统治阶级为本阶级利益和统治进行合法性论证和辩护的观念体系。这种状态下的意识形态是"以思想的形式表现出来的占统治地位的物质关系"①，主要目的是维护统治阶级的利益。

代表掌权阶级思想的意识形态具有统治性特征，掌控权力的阶级利用意识形态的作用影响，使得其统治思想合法化、合理化，以保障其统治地位的稳定性。在前社会治理阶段，意识形态的导向力表现较为褊狭，体现出形成以维护统治阶层利益为核心的对社会各阶层具有统摄性的褊狭目标，使社会的各类行动共同体服从于统治阶级的这一褊狭目标。韦伯在表述权力的作用时指出，"权力就是在一种社会关系内部某个行动者将会处在一个能够不顾他人的反对去贯彻自身意志的地位上的概率，不管这种概率的基础是什么"。②褊狭的意识形态渗透着控权阶级的统治渴望，控制着档案制度的服务对象，展现出利民性缺失的特点。近代以前，权力主体对档案的认识主导着全社会的档案意识、权力主体对档案的行为方式，也决定着档案功能的实现与发挥，导致当时的档案以资政功能为主，即使具有存史和文化传承功能，也置于资政功能之下。又如在康纳顿的作品中提到，在中世纪以伊斯兰教为官方宗教的国家和地区，穆斯林历史学家留存下来的大量历史档案记录中，完全没有记录有关十字军东征的内容，因为当时的历史学家视十字军战士为异教徒。康纳顿表示，当国家机器被系统地用来剥夺其公民的记忆时，类似的极端现象非常容易出现。③

---

①　马克思，恩格斯．马克思恩格斯全集：第1卷[M]．北京：人民出版社，1995：98．

②　马克斯·韦伯．经济与社会：第1卷[M]．阎克文，译．上海：上海人民出版社，2019：184．

③　康纳顿．社会如何记忆[M]．纳日碧力戈，译．上海：上海人民出版社，2000：11．

6.4.1.2 意识形态传播方式狭隘，档案制度的认同感维系艰难

在前社会治理时期，意识形态以权力型影响力主导，由于权力型影响力具有强迫性、不可抗拒性的特点，往往借助强大的权力工具，对社会成员进行意识形态宣传、灌输。在这一传输过程中，意识形态具有传播方式狭隘的特点，为确保统治者的利益，意识形态通常与带有愚弄、强制的传播方式缠绕在一起，目的是为了增强意识形态的说服力。

以档案的属性呈现而言，档案的多方面属性不单纯是档案本身自我呈现的过程，而是由主体决定，哪一方面的属性被揭示或重视，哪一方面的属性被忽视乃至抑制，取决于主体现实的、社会的需求。在前社会治理阶段，档案在属性的各种表达中，其作为行政工具的功能成为最被重视和推崇的属性，并成为统治者进行意识形态渗透的承载体。

意识形态传播方式的狭隘性体现在当权者对档案的处理过程中，充斥着对档案的删除、损毁、篡改等行为。有记载称，古埃及的统治者为提高统治者之于百姓的威信和巩固政权，出现了对档案的伪造行为。埃及法老谢堤一世在卡尔纳克神庙的墙壁上刻上了同利比亚人作战的铭文，记载取得胜利的情形。即使他的长子并没有参加这次战役，但是也刻上了他的名字和雕像。谢堤一世死后，他的次子拉美西斯为提高威望，又换上了自己的名字和雕像。[1] 前社会治理阶段意识形态传播方式的狭隘性对后世产生了较为严重的后果，不但对档案遗产造成了不可估量的巨大损失，还令公众对档案的真实性产生了质疑，使得公众对档案制度的认同感难以维系。

6.4.1.3 意识形态整合力缺失，档案制度的正义性实现受限

所谓整合力是指在整体中，运动具有同类的聚合，具有同向目标，万物殊途同归，这种同归性就是整合力。主流意识形态一旦形成，能够产生万众一心、众志成城的效果。葛兰西说过："在保持

186

---

① 陈子丹. 外国档案事业史[M]. 昆明：云南大学出版社，1999：26.

整个社会集团的意识形态上的统一中，意识形态起了团结统一的水泥作用。"①意识形态的整合力是意识形态在符合社会各阶级、各阶层的价值目标的基础之上，能够通过制度、组织、价值体系等连接纽带，把各种不同的构成要素结合成一个有机整体，使构造意识形态的领导团体对社会各阶层产生向心力。许多学者都把意识形态形象地称为"凝合剂""水泥"等，这正是意识形态的整合力的表现。"一个社会如果缺乏共识资源，是十分危险的离散社会。没有共识就没有凝聚力，也不可能产生任何稳定的社会秩序和道德规范。"②

意识形态的整合力是意识形态能否具备影响力的外在表现，意识形态能否整合、协调各阶层的思想观念，并以此调动社会各项资源服务于主流意识形态，表明意识形态影响力的大小。在前社会治理形态下，意识形态没有达到整合力的要求，主要通过外部推动力的方式发挥其作用从而达到统治阶级的目的，而非公众自觉认同而进行的主动行为。

这一时期的意识形态满足加尔布雷斯所描述的权力运作方式，意识形态通过剥夺权力客体的快乐感而使其服从。③ 在这种意识形态作用下的档案制度是统治阶级控制力与被统治阶级意愿性严重失衡下产生的结果，档案制度的正义性难以得到体现。

6.4.2　社会治理时期意识形态因素对档案制度的作用

伴随着社会治理时期的到来，意识形态因素也在随之发生变化，重要的变化就是意识形态作为观念的集合，在认受性和整合力的提升方面正在逐步发生变化，意识形态因素也在不断提升适应力。

---

① 宋惠昌．当代意识形态研究［M］．北京：中共中央党校出版社，1993：25.

② 王晓升．西方马克思主义意识形态理论［M］．北京：社会科学文献出版社，2009：5.

③ 杜玉申．基于权力视角的制度变迁机制研究［D］．长春：吉林大学，2012.

6.4.2.1 协调意识形态的刚性和柔性特点，促进档案制度灵活发展

诺斯认为意识形态首先是作为一种类似"制度"的形式存在的，同时，它也是一种世界观，起到支配、解释信念并赋予合法性的作用。"如果没有一种明确的意识形态理论或知识社会学理论，那么，我们在说明无论是资源的现代配置还是历史变迁的能力上就存在着无数的困境……意识形态是种节约机制，通过它，人们认识了他们所处环境，并被一种"世界观"导引，从而使决策过程简单明了。"①可见意识形态的刚性特点体现在意识形态与合法性的关系之中，这种合法性产生的力量能让个人在"搭便车"时必须要承受心理负担，这种观念上的压力使得个人必须参加集体活动，必须为公共物品的生产做贡献，必须遵守公共秩序。另一方面，意识形态也具有柔性特点，即促进人们共同心智的形成。对于某项制度共同的需求，愿意执行并遵守的某一项制度的信仰，进而产生相应的制度来规范人们的行为，这项制度一定是适应人们生产生活的需要，通过遵守它能够给人们带来生活效率的提高，减少交易成本，提高人们的收益。

新制度经济学认为，"大凡成功的意识形态必须是灵活的，以便能得到新的团体的忠诚拥护；或者作为外在条件变化的结果而得到旧的团体的忠诚拥护。"②在档案制度变迁中，结合意识形态刚性和柔性特点，以增强档案制度的灵活性。要求档案制度不但要形成以社会外在为支撑的监督机制，还要促进档案行为主体间内生的自觉性、规范性、价值信念的生成。意识形态通过外部约束与内部认受的合理组合，达成引导档案制度在更高阶的层面贯穿档案领域，完成其整合力的有机凝聚作用。

---

① 诺斯. 经济史中的结构与变迁[M]. 陈郁，罗华平，等译. 上海：上海人民出版社，1994：51，53.

② 诺斯. 经济史中的结构与变迁[M]. 陈郁，罗华平，等译. 上海：上海人民出版社，1994：58.

6.4.2.2 发挥意识形态的整合激励作用，促进档案制度统筹发展

德国社会学家曼海姆说："人们并不是根据各种见解、陈述、命题以及观念体系所具有的表面价值而接受它们的，而是根据表达他们的人所具有的生活情境来解释它们的。"①这句话表明，有效力的意识形态是以人们的话语为基础的，是与他们自己的生活条件密切相关的，是受人们生活需要的影响的。

"意识形态反映现实越客观、准确、真实、全面，其科学性就越强；反之，反映现实越虚假、歪曲、片面，其虚构性就越大，科学性就越小，甚至没有科学性。"②发挥意识形态理论的整合激励作用要求意识形态理论要能根据社会环境的变迁做出反应，并进行相应的指导。因此意识形态理论在保证客观、准确、真实、全面的前提之上，应增强其内在认同动力，意识形态只有得到最普遍的认同，其整合激励作用才能发挥最大的影响力。

而服务民生，维护信息公平与公正，维护多元群体叙事权，保障公众的档案信息获取权利，这些都是意识形态的整合激励作用能够有效结合档案制度设计的重要方面和关键因素。

6.5 社会治理深化发展视域下三大动力要素的发展愿景

6.5.1 国家因素推进档案制度变迁的愿景

国家动力因素在档案制度变迁中作用的愿景将从实现国家的政

---

① 朱明，闫莉冰. 浅析曼海姆"意识形态"概念的两大内涵[J]. 理论界，2007(9)：170.

② 聂立清. 我国当代主流意识形态认同研究[M]. 北京：人民出版社，2010：34.

治性功能主导向社会性功能主导转变，从国家职能的合理界定、对组织基础的发展和对技术平台的建设三方面的完善，适应社会治理趋势下档案制度的发展需求。

6.5.1.1   发展多维组织基础，拓宽档案制度供给的场域

在前社会治理阶段，档案制度更关注统治阶级的档案信息垄断利益。而发展到社会治理阶段，档案制度供给的对象已然由单一的国家转变为包括国家和社会组织，以及公民个体在内的广泛主体。制度供给的场域拓宽，使得追求档案信息最大限度地开发和利用成为新的制度目标，在此目标下国家将着力发展档案制度场域的多维组织基础，实现对档案信息资源的创意性开发和合作性开发。

从档案信息资源创意性开发的范畴看，国家应重视档案制度与公共文化服务的相关性，及时转变档案制度的传统服务思维，通过对馆藏档案资源的深度挖掘和广泛征集关联档案，探索档案资源向文化创意产品转化的可能。2014 年，在西班牙召开的国际档案理事会年会以"档案与文化产业"为核心议题，2016 年召开的第十八届国际档案理事会年会中，对"档案跨领域合作"的关注再次引起研究者们的探讨。① 可见档案信息资源创意性开发将是今后国际档案工作的热点和重点。美国国家档案馆在档案资源创意性开发上进行了不少尝试，国家档案馆网站专设"档案商店"提供多样的档案创意产品以供选购。我国的档案资源创意性开发也在加速发展，如依托故宫博物院和阿里电商平台进行的若干项目，但从公众反响来看，对创意产品的热情虽高，但仍停留在博物馆和文物的认知层面。档案信息资源创意开发存在档案创意产品丰富和公众档案资源意识薄弱的矛盾。仍欠缺国家有关档案资源创意开发的制度供给，使档案资源创意性开发缺乏规划指导。在未来发展中，各国应继续加强档案资源创意性开发的系统性、协调性，将档案文化产品创造融入同级别、相类似的资源开发竞合中，扩大档案信息资源创意性

---

① 宋懿. 知识管理视角下档案文化创意产业分析[J]. 兰台世界，2017（3）：11-15.

开发的影响力。

从档案制度对档案信息资源合作性开发提供支持的角度看，国家需要加强档案制度设计中对社会团体在档案资源开发中的参与方式与渠道等内容提供指导性规则，从而打造更包容的档案资源体系，形成更包容的档案工作方法。近年来，许多国家的档案机构已经和社群形成了档案资源合作开发关系，社群仍能很大程度地保留档案材料控制权，而主流档案机构则为社群提供基础设施和技术资源。其一是储存空间的合作关系，GLBT 历史协会和旧金山公共图书馆的荷美尔同性恋中心建立了伙伴关系，将档案馆利用频繁的一大部分材料放置于中心内，不但为社群档案馆节省了空间，还为社群档案后续开发与利用开辟了渠道；其二是资金的合作关系，美国国家历史出版物和记录委员会（NHPRC）和国家人文基金会分别在 2006 年和 2010 年对于 ONE National Gay & Lesbian Archives 进行了资助；其三是技术的合作关系，来自政府机构、大学的档案工作者作为志愿者逐渐参与到社群档案馆的工作中，以专业知识为社群档案的整理、编目、数字化等工作提供指导。档案信息资源的合作性开发涉及库克所说的"核心原则的转变"，如何对这种合作模式进行总结，设计出稳定的规则，呈现在档案制度中，以便未来同类模式的稳定发展，这是档案制度主动拓展供给场域的良好方向。

6.5.1.2 提升技术平台建设，优化档案制度供给的质量

2009 年美国实施开放政府行动以来，开放数据运动便在全球范围内迅速兴起。开放数据，指可以由任何人自由、免费地访问、获取、使用和分享数据。① 开放数据是实现开放政府目标的资源基础，作为向社会提供信息资源的中流砥柱，档案部门有必要成为开放数据的主要参与部门之一。美国档案部门在开放数据运动中更新了档案馆的机构组织方式，由国家任命首席档案官监督档案信息公开的全过程。从 2010 年 2 月起，美国国家档案馆网站设立了针对

---

① 李孟秋. 开放数据环境下英国、美国、新西兰数字档案资源再利用的特点及其启示[J]. 浙江档案，2017(8)：36-38.

开放政府计划的专门网页 www. archives. gov/open，自此在 NARA
监管下，联邦政府文件得以向社会开放，公众拥有了利用政府开放
数据的技术平台。

英国于 2012 年 5 月成立了世界上首个开放式数据研究所(The
Open Data Institute-ODI)，ODI 设立的价值表述为：在这个数据时
代，所有政府和企业都可以利用数据来改变他们的工作方式，ODI
和它的全球网络能帮助政府和企业创造价值，增加影响力。① 国家
档案馆也充分利用这一机构平台，将公众感兴趣的数字档案资源融
入其中，方便公众对于数字档案资源的检索和利用。

在开放政府数据的大趋势下，我国国家档案局档案科学技术研
究所也于 2013 年启动了"国家开放档案信息资源管理与共享利用综
合系统建设项目"，目标是通过搭建云服务平台、扩充服务功能和
综合系统平台接入，完成国家开放档案信息资源管理与共享利用综
合系统的建设。

综上，通过建设技术平台推进档案数据开放和多方利用已经成
为世界各国档案工作钻研的重点内容，技术平台的完善能有效支撑
档案开放制度和利用制度的运行。技术平台是支持和检验档案制度
各项规则最终呈现的内容范畴与质量表示的成果形式，同时也是信
息社会最为重要的成果形式。因此，保持与档案信息展示平台与技
术创新趋势同步节奏，也是档案制度保持创新节奏的明示。

6.5.2　信息产权因素推进档案制度变迁的愿景

从前文的论述可知，社会治理阶段信息产权安排的重心应该从
促进经济的增长转向对公共利益的维护，所以满足最大范围信息利
用者的利益诉求应成为今后产权安排与产权立法的根本。基于公众
与国家作为大部分公共信息资源的共有产权人的理念基础，未来大
量的公共信息资源应完全投放于公有领域，这种理想状态的实现需

---

①　The Open Data Institute［DB/OL］.［2020-12-25］. https：//theodi. org/
about.

要通过对"合理要素"和"不合理要素"两个方面的处置进行。

6.5.2.1 产权安排中"合理要素"的宣扬：对于公共领域概念的推行

哈贝马斯是"公共领域"的重要阐释者，他认为公共领域是"社会生活的一个领域，在这个领域中，像公共意见这样的事物能够形成，公共领域原则上向所有公民开放。"①哈贝马斯直观地指出了公共领域对于公民的非限制性，从这一角度而言，公共领域中的信息产权属于公众。或者说，不属于任何人。②

结合美国国家档案馆的实践，说明在公共领域中，有关公众利益方面的信息产权是最明确的。从 2003 年开始，美国国家档案馆将 1933 年以前去世的作家所著的所有未经出版的作品，以及 1883 年之前由匿名作者或团体作者创作的所有未经出版的作品都划为公共领域。这些公共领域内的作品不存在产权问题，原始意义上由权利人享有的特权，包括复制、分发和展示的权力属于所有公众。

这项建议由美国档案工作者协会提出，并顺利地由国会审议通过并在全国施行，这种忽视权利人利益的行为引起了强大的社会反响。国会解释，公众利用未出版档案资料的权益其重要性大于权利人的版权利益，公众阅读未经出版的唯一资料非常重要，因此权利人的利益必须退居第二位。

可见，对信息产权进行调整并推动档案公共领域的实现是未来国家和档案馆必须考虑的问题，以满足最广泛的公共信息获取利益。

6.5.2.2 产权安排中"不合理要素"的修正：对于扰乱信息秩序行为的规制

从主体角度的不合理要素进行划分，可从权利人信息产权的滥

193

---

① 哈贝马斯. 文化与公共性[M]. 北京：生活·读书·新知三联书店，1998：125.

② HIRLTE P B. Archives or assets[J]. The American archivist, 2003(3)：235-247.

用行为和公众的信息侵权行为两个角度理解，未来的信息产权安排也应从这两个方面进行规范和限制。传统知识产权其实也存在社会公众行使信息权益时，也必须尊重权利人相关专有权的规定，如受多国推行的合理使用原则。但网络环境下，许多在传统环境下属于合理使用范畴的使用行为可能不再"合理"。比如，互联网让复制行为变得非常方便，网络使作品之间的交互变得容易，信息产品可以很容易地被获取、整理、传输、使用。在此背景下，许多专家呼吁对合理使用原则进行重构，实现适合网络环境的合理使用原则的更新。

目前国际上有关的合理使用原则的规定可分为因素主义和规则主义两种模式。因素主义规定了合理使用的四大因素：使用的目的与性质、使用对象的性质、使用数量与使用对该对象的潜在影响。[①] 规则主义通过法律规定哪些使用行为是合理使用，如著作权法规定了十三类合理使用情形。因素主义具有一定的弹性，在涉及产权纠纷时能为公众争取裁量权。而规则主义缺乏技术包容性和前瞻性，弹性空间有限。

以上分析可知，未来信息产权的发展不但要应对网络化带来的信息秩序的新风险，还需要提升合理使用原则在维护公众利益时的现实效力。为维护信息利用秩序，应尝试通过网络契约途径防止非法利用受法律保护的作品的行为。为维护合理使用的现实效力，应尝试加强现行信息产权法律的灵活性，避免挤压公众合理使用的空间。

6.5.3 意识形态因素推动档案制度变迁的愿景

社会治理趋势使僵化、偏狭的意识形态成为历史，而未来的意识形态必定是开放的、有效率的，能够有效地协调各种社会利益关系，维持社会的稳定和谐，最大限度地发挥社会合力的作用，增强社会发展的活力。档案领域的利益诉求表现是增加档案信息的获取

---

① 于南. 美国版权法合理使用制度及其对中国的启示[J]. 企业经济，2011，30(12)：178-182.

需求、档案文化的选择需求和档案建设的参与需求，合理的意识形态能引导以上诉求理性推进，促进档案制度朝向以满足社会成员的共同利益为目标的变迁。

6.5.3.1 意识形态的直接治理与间接治理结合实现档案制度的适用性

意识形态的直接治理是指一个国家根据意识形态治理的目标、内容、原则等进行各种直面公众的具体的意识形态治理工作。这种治理方法的特点是通过行政和法律手段，从正面直接确定意识形态的内容和导向。这种方法简单易行，治理的效果明显快速。如法国通过颁布《国家档案馆条例》确立了"档案馆应具有公共性"的档案事务领域的意识形态导向，从而使档案馆的性质发生了历史性的根本变化，以开放利用为中心的档案制度才得以形成。意识形态的直接治理的依托载体具有很强的权威性和领导力，在此基础上形成的档案制度具有较强的针对性。

由于直接治理方式的力度很大，虽有一时之效，却很难持久，且易反弹，因而产生了间接治理的必要。所谓意识形态的间接治理是指意识形态设计主体以间接的、隐形的、迂回的方式进行治理。例如通过习俗、道德、宗教等手段，营造合意意识形态柔性传播的环境，通过潜移默化的方式进行意识形态的植入。间接治理通常作为意识形态治理的辅助手段，虽不能用来代替直接治理，但被当今各国越来越多地重视和使用。

诺斯在其意识形态理论中提出，意识形态产生于人们的重复行为。在个体不断的成本-收益计算、不断的试错博弈过程中，人们往往以一些已知的行为结果来指导自己的行为。"也就是所谓当个人在错综复杂的世界面前而无法迅速、准确和费用低廉地作出理性判断……他们便会借助于价值观念、伦理规范、道德准则、风俗习惯等相关的意识形态来走'捷径'或抄近路。"①新制度经济学关于

195

① 林浩. 意识形态的起源、成本和功能失灵——关于诺思意识形态理论及一些评论的评论[J]. 云南财贸学院学报，2004(2)：127-130.

意识形态搭便车现象的论述为档案制度适应性的提升提供了理论灵感，通过将档案制度包含的档案文化与伦理以意识形态的方式内加以内化，会提升档案制度由认同而产生的接受与自觉遵守程度。例如英国基于本国固有的浪漫、绅士、严谨的民族特性，在伦敦时装周期间选出国家档案馆馆藏中包含设计元素的档案，联合英国时装协会举办了一场别开生面的档案展览。① 通过社会风俗、道德习惯甚至娱乐活动进行的意识形态渗透基本保留了智育、文化活动的相对独立性，能以无形的方式让社会成员在接收档案信息的同时对档案制度产生认同，因此间接的意识形态治理可谓更为高效的方法。

6.5.3.2 意识形态的宏观治理与微观治理结合提升档案制度的先进性

意识形态的宏观治理与微观治理是根据对意识形态治理的范围和深度来划分的。宏观的意识形态治理分为横向和纵向两个维度。从横向来看，宏观的意识形态治理是指从国际、全国的层面上，对意识形态的发展方向和关乎意识形态全局性的重大战略性问题的领导和指导。从纵向看，宏观的意识形态治理是指对主流意识形态在今后相当长时期内发展方向的长远规划。因此，意识形态的宏观管理是一项长期治理任务，可被认为是战略性治理或指导性治理。对于档案制度而言，宏观意识形态主要是指档案制度结合所在的国家、社会的主导意识形态，服从和服务于主导意识形态的观念方向。我国的档案制度就必然围绕我国的意识形态进行设计与安排，不能超越和脱离这一意识形态范畴。

所谓微观的意识形态治理是指就某一较短时期、某一特定的意识形态领域，或就某一特定的问题所进行的相关计划、决策、组织和领导，是一项短期治理任务，也可称之为战术性治理或具体性治理。对于档案制度而言，微观意识形态主要是指档案制度的形成所在的有关于档案与档案事务的基本文化观念。比如档案从国家-司

---

① 杨太阳，张晨文．档案文化创意产品在国际交流中的作用[J]．兰台世界，2017(3)：16-20.

法向社会-历史的转向，即可视为档案制度所在领域的微观意识形态的转型。

宏观治理的特点是方向性、整体性和长期性，而微观治理特点则是具体性、局部性和及时性。只有在宏观治理的指导之下，抓好意识形态的微观治理工作，才能通过意识形态综合协调，维持档案制度与时俱进的先进性。

6.6　动力因素间的协同作用关系

三大动力要素不是各自发力，单兵作战，而是一个协调统一的完整动力结构，为此需要将三者进行有机结合，方能协同发力，共同推动档案制度的良性变迁。

6.6.1　以国家因素为基础动力

诺斯提出，国家模型对于任何关于长期变迁的分析来说都占据着重要一席。他明确地指出国家的主要作用，一是界定形成产权结构的竞争与合作的基本规则(即在要素和产品市场上界定所有权结构)，该作用的主要目的是使统治者的租金最大化。二是降低交易费用以使社会产出最大，而第二个作用的衍生物则是一系列公共(或半公共)产品或服务的供给以便降低界定、谈判和实施作为经济交换基础的契约所引起的费用。在实施这两类作用的过程中，国家展现出三种特征，即提供和保护公正、为各集团设计产权和受制于选民的机会成本三种特征。①

对诺斯的国家模型进行分析，能够发现国家在发挥作用时的规律性特点。

第一个层次，国家最终对产权结构的效率负责，而产权结构的

---

① 诺思. 制度、制度变迁与经济绩效[M]. 刘守英，译. 上海：上海三联书店，1994：20.

效率则导致经济增长、停滞或经济衰退。因此国家在产权结构的调整中发挥基础作用，当产权结构出现无效率倾向时，就要及时对产权进行调整，以免影响经济增长。第二个层次，国家的公共服务目的使国家拥有制度供给的能力和责任。第三个层次，国家由于受制于选民的机会成本，若能从潜在替代者方取得更多机会收益，则可能导致现有国家被选民放弃的结果。通过分析可知，国家若想维持稳定发展的状态，需要界定为选民所认可的产权，并使选民认可国家存在的合法性——即当前国家能带来社会效益最大化。这些因素综合形成了制度，又或者因为这些因素的改变而引发制度变迁，所以说，国家能为制度变迁提供基础动力，因为产权关系与选民认可直接受到国家分配行为影响。那么，以同样的逻辑关系理解档案制度的变迁，国家作为制度变迁的基础动力也更容易理解。国家负责设计与维护档案制度，本身就承担着档案制度供给的责任，不仅如此，还要时刻关注由于信息产权的变化，是否引起档案制度出现效率低下的情况，且不足以获得公众的认可，若此种情况发生，则国家有责任推动档案制度的变迁。

6.6.2 以信息产权因素为保障动力

产权是一种社会工具，其重要性就在于事实上它们能帮助一个人形成他与其他人进行交易时的合理预期。[①] 产权学派理论家特别强调，通过生产更优质的产品而使竞争者利益受损是被允许的，产权的作用是为了界定人们如何受益及如何受损，因而必须向谁提供补偿以使它修正人们所采取的行动。

通过对产权理论进行分析，能看出产权作为保障动力可以从两个层次理解。其一，产权能够将外部性实现一定程度的内在化。从信息产权的角度看，权利人在产生信息产品时若能有相关产权规定的保障，就能在其产品被使用时收到一定形式的回报来确保权利人

---

① 科斯，阿尔钦，诺斯. 财产权利和制度变迁——产权学派和新制度学派译文集[M]. 刘守英，等译. 上海：上海人民出版社，1994：97.

的权益，防止外部性扩大出现搭便车行为，影响信息生产的效率。其二，产权能对交易行为进行秩序规制，并修正交易中的无序行为。从信息产权角度看，即是产权确立的规则能在人们履行合法信息权的同时防止侵犯权利人行为的产生。在档案制度变迁中，合理信息产权作为保障动力不但能维护公众的信息获取权，还能对影响权利人合法利益的信息行为进行规范。

6.6.3 以意识形态因素为催化动力

诺斯观察到，当出现收益超过成本的机会时人们会违反社会规则，这就是他认为意识形态具有重要性的原因。他认为由家庭和教育灌输的价值观念会使人们限制他们的行为以至于防止个人最大限度追逐利益。① 因此组织（包括国家）总会对意识形态作大量投资，以提高现存体制的合法性，减少维持现存体制秩序的成本。

新制度经济学的意识形态理论可以从两个层次理解。第一，意识形态是一种约束机制和节约机制，因为脱离意识形态的人们会出现最大限度追求利益的现象，而意识形态是将其行为限制在合法限度之内的措施；对国家来说，通过权力实施约束的费用很高，因此意识形态是能够节约决策过程费用的工具。第二，意识形态是一种变相的监督机制，当现有意识形态与其经验或预期产生矛盾，会产生意识形态的调适需求。

对于档案制度来说，意识形态动力的催化作用仍然显著。强有力的意识形态不但能节约档案制度的实施成本和运行效率，还将监督档案制度的呈现状态，并为其的不断变迁、完善和发展提供动力。

为此，厘清了三者的关系，找到动力系统中的基础动力，确保国家作用在档案制度变迁中的良性发挥是关键所在，而信息产权则为国家作用的发挥提供了基本的保障，唯有在档案信息产权明晰界

199

---

① 诺斯. 经济史中的结构与变迁[M]. 陈郁，罗华平，等译. 上海：上海人民出版社，1994：54.

定的基础上，国家的作用才能确保在合法合理的界限内开展，而意识形态作为催化剂，是能够推动档案制度变迁效果的稳固性与适应性的重要土壤。三者协同作战，方可使得档案制度变迁在社会治理的方向牵引下走向"善治"的康庄大道。

7 社会治理背景下档案制度
变迁方式阐释

　　制度变迁方式是研究制度变迁的一个重要角度，它能够更深层次揭示制度变迁的内在过程，把握和理解不同制度变迁方式产生的效率和效果，以及认识新制度安排的合法性认同和执行效果。变迁方式在档案制度变迁中也多有表现，特别是新中国成立以来，中国档案制度变迁中对各种变迁方式的运用十分典型。如《档案法》的两次修订、安徽和县的档案体制改革、深圳市档案馆的文件中心和档案寄存中心、"水书"档案等地方特色档案的保护等，分别反映出强制式变迁、中间扩散式变迁和诱致式变迁方式之间的切换在档案制度变迁过程中的体现，变迁方式的选择深刻影响着档案制度的变革及其效率，为档案制度变迁提供了变迁的突破口、方向和路径选择。而中华人民共和国成立以来也是我国治理模式不断朝向社会治理方向发展的同步过程，下文就以前文中阐述过的制度变迁方式的分类框架：强制性变迁、中间扩散性变迁和诱致性变迁方式为基础展开对我国新时期以来档案制度变迁方式的阐释与研究，希望通过我国的档案制度变迁方式的转换过程揭示更大范围的档案制度现象。

7.1 档案制度的强制性制度变迁方式

7.1.1 强制性制度变迁方式形成的背景

档案制度的强制性变迁，是指国家权力中心以及国家档案局出于对档案管理的需要或降低现行档案制度的制度成本，而采取以法律、命令等推动的变迁，也即档案制度的强制性变迁方式。档案制度的强制性制度变迁方式的形成背景涉及档案产生及档案工作的政治附属性较强、国家所有的档案资源居多、制度供给的权力控制以及历史路径依赖四个方面。

7.1.1.1 档案产生及档案工作的政治附属性较强

对于档案的产生，吴宝康认为"档案是阶级社会的产物，实际上就是说档案和档案工作是出现阶级和国家后，由于国家管理事务和统治的需要，而把有条理的数量日益增多的文书保存起来以备查用的情况下产生和形成的"①。这段话较明确地指出了国家的形成促使了档案的产生，同时也说明了国家形成后，势必稳定地形成档案。档案这一政治实践活动的衍生物，从一开始便带有很强的政治附属性。

对于档案工作，档案产生的政治附属性决定了对其进行管理的档案工作也具有此特性。吴宝康更加明确地指出"档案工作是一项服务性的科学文化性和政治机要性相统一的管理性专业工作"②。表达了档案工作具有政治性这一特点。另外，档案工作的一大服务方向是为国家事务提供辅助作用，主要是为国家和行政工作做好保

---

① 吴宝康. 档案起源与产生问题的再思考[J]. 档案学通讯，1988(5)：4-8.

② 吴宝康. 档案学的理论与历史初探[M]. 成都：四川科学技术出版社，1986：354.

存备查，提供资料等服务性工作，这一特性也表明了档案工作的政治附属性较强。由此，对档案及档案工作进行规定的档案制度，也具有很强的政治性，如此便为选择强制性变迁方式进行制度变迁提供了自然条件。

7.1.1.2　国家所有的档案资源居多

从权力的角度来看待国家对档案资源的所有性。冯惠玲认为"档案工作历来都是为一定的阶级所掌握，为一定的社会制度和一定的路线、方针、政策服务。"①因而处于绝对优势地位的国家掌控着档案工作，也即掌握着档案资源。具体表现在：其一，国家机构掌握着政治权力和资源配置的权力，也掌握着配置档案资源的权力；其二，国家地方政府代理人掌握着地方档案资源。这样从权力中心到隶属的地方权力机构，层层把控档案资源，国家所有的档案资源数量十分庞大。

另外，从档案的类型来看，文书档案在档案家族中占据核心地位，而国家对文书档案，拥有着绝对的所有权，正如冯惠玲所说："文书档案实际上是指行政管理档案，即在社会的行政管理活动中直接形成一个档案门类，其实质是突出强调了行政性或政治性档案在档案大家族中的主导地位。"②具有绝对数量优势的文书档案为国家所有，进一步表明了国家在档案资源支配中的优势地位，这为档案制度的强制性变迁提供了可行性和落脚点，进而保障国家在档案制度变革中的强制性调控能力。

7.1.1.3　制度供给的权力控制

"在诺斯的国家理论模型中，国家被看作享有行使暴力权力的比较利益的组织，这个组织的目的是使统治者的福利或效用最大

---

　　①　冯惠玲，张辑哲．档案学概论［M］．北京：中国人民大学出版社，2006：104.

　　②　冯惠玲，张辑哲．档案学概论［M］．北京：中国人民大学出版社，2006：16-17.

化。而实现福利或效用最大化则基于国家所处的利用暴力'规定和强制实施所有权的地位'。"①而制度是国家规定和实施所有权的权威形式，是国家权力的表达形式。档案制度作为国家制度的一部分，同样由国家对其进行规制和安排，受到国家权力的控制。档案制度"是优势集团取得信息优势甚至是实现信息垄断的重要社会控制工具"②。这里的优势集团的典型代表便是国家，是档案制度供给的核心主体，通过对档案制度的制定和实施，国家取得了信息资源配置的绝对优势。同时也可深入理解到，国家对档案制度的供给与否，主要取决于与其利益(如信息优势)是否相符合，符合利益则进行变迁，不符合则缺乏变迁动力，进一步说明，档案制度变迁在很大程度上受国家权力的控制，因而选择强制性变迁方式进行制度变迁，主要取决于国家权力的导控。

7.1.1.4 档案制度变迁的历史路径依赖

诺斯认为路径依赖是对长期经济变化做分析性理解的关键，其提出的路径依赖不仅对经济发展有用，在制度变迁中同样存在着自我强化的路径依赖机制。"路径依赖类似于物理学'惯性'，一旦进入某一路径(无论是好是坏)就可能对这种路径产生依赖。"③在既定的路径上，制度变化可能进入良性发展，也可能在原有的路径持续下去，从而进入一种无效率的锁定状态。

在档案制度变迁中也存在路径依赖，这一路径依赖在强制性制度变迁方式尤为突出，这是一种延续几千年的档案制度变迁方式。回溯到古代中国，档案制度是一种政治性极强的制度，统治者及其官僚机构几乎完全把控着档案，秘不示人，严格控制在统治者的手中，档案制度的变迁极大地受统治者的意愿主导，主要表现为档案

---

① 冯梅. 诺斯的国家理论分析[J]. 经济研究参考，1997(70)：44-48.

② 陆阳. 论社会控制视角下的档案制度[J]. 档案学通讯，2015(4)：9-13.

③ 江笑颜，谈力. 基于路径依赖理论的新形势下广东实施创新驱动发展战略路径研究[J]. 科技创新发展战略研究，2018，2(4)：19-26.

制度的强制性变迁方式。这种强制性制度变迁方式在朝代的更替中延伸下来，形成了一种历史惯性。譬如，档案收集制度中规定的档案收集范围主要是国家在社会管理过程中形成的重要档案，如户籍档案、财务档案、舆图档案等，因此档案的形成对象主要是历朝历代的政府机关。当代的档案收集制度对于收集范围的规定虽然有所调整，但仍显示出一定的历史路径依赖性。档案收集主体为地方和国家档案局，以政府人员为主，收集的内容也集中在政府形成的档案。正如我国国家档案馆明确规定各级档案馆的接收范围："①中国共产党委员会及所属各部门；②人民代表大会及其常设机构；③人民政府及其所属各部门和单位；④人民政协及其常设机构；⑤人民法院、人民检察院；⑥各民主党派机关；⑦工会、共青团、妇联等人民团体；⑧国有企业、事业单位。"①档案馆这一收集范围明确体现出档案收集制度的历史路径依赖特征。

7.1.2　强制性制度变迁方式的表现

档案制度的强制性制度变迁方式主要通过法律和命令的形式实现，因而在分析其表现时，主要选取了《档案法》的两次变迁作为分析抓手。强制性变迁方式的主要表现为：国家档案局作为档案制度变迁的第一行动主体，在档案领域代表了国家；自上而下推动档案制度变迁；以"层叠"形式进行档案制度变迁；档案制度变迁耗费时间较长。

7.1.2.1　第一行动主体为国家档案局

运用诺斯的制度变迁研究中的行动主体理论，将推动制度变迁的主体分为第一行动主体和第二行动主体，在分清主次的前提下，两者共同推动制度变迁。在档案制度变迁中，可发现强制性制度变

---

①　国家档案局. 各级各类档案馆收集档案范围的规定[EB/OL]. [2020-10-29]. http://www. saac. gov. cn/xxgk/2011-12/20/content_12124. htm. (2011-11-21)

迁方式的一大表现是，制度变迁的第一行动主体为国家档案局，其在强制性制度变迁及其具体方式的选择中发挥了主要作用，这一点可从主导《档案法》两次变迁的主体中得到验证。1996 年《档案法》第一次修订的主体是国家档案局，"其修改草案由国家档案局负责起草，为了做好《档案法》的修改工作，国家档案局成立了以王刚同志为组长的《档案法》修改领导小组，下设办公室，具体负责草案的起草工作"①。《档案法》的第二次推动变迁主体同样是国家档案局，"《档案法》修订工作自 2007 年启动以来，国家档案局在充分调研的基础上，组织起草了《档案法》修订草案(初稿)"②，并在 2020 年完成了《档案法》的修订。由此可见，国家档案局发挥了第一行动主体的作用，意识到制度变革可更好地进行档案管理和增加制度收益，从而采取行动，形成制度变迁方案和具体措施，推动档案制度变迁。

7.1.2.2　自上而下推动制度变迁

选择强制性变迁方式进行档案制度变迁，便意味着制度变迁是自上而下进行的，这种自上而下，体现在制度变迁的过程中与制度变迁最终结果的执行上。一是制度变迁过程中所体现的自上而下，如在《档案法》的第一次修订中，国家档案局要求地方档案部门提供《档案法》需要变革的内容。"在 1994 年 5 月，我们在给各级档案部门的通知中要求各地汇报本地区对《档案法》的修改意见与建议。"③要求各级档案行政管理部门进行辅助和配合。除此之外，还得到了一些专家学者的协助，如《档案法》第二次变迁中"9 年来国家档案局组织各地方、各层面的《档案法》修改座谈会 50 余次，组

① 郭嗣平. 关于《档案法》修改的前前后后[J]. 北京档案，1996(8)：26-27.

② 国家档案局.《中华人民共和国档案法》修订草案(送审稿)起草说明[J]. 中国档案，2016(7)：14-16.

③ 郭嗣平. 关于《档案法》修改的前前后后[J]. 北京档案，1996(8)：26-27.

织有关机构和专家学者对修法存在的重点难点问题展开研究论证"。① 国家档案局作为第一行动主体，在制度变迁过程中自上而下地起到主导和推动作用，同时结合地方档案部门及专家学者，表现出了二者的合力。二是制度变迁最终结果需要自上而下的执行，除了《档案法》本身这一部法律，需要自上而下的执行，国家档案局还会制定配套的《档案法实施办法》，更加详细地指明如何执行《档案法》，限定出更加明确的操作范围和规则，也需要各级档案行政管理部门遵照执行。

7.1.2.3 以层叠形式进行制度变迁

档案制度的强制性变迁更多关注存量，保护着存量，换句话说就是维持原有的核心框架和内容，在原有的核心框架基础上进行小幅增删等操作。形成这种状况的原因在于制度变迁的第一行动主体通常是追求理性，同时满足社会总产出以及收益最大化的双重目标，通过稳定的制度更替来维护交易和竞争秩序。② 在这样的情况下制度就会表现出一种层叠的形式进行变迁。"层叠是新制度嵌入到既存的制度框架中，新制度不会替代旧的制度，但是功能或方式上与旧的制度实现叠加……层叠是对现存规则的修补和妥协的过程。"③档案制度的强制性变迁所进行的大多为功能性条款的层叠，即对制度的部分条款进行增补和删减，关注的是制度内条款的适应性修订。

《档案法》的第一次修订，在原有制度基础上重点修改了 4 个条款，没有大的修改，主要还是关注存量的作用，关注既存的制度框架。而《档案法》的第二次修订，也是在现行《档案法》6 章 27 条的基础上，新增加 3 章，新增加 62 条，删除 1 条。仍然保持了原

207

① 国家档案局.《中华人民共和国档案法》修订草案(送审稿)起草说明[J]. 中国档案，2016(7)：14-16.

② 杨瑞龙，杨其静. 阶梯式的渐进制度变迁模型——再论地方政府在我国制度变迁中的作用[J]. 经济研究，2000(3)：24-31，80.

③ 段宇波. 制度变迁的历史与逻辑——历史制度主义的视角[D]. 太原：山西大学，2016.

有的主体框架，继续关注存量，虽然此次修订增补了较多内容，关注到了增量，但还是在存量的基础上进行的，仍然体现出对现存《档案法》局部修补的层叠形式。这一变迁特征反映出作为档案制度中核心部分的《档案法》本身具有相对的刚性，其演变形式以层叠为主，可以避免新旧制度差异过大引发的冲突，从而实现档案制度的稳定变迁。

7.1.2.4 制度变迁耗费时间较长

强制性制度变迁所花费的时间是较长的，从《档案法》的两次制度修订耗时来看，第一次从 1994 年开始到 1996 年结束花费将近 3 年的时间，第二次从 2007 年启动到 2020 年，花费约 13 年时间，可见对于核心制度而言，即使是局部调整也是庞大的工程。一是由于一部法律作为权威的存在，影响范围大，牵扯方面广，需要综合考虑哪些需要变革，变革是否合适等，花费较长时间。二是制度变迁实际上是权力和利益转移的再分配，即权利的重新界定。① 这种权利的重新界定需要协调各方利益关联者，复杂的协调也需要时间；再者，环境变化也会影响制度变迁的速度，环境变化较快，新情况层出不穷，导致处于修订期的《档案法》也在不断地修订适应。总之，选择强制性制度变迁方式进行制度变迁由于牵涉因素多，自上而下的主导方式，需要等待自下而上的信息反馈，并且需要进行多轮的信息反馈，同时由于自上而下的推动的档案制度变迁，其中利益权衡关系复杂原因，导致变迁周期较长。

7.1.3 强制性制度变迁方式的影响

以强制性制度变迁方式推动档案制度变迁，会产生多重影响。一方面是由国家把握制度变迁的宏观方向，可以降低档案制度变迁成本；另一方面则使得档案制度变迁具有较强的时滞性，也使得档案制度变迁难以克服路径依赖。

① 卢现祥. 西方新制度经济学[M]. 北京：中国发展出版社，2003：101.

7.1.3.1 国家把握制度变迁的宏观方向

首先，国家档案局是采取和进行强制性制度变迁方式的第一行动主体，作为国家档案行政事务代理人，其能够宏观地把握档案制度变迁的正确方向。其次，国家档案局结合各方行动者理性地设计制度，引导制度变迁的宏观方向。在进行档案制度修订时，国家档案局召集专家学者、各地档案部门工作者参与制度设计讨论，这些档案领域的专业人士立足现实性与前瞻性，在国家档案局主导的档案制度变迁的总体方向与框架内，结合档案实践的需要，为国家档案局设计档案制度献计献策。再者，中间扩散性和诱致性变迁主体制度需求的实现，客观上也需要适时地采用强制性变迁方式进行推动，依靠拥有行政权和具有权威性的国家档案局，大范围地采纳和落实制度，适时地介入和推动，提供相应的制度供给，使档案制度朝着更有利和更稳定的方向发展。

以国家档案局作为主体，采用强制性制度变迁方式，确定档案制度变迁方向和路线，使得档案制度变迁可以在一个相对稳定的环境中进行；同时，依靠这种强制性的方式能基本形成档案制度体系，由此形成的"圈定"的宏观方向，可以为保障档案事业稳定发展发挥作用。

7.1.3.2 降低制度变迁成本

一方面，"国家的出现，一系列规定内部结构的规章，以及实施那些规章和同其他国家竞争的强制权力的相伴而生"。① 由此可以认为国家是一个有组织的主体。国家档案局和各级地方档案局，形成了关于"档案"的国家组织网络，这一网络结构从整体上保障了国家的组织和实施能力，由此形成合力的第一和第二行动集团，共同推动档案制度变迁，降低制度变迁的组织和实施成本。另一方面，国家的制度安排是具有一定规模效应的，规模效应使其可以比

① 诺斯. 经济史上的结构与变迁[M]. 厉以平，译. 北京：商务印书馆，1992：108.

竞争性组织以低得多的费用提供制度性服务和实施制度安排。国家档案局推行的档案制度变迁，及其制度变迁结果，由于其本身所具有的组织网络、制度实施基础等，在全国范围内执行起来具有规模效应，也即成本降低，效益增加。此外，强制性制度变迁方式凭借国家档案局的强制力、广泛的意识形态等优势，减少了组织和谈判的精力和时间，易于获得相关组织和社会大众的响应，从而降低制度组织实施和谈判的成本，进一步降低制度变迁成本，推动档案制度顺利变迁。

7.1.3.3 制度变迁具有较强时滞性

诺斯认为的时滞性主要是指，"潜在利润出现和使潜在利润内部化的制度创新之间存在一定的时间间隔"①，换句话说，制度创新滞后于潜在利润的出现，意味着制度供给滞后，制度需求未得到及时满足。这一时滞性的生成离不开"人"的因素。强制性制度变迁依赖于第一行动主体的意愿，制度变迁推行与否都需要第一行动主体的主动引导，如果第一行动主体对于制度变迁的必要性认识有所迟滞或者反应速度不够敏捷，则某些制度需求无法得到及时供给，造成制度供给的迟滞状态。

档案制度的强制性变迁中，时滞性之所以会产生，主要是基于档案制度变迁牵涉多方利益相关者档案信息权利的再分配。制度变迁实际上是权力和利益转移的再分配，即权利的重新界定。如《档案法》的第二次变迁，在数字信息冲击、国家大政方针改变的情况下，第二次《档案法》的修订时间长达 13 年，虽然其进行的是强制性制度变迁，但也需反复协调各机构、各利益集团之间的权益，而这是一个不断冲突、不断调整的过程，协调国家和各级档案部门、社会、公众各利益相关方耗时较长，牵涉多方利益的复杂博弈、协调过程使得档案制度变迁存在相应的时滞性。二是国家最高层面对既存合法性的本能维持，这种情况使得制度。此外，博弈中占据优势位置的第一行动主体往往会进行复杂的基于既存合法性的综合考

---

① 卢现祥. 西方新制度经济学[M]. 北京：中国发展出版社，2003：102.

量进行慎重决策。《档案法》第一次修订可印证这一点，在形成的《档案法》送审稿中，对其中 7 条进行了修正，并新增加了 1 条，但最后审核时只通过了 4 条，其中有 4 条并未被采用。第一行动主体基于复杂因素综合衡量，继而慎重决策，势必引起相应的时滞效应。

7.1.3.4　制度建设难以克服路径依赖

强制性制度变迁方式基于第一行动主体的历史制度设计的惯性影响，导致其制度安排惯习具有天然的路径依赖性。表现在：一是档案制度变迁的动力机制不足。档案制度一方面缺乏类似市场竞争的机制，学习和模仿的紧迫性不足，另外，档案制度是国家正式制度中相对边缘的部分，遭受的内外部压力均相对较小，也减弱了制度变迁的紧迫性。因而可以较安然地停滞于原有的制度框架中，也使得档案制度更易产生路径依赖，选择最小阻力方向进行变迁。二是既得利益巩固档案制度的自我强化，增强路径依赖倾向。"由于制度是保护利益的屏障，最初选择的制度在回报率递增机制的作用下会形成自我强化路径。"①档案制度过往所带来的报酬便是政府机构信息优势的递增，这样的回报率优势会使得第一行动主体倾向于保持这一优势。《档案法》第二次修订的漫长周期也可以侧面印证，为了尽可能减少制度变迁导致的既往信息优势的削弱，尽可能沿着既定的路径自我强化是理性的选择之一。

📚 7.2　档案制度的中间扩散性制度变迁方式

7.2.1　中间扩散性制度变迁方式的形成背景

档案制度的中间扩散性变迁，是指地方档案局成为沟通权力中心

---

① Page S E. Path dependence [J]. Quarterly Journal of Political Science，2006(1)：87-115.

的制度供给意愿与微观主体的制度创新需求的中介环节，并以地方档案局自身的力量推动档案制度变迁。档案制度的中间扩散性制度变迁方式的形成背景，主要涉及地方政府作为强力后盾、代理人的成本与效益衡量、现存档案制度的不适应性突显、地方档案局的信息获取优势，这些因素合力推动了档案制度中间扩散性变迁方式的形成。

7.2.1.1 地方政府作为强力后盾

一方面，中间扩散型制度变迁方式的第一行动主体为地方档案局，而地方档案局隶属于地方政府，因而其有相应的地方政府作为强力后盾。这样的隶属关系开始于1985年调整的档案工作领导体制，1985年2月发出中委(1985)29号文件，批准党中央办公厅和国务院办公厅关于调整全国档案工作领导体制的请示，决定调整各级地方档案局为各级人民政府的直属局，其领导关系由省、自治区、直辖市党委和人民政府根据实际情况确定。基于这样的隶属关系，地方政府为地方档案局提供了各类资源支持，如地方政府将档案部门纳入预算收支，为其提供财政支持，还在地方政府的领导中确定一位领导分管档案工作。

另一方面，中间扩散性制度变迁方式是国内学者通过分析中国地方政府在制度变革中发挥的独立性作用，所概括出的一种制度变迁方式。而地方档案局作为地方政府的直属局，也会受到地方政府采取独立性制度变革举措的带动，一起加入中间扩散性制度变革的过程中来，形成与地方政府联动的配套行动，由此产生档案制度的中间扩散性变迁。因此地方政府层面的制度变迁，为地方档案制度变迁提供了模仿和学习对象及动力来源。

7.2.1.2 代理人的成本与效益衡量

诺斯提出的代理理论认为：治理者需要授权于代理人来实施已经规定的产权结构，但是"代理人的效用函数与治理者的效用函数不完全相同"①。也就是说代理人不完全受治理者的规则约束，有

---

① 诺斯.经济史上的结构与变迁[M].厉以平，译.北京：商务印书馆，1992：30-31.

着维护自身利益的"私心"。代理人主要指政府机构，其有着作为
独立经济人的自我成本与效益衡量。

在市场经济"自由地追求利益"相关倡导的刺激下，作为国家
档案局地方代理人的地方档案局，也有着自己的成本与效益衡量。
这样的衡量一方面使得其能自主思考档案制度变革，估算所得的收
益与风险，在制度变迁带来的收益大于风险成本的前提下展开行
动。在推动制度变迁过程中，需要考虑变迁是否能获得政绩褒奖，
是否能获得高效的档案管理制度，以及是否能提升社会满意度等。
若以上答案均能获得肯定，则能鼓励地方档案局发挥自身能动性，
进行上层行动者尚未推行的档案制度变革，从而产生中间扩散性制
度变迁。另一方面使得其倾向变通式地进行档案制度实施。变通的
含义为，"在制度实施中，执行者在未得到制度决定者的正式准
许、未改变制度的正式程序的情况下，自行做出改变原制度中某些
部分的决策，从而推行一套经过改变的制度安排"①。这种变革的
动作较小。对于某些档案制度的实施，地方档案局也可能会根据实
际情况，对上级政策或意见进行适应性修改而后执行，从而发挥更
好的作用。代理理论中代理人自身的成本与效益衡量，促成制度执
行过程中对制度内容的"微调"，发挥了代理人制度创造的主观能
动性。

7.2.1.3 现存档案制度的不适应性突显

如前文所述，档案制度建设存在着路径依赖，产生的不良后果
之一便是档案制度困于原本的框架中，导致档案制度变迁缓慢，制
度供给不充分。面对复杂多变的社会环境，如市场经济发展中，一
些国有企业转制、兼并或破产随之带来的档案管理问题；信息技术
发展中，电子文件及其保管问题，以及社会大众寻求方便快捷的利
用方式的问题；条块分割体制下，档案信息资源分散，难以满足社
会大众集中利用档案信息的问题；国家档案资源结构不平衡，较少

213

---

① 刘玉照，田青. 新制度是如何落实的？——作为制度变迁新机制的
"通变"［J］. 社会学研究，2009，24(4)：133-156.

关注社会档案资源的问题等。由此观察，档案制度缺少变化，使得其对现实情况的适应性逐渐降低，对新的制度需求回应不足。

档案制度供给不足，使得基层档案管理工作面临种种困境，从而激发档案部门进行制度变革。譬如，1983年颁布的《机关档案工作条例》中规定各机关在工作活动中形成的全部档案均由本机关档案部门集中统一管理。这样便形成了各地方机关"家家"设档案室，"户户"有档案员的情况，这种小而全的地方档案室并未使得这些地方机关的档案工作获得良好发展，相反，由于一些机关单位缺乏相关专业人员，兼职档案员忙于其他事务，又缺乏相应的资源，某些机关档案工作处于名存实亡的境地，这种状况给地方档案行政部门带来了紧迫感和危机感，张家口等地便开始了建设联合档案室以提升基层档案管理效率的适应性档案制度变革。

7.2.1.4　地方档案局的信息获取优势

地方档案局特别是市县级档案局，身处档案工作"前线"，为广大的社会公众和相关部门服务，在服务过程中与社会公众和相关部门有着广泛而真实的接触，能够获得许多一手信息，其中就包括新的档案制度需求信息。如工作中大比例档案利用发生在民生档案类别，由此便促成地方档案行政部门开展民生档案资源整合的制度变革，形成门类齐全，能满足老百姓核心档案利用需求的民生档案门类，并进而联合与民生密切相关的政府职能部门，制定民生方面档案的管理办法。又如了解到体制外机构与企业在档案管理方面的困境，便考虑设立档案中介机构，提供市场化的档案寄存服务，并制定了相应的档案中介机构管理办法等。

对于地方档案局来说，近距离获取制度变革需求信息，能够比国家档案局花费更少的信息调研成本。同时这一近距离获取新的制度需求信息的特殊优势，能够为档案部门及时提供更有针对性，更适合市场乃至公众的档案制度供给创造良好的条件。从而促进地方档案局进行相应的档案制度变革，以更好地实现自身的行政及社会效能。

7.2.2 中间扩散性制度变迁方式的表现

中间扩散性制度变迁方式有以下几种情况，一是第一行动主体为地方档案局，是档案制度变迁的主要发起者和实施者。二是地方档案局响应上级组织的号召，在地方政府带动下追随变革，成为档案制度变迁的主要实施者，广东顺德、安徽和县档案管理体制改革都是代表性案例。三是自身能动性发挥下主动求变，主要是地方档案局进行新档案制度的创设和旧档案制度的变革，新档案制度创设的实践如档案寄存服务、家庭建档、民生档案服务、社会组织档案工作等，在档案收集、保管和利用方面形成了新的档案制度。同时旧档案制度的变革相关实践如甘肃永靖县与河北省张家口地区的联合档案室、佛山市周末查档、浦东新区跨馆查档等，在档案保存和利用制度上进行了变革。四是存量和增量齐抓以"创新"形式进行制度变迁，在变革旧档案制度的基础上，继续探索新的制度创新实践。五是制度变迁耗费时间较短，地方档案局进行档案制度变迁行动较快，成果和效果迅速展现。

7.2.2.1 第一行动主体为地方档案局

"地方政府作为一级行政代理人，可以利用政治力量主动地追逐本地经济利益最大化，从而相对于微观主体有更强的组织集体行动和制度创新的能力。"①同样的，地方档案局作为国家档案局的地方行政代理人，依靠地方政府的力量，在自身追求更高效与符合社会期望的机构形象的促使下，具有进行档案制度创新的动机，成为档案制度创新的第一行动主体。以城市记忆工程与乡村档案记忆工程开展为代表，地方档案局作为第一行动主体，创新发展了档案事业，并将档案收集范围拓展至城市变迁、社会面貌等领域。2002年青岛市档案馆率先实施了"城市记忆工程"，主要通过摄影、摄

215

---

① 杨瑞龙. 我国制度变迁方式转换的三阶段论——兼论地方政府的制度创新行为[J]. 经济研究，1998(1)：5-12.

像等技术手段，对21世纪初的青岛城市面貌进行抢救性的拍摄记录，希望为当代青岛留下一笔珍贵的城市记忆。在青岛市档案馆的带头作用下，其他地方档案局积极行动，纷纷开展城市记忆工程。如2003年，武汉市档案部门启动"城市记忆工程"后，已收集并拍摄2万多张照片，从而为城市原貌、历史建筑的保护和修复留下了重要的档案资料。北京市档案馆将胡同记忆作为主题，与文博部门合作，整合相关历史文化资源，协作展示了北京胡同的历史文化魅力。"城市记忆工程"在许多地方档案局得以实施，发挥了档案部门的工作优势，留存了城市记忆，具有重大意义，"其内涵不断丰富和深化，效应和影响不断扩大，成为档案部门参与城市记忆传承和建构的亮点工程，也是档案事业创新发展的品牌工程"。①

在"城市记忆工程"的影响下，一些地方档案局开始实施乡村档案记忆工程，2011年，浙江省档案局开始进行"浙江记忆工程"的实践，推进乡村记忆示范长廊、文化礼堂、浙江乡村记忆网等建设，将城市记忆工程这一品牌工程延伸到更广阔的农村，实现了又一步跨越。自2011年浙江省启动'浙江记忆工程'以来，山东省、山西省等省市也相继实施"乡村记忆工程"，推动乡村记忆的保护与传承。"在乡村记忆保护传承中，档案部门积极行动，主动实施城乡档案记忆工程，承担社会记忆保护传承的主体责任，在乡村记忆资源采(摄)录收集、集成管理、开发利用等方面形成了一批实践和理论成果"。②

在城市记忆工程与乡村档案记忆工程中，地方档案局都作为实施主体，留存了城市记忆和乡村记忆，贡献突出。在这些记忆工程建设的同时，也形成了针对性的实施规则，各个城市不断积累经验，"城市记忆工程"项目开展的规划日益细致，"如2007年上海闵行区结合市档案局'城市记忆工程'开展的具体内容，对档案资

---

① 丁华东.论社会记忆数字化与乡村档案记忆工程推进策略[J].档案学通讯，2015(4)：36-39.
② 丁华东.讲好乡村故事——论乡村档案记忆资源开发的定位与方向[J].档案学通讯，2016(5)：53-58.

源抢救子项目、馆藏档案全文数字化子项目、城市数字记忆子项目制定了详细的规划，明确各个子项目的目的、范围、实施方法等，有条不紊地开展工作"。① 地方档案部门主导的各类记忆工程，也深刻影响着档案部门对社会服务、档案收藏内容、档案展览等方面的工作理解和创新，从而修改或新增相关档案制度，创设了档案制度变迁的新内容。

7.2.2.2　地方政府带动下追随变革

地方政府带动下主动求变，即地方档案局在地方政府相关制度变革的带动下，加入这一行列，找出档案领域与之相契合的制度变革方向，自发地进行档案制度变革，这种变迁主要以档案管理体制改革为代表。地方政府实行精简高效统一的"行政管理体制改革"，为档案管理体制的改革提供了方向和契机，从而使地方档案管理部门顺应高效精简的行政趋势，进行档案资源整合的制度变革，实现档案资源的集约化管理。广东顺德、安徽和县等均进行了此类有益探索。1992年佛山市顺德区被广东省确定为综合改革试验地区，开始进行政治、经济、文化三大体制的综合改革，并在1992年开始进行顺德政府机构改革。2000年，"顺德区委、区政府在推进事业单位机构改革中，把档案管理体制改革问题也提上议事日程……最后通过渐进式的连续改革"②，顺德在全国率先实行了城建档案、房地产档案与地方综合档案馆统一管理的"三档合一"的新体制，实现了档案管理体制的创新。这其中的成功离不开区委及区政府的积极带动和支持，也离不开市档案馆的积极性。③ 两者相互配合，市档案馆主动求变，改革档案管理体制，这一改革实践证明了档案管理体制完全可以进行地方性的制度调试。

217

---

①　丁华东，崔明．"城市记忆工程"：档案部门传承与建构社会记忆的亮点工程[J]．档案学研究，2010(1)：40-45.

②　罗军．中国档案管理体制改革研究[M]．上海：世界图书上海出版公司，2011：81.

③　李士智．广东顺德市改革创新档案馆体制创新"三档合一"[J]．中国档案，2003(3)：25.

2004 年安徽和县也进行了行政区域内国家档案资源集中统一管理的实践，这一实践是多方努力合作的结果，但做出重要贡献的是安徽省档案局与和县档案局这两大管理和实施主体。其成功有赖于以下几个方面：一是和县县委、县政府的高度重视，和县委、政府出台了《关于整合全县档案资源的实施意见》，印发了《和县国家档案资源整合工作实施方案》。在这两份文件的指引下，档案管理模式改革进而由部门性工作转变为全局性工作；二是省档案局的支持，省档案局主要负责人多次专题听取和县整合情况汇报，亲自修改实施方案并且明确表示在资金、技术等方面给予支持；三是和县档案局馆同志的勤奋工作，和县档案局馆的同志经常利用晚上和休息日加班。① 和县档案局作为落地实施者，在地方政府和省档案局的支持与带动下，积极探索方法途径，整合档案资源，最终形成了一家主管、集中保管、提前移交的和县模式，创设了国家档案资源管理新体制，实现了档案管理体制的重大突破。

7.2.2.3 自身能动性发挥下主动求变

中间扩散性制度变迁方式还表现在自身能动性发挥下主动求变，地方档案局积极回应微观主体的制度创新需求，围绕这些需求开始自发地进行档案制度变迁，在这一方面进行了较多的新档案制度创设和旧档案制度变革。

一是新制度的创设，主要是地方档案局为适应社会发展中面临的新情况、新变化，响应式地采取行动，自发地进行制度变迁。这一方面的档案制度创设较多，如深圳市档案寄存中心的建立、沈阳市家庭档案活动的开展、民生档案服务、广东省档案局促进社会组织档案收集、保管和利用方面的档案制度创设。

建设档案寄存中心，同时形成了新的档案寄存保管制度。1998年 8 月，经深圳市政府批准，深圳市档案局(馆)成立了档案寄存中心，这是全国第一家档案寄存中心，深圳市档案局成为第一个尝

---

① 束维兵. 创新体制整合资源优化服务——安徽开展档案管理模式改革试点取得成效[J]. 中国档案，2006(3)：47-49.

试接收和保管体制外档案的档案机构。主要诱发因素为国外商业文件中心发展的启发，以及我国市场经济发展过程中，国有企业资产与产权变化时的档案流向引起档案保管不当等问题。深圳市档案寄存中心"主要是为深圳市各类企业、社会团体及个人提供档案寄存有偿服务的机构"。① 这样的实践创新同时也是一种制度创新，在档案保管制度上，走出了一条新路，具有开拓意义。深圳市档案局还制定了新的管理制度如《深圳市档案寄存管理办法》(草案)、《深圳市档案寄存中心业务工作流程示意图》《寄存档案协议书》，使档案管理工作有章可循。这一中心的建立形成了许多良性效应如"为合理解决破产企业档案的归属问题提供了一个有效途径……是合理配置档案管理资源的有效方式。"②

建设文件中心，进行了相关单位档案集中保管的制度创设。2002年，深圳市档案局成立文件管理中心，"负责市直机关、事业单位处理完毕的文件的接收、整理、鉴定、保管和提供相应服务"。③ 更具有里程碑意义的是，2002年4月26日，深圳市第三届人大常委会第十五次全体会议通过《深圳经济特区档案与文件收集利用条例》，并在第八条中明确规定："市、区政府设立的文件中心是集中保管与提供同级机关、事业单位处理完毕的文件利用的机构"。④ 这是第一次以地方立法的形式确定了文件中心这一机构的合法地位，为文件中心的建立和运行提供了法律保障。文件中心是一次体制与结构的变革，也是组织与制度的革新，是档案界探寻解决基层机关档案管理工作模式的良好途径，也是地方档案局发挥

① 舒国雄. 为了档案的安全——深圳市成立档案寄存中心[J]. 中国档案，1999(1)：9-11.

② 国家档案局馆室司综合调研组. 找准切入点切实为经济建设服务——深圳市档案寄存中心调查报告[J]. 中国档案，2001(10)：27-29.

③ 黄俊琳. 深圳市编委同意市档案局成立文件管理中心[N]. 中国档案报，2002-11-07(001).

④ 深圳市档案局. 深圳经济特区档案与文件收集利用条例[EB/OL]. (2017-07-25)[2020-10-29]. http：//www.sz.gov.cn/zfgb/2017/gb1010_97688/201707/t20170725_7949920.htm.

主观能动性，主动创新，形成更高效档案制度的重要代表。

推动家庭建档，开拓档案收集制度的新领域。2002 年，为加强家庭美德建设，沈阳市在全市开展了大规模的"档案进家庭"活动。沈阳市档案局将档案业务工作从机关、事业单位，延伸至家庭、社区，推动家庭建档。为了更好地促进家庭建档，沈阳市档案局采取了一系列行动，如进行组织机构改革，增设"家庭档案业务指导处"；形成相关指导性文件，免费发放《家庭建档工作指导手册》《致全市家庭的一封信》《家庭建档指南》等；专门制定家庭档案管理制度——《沈阳市家庭档案管理规范》①，从而为家庭建档提供规范性指引，同时建成家庭档案网，对家庭档案记忆进行网上展览。沈阳市开展的档案进家庭活动，获得了百姓的好评，几十万家庭自愿参与家庭建档工作，引起了许多国内外档案馆的参观与经验借鉴。

重视民生档案，扩展档案收集范围以满足日益增长的社会需求。在党的十六大和十七大多次强调关注民生，以及民生档案查询需求不断增长的背景下。地方档案局广泛开启民生档案服务，确保关乎民生的事有档案可查。在 2007 年 12 月国家档案局大范围推广民生档案服务之前，便有一些地方档案局积极开展民生档案服务。杨冬权曾在讲话中提到，浙江省档案部门推动民生档案工作的一些先进做法包括"制定《浙江省农村新型合作医疗档案管理办法》，以点带面推进建立健全农村新型合作医疗档案……规范社会保障档案工作，省档案局与有关部门联合印发了加强社会保障档案工作的'一个意见和三个办法'……加大了对社会保障档案工作的监督指导力度"。② 他还总结了各地进行民生档案服务的主要做法如"指导建档，即通过制定相关规范性文件……浙江、上海、安徽、江苏、广东、黑龙江、湖北等许多省市档案行政管理部门也制定了有

---

① 刘守华. 用家庭档案梳理我们的生活——沈阳市开展"档案进家庭"活动侧记[J]. 中国档案，2002(10)：45-47.

② 郑金月. 关注民生服务民生——浙江省推进民生领域档案工作纪实[J]. 中国档案，2007(8)：11-12.

关社保、社区、医疗等民生方面档案的管理办法"。① 由此可见，地方档案局在保障民生档案服务的制度建设上，成果丰硕，民生档案建设是地方档案局进行档案制度创设的又一代表。

指引社会组织建档工作，引领档案收集、保管制度创新发展的新方向。2015 年 9 月广东省档案局，了解到社会组织急剧增加，而社会组织档案工作却没有进行规范化的管理，在广泛调研了解到社会组织档案工作现状和需求的基础上，联合省民政局、省档案局联合印发了《广东省社会组织档案工作指引》，目的是使社会组织档案工作能进入规范化、科学化、法制化管理轨道，从而促进社会组织档案工作发展，保存社会组织档案信息资源。地方档案局主动满足社会组织的制度需求，积极进行制度创设。

二是旧制度的变革，主要以地方档案局更好的管理效益和适应社会环境变化为出发点，能动性地对旧档案制度进行变革，这方面的案例主要有甘肃永靖县与河北省张家口地区的联合档案室、佛山市周末查档、浦东新区跨馆查档等，主要在档案保存和利用制度上进行了变革。

联合档案室是一种新的档案工作管理模式。20 世纪 80 年代甘肃永靖县进行了联合档案室的制度变革，可视为一次档案工作管理体制的改革，在档案界产生了较大的影响。由于许多地、县机关、单位的档案工作面临缺乏专职档案人员、档案保管库房、必要经费等问题，许多机关档案工作得不到妥善解决。在这样的情况下，联合档案室应运而生，它将人员少、规模小、无下属单位、驻地较集中的地、县级机关，纵向或横向地联合在一起，由牵头单位负责，开办联合档案室。"1980 年县档案局在恢复、整顿基础上建立了以县委办公室牵头，由县委办公室、团委、妇联、工会、信访办、政法委员会等 7 个机关组成的横向联合档案室和以县商业局牵头，包

221

---

① 杨冬权. 在浙江省档案工作服务民生座谈会上的讲话[J]. 中国档案，2007(10)：10-12.

括其所属的 6 个单位组成的纵向联合档案室"。① 同样的模式在河北省张家口地区也有所进行。联合档案室建设获得了高度评价，认为其能够解决机关档案工作中存在的问题，特别是为地县级机关集中了人力物力财力，真正建立起机关档案工作发挥了作用。联合档案室超越了传统"小而全"的机关档案室的档案工作管理体制，自发地将这一管理规则和制度进行了变革，形成了新的档案工作管理模式。

周末查档和跨馆查档是档案利用制度领域的变革。一是周末查档。佛山市档案局打破了传统工作日限制，2016 年 9 月开始在周末开设档案服务窗口。2016 年 7 月杭州市档案馆开展双休日预约查档服务，此外一些档案局如上海市普陀区档案局也提供周末查档，这一举措便利了"上班族"的查档需求。二是跨馆查档。2016 年上半年，浦东新区档案馆通过"全市通办、跨馆出证"工作平台，让民生档案跨馆利用成为现实。曾经"'哪个区办的就到哪个区去查'是人们查阅利用档案的惯性思维，如今……越来越多的群众在需要查阅档案时首先想到的是'人在哪个区就在哪个区查'。"②跨馆查档，是档案利用制度的又一次变革，档案利用不再受空间限制，使人们也不再受限于地理区域，贴合了便利社会利用的制度需求。

7.2.2.4　以创新形式进行制度变迁

从上述几点可以看出，中间扩散性制度变迁方式在档案制度变迁中发挥着重要作用，表现为地方档案局对现实情况中的制度存量和增量齐抓，以创新形式进行制度变迁。一方面，地方档案局关注着制度"存量"，主要是进行存量变革。对于地方档案局来说，变

---

① 刘淑英. 一个崭新的模式——记永靖县文件中心[J]. 档案工作，1992(1)：26-27.

② 浦东新区档案馆. 各类便民利用服务机制效用日益凸显[EB/OL].[2020-12-30]. http://www.zgdazxw.com.cn/news/2016-09/05/content_155425.htm.（2016-09-05）

革长期存在的档案制度和规则，多是出于社会需求或政绩导向的高效管理，抑或是有地方政府引导，才有"勇气"打破传统的档案制度，创立、运行更高效的档案制度。另一方面，地方档案局绕开存量，走增量的道路，即现有档案制度继续运行，而后根据现实中的新情况创造出新的档案制度，以适应新的情况。这样的做法使得地方档案局可以紧跟社会发展趋势进行档案制度创新，由此适应社会发展，满足社会需求。这样的制度创新不仅会使档案部门增强自我效能感和社会影响力，也极有可能获得社会和上层机构的褒奖。

以深圳市档案局为例，其围绕"档案资源整合"为中心，在档案制度存量变革和档案制度增量创新上都进行了探索。一是推行档案管理体制改革。深圳市档案馆随着深圳市地方政府机构改革，同步进行了档案管理体制改革，2004 年深圳市实现了城建档案馆和综合档案馆的集中统一管理，实现了初步的档案资源整合。二是推进机关文件的集中管理，建设文档服务中心。"2002 年深圳市档案局(馆)设立文件管理中心，2004 年更名为市文档服务中心至今。从 2007 年开始，中心已经接收市人大办公厅和 20 多个市政府职能部门的文件近 40 万件。2011 年 5 月，此项工作被国家档案局评为'全国档案管理与服务创新最佳案例'。三是继续探寻档案资源整合新模式，建设深圳市档案中心。作为全市性的档案保管和利用中心，按照'集中存储、分类管理、资源共享、行政监管'的原则进行管理，市档案局(档案馆、城建档案馆)、市史志办(方志馆)将整体入驻，市检察院、公安局、规划国土委、住房建设局、市场监管局、社保局、公证处等 20 多个单位的大量专业档案将进驻集中保管和统一对外提供利用。"①

7.2.2.5 制度变迁耗费时间较短

中间扩散性制度变迁方式的第一行动主体为地方档案局，负责

---

① 深圳市档案局. 践行科学发展观，推动档案事业科学发展[EB/OL]. [2020-12-30]. http：//www.szdaj.gov.cn/xxgk/gzdt/201811/t20181129_14758923. htm. (2012-06-19)

地方档案事务，地方档案制度建设是其重要职责。地方档案局直接推动的制度变迁可以较为快速地实现是由于其所辖的档案机构层级远少于国家档案局，短距离管理有助于制度推进效率的提升，大多数地方档案局推行的档案制度创新都在 1~2 年的时间内落地实施。广东顺德的档案管理体制改革于 2000 年提上日程，"2001 年便有编委下文，将原规划国土局主管的城建档案室并入区档案馆；2002 年 7 月，区委、区政府又同意将房地产档案工作并入区档案馆，区编委下文设立房地产档案室，作为档案馆的内设机构"①。此次改革仅用 2 年时间即告完成，效率显著。又如 2001 年深圳市档案局提出文件中心的设想，到 2002 年获得上级同意并开始正式落地实施，耗时仅仅一年多。

7.2.3　中间扩散性制度变迁方式的影响

中间扩散性制度变迁方式产生的有利影响在于提升档案制度创新效率、调节权力中心和微观社会主体的档案制度供需、促进存量和增量制度改革的相互转化；不利的影响在于地方档案局需承担档案制度变迁风险。

7.2.3.1　组织模仿与竞争提升制度创新效率

"中间扩散新制度规则的功能……只要一地突破进入壁垒，其他地方就会群起模仿。"②地方档案局受到本地档案事业发展，上级部门的政绩考核，以及与其他地方的绩效竞争等因素的影响，一旦有其他地方档案局进行了成功的制度创新，便会引发地方间的模仿性制度变迁和竞争性制度变迁，在这一过程中形成制度移植与制度扩散，扩大档案制度创新范围，提升档案制度创新效率。另外，模

①　罗军. 中国档案管理体制改革研究[M]. 上海：世界图书上海出版公司，2011：81-82.

②　杨瑞龙. 我国制度变迁方式转换的三阶段论——兼论地方政府的制度创新行为[J]. 经济研究，1998(1)：5-12.

仿性和竞争性制度变迁还有助于打破路径依赖，档案部门贴近社会档案制度需求方向的变革有助于脱离路径依赖的掣肘，提升制度创新力度。

这方面的案例十分丰富。如沈阳市家庭档案工作在全国起到了良好的示范作用，"广东、新疆、云南等地同行专程到沈阳市档案馆参观考察，学习借鉴家庭档案工作方法和经验"①。在 2002 年青岛市"城市记忆工程项目"示范效应的推动下，"武汉、广州、上海、大连等地也相继推出'城市记忆工程'项目"②。这些档案制度变革的实践说明地方档案局之间进行的中间扩散性制度变迁，存在着明确的模仿与竞争机制，这样的模仿与竞争对于档案制度变革来说是有益的，能够激发众多的档案部门一起努力探寻更好的路径进行档案制度与实践的创新。

7.2.3.2 调节权力中心和微观社会主体的制度供需

杨瑞龙认为，"当利益独立化的地方政府成为沟通权力中心的制度供给意愿与微观主体的制度创新需求的中介环节时，就有可能突破权力中心设置的制度创新进入壁垒"③。同样的，地方档案局突破制度创新壁垒，进行制度创新，本质上是在调节权力中心和微观社会主体的档案制度供给与需求。也即，目前微观社会主体有着国家档案权力部门无法满足而又明显存在的档案制度需求，却又因微观社会主体的协商能力有限和外部性等问题，使其制度需求难以突破制度创新的壁垒。而地方档案局由于多种因素的汇集，更易成为此类制度需求的供给者。地方档案局通过尝试性制度创新，部分或全部满足了微观社会主体的档案制度需求，并继而持有创新效果良好、反响热烈的制度成果与国家档案权力中心进行沟通，进一步

225

----

① 马凤云，杨大英. 沈阳：家庭档案建设的探索与实践[J]. 中国档案，2018(11)：38-39.

② 丁华东，尹雪梅. "城市记忆工程"开展现状的调查与分析[J]. 档案管理，2011(5)：50-53.

③ 杨瑞龙. 我国制度变迁方式转换的三阶段论——兼论地方政府的制度创新行为[J]. 经济研究，1998(1)：5-12.

赢得上级的合法性认证，甚或由国家档案局将地方档案部门的制度创新作为典型在全国范围内推广实施，这一中间扩散性制度创新循环便告完成。

地方档案局与各级权力中心的协商过程也是较为复杂的，一方面，地方档案局是地方政府的直属部门，受其领导，这意味着地方档案局的制度创新活动，很大程度上受地方政府的支持，地方政府的支持便成为档案制度创新的强大后盾，其能够通过正式渠道(如会议、汇报等)或非正式渠道(找关系，游说等)去调节权力中心对档案制度创新的肯定态度。另一方面，地方档案局作为中介环节，在实际工作中，通过提供制度供给回应和满足微观社会主体的制度需求，提高了社会公众满意度与档案部门社会美誉度，这些实际效益便成为说服各级权力中心的有力抓手和获得国家档案权力中心合法性认证的有效筹码。档案制度创新一经合法性认证，地方档案局不仅满足了微观社会主体的档案制度需求，而且也调节了权力中心的制度供给意愿，即使许多时候这种意愿表现为事后追认，即得到上级的事后褒奖或进一步的制度变革鼓励。如2004年深圳市城建档案馆并入市档案局，实现城建档案馆和综合档案馆的集中统一管理，深圳市的这一改革举措此后受到了国家档案局与建设部的肯定。

7.2.3.3 促进存量向增量制度改革的转化

存量改革和增量改革是引入市场机制过程中形成的改革方式，存量改革主要是指对原有体制进行实质性改革；增量改革主要是指改革一般不触动原有的"存量"(包括利益格局和角色定位等)，改革在边际上发生，增量成分在不断累积过程中达到。在中间扩散性制度变迁方式中，地方档案局发挥着制度变革与创新的重要作用，在制度变迁上既进行着存量改革同时也进行着增量改革，这两种变革紧密联系，随着社会环境的变化，使得存量制度改革向增量制度改革转化。

安徽和县的档案资源整合道路便从存量改革走向了增量改革。2004年安徽和县最初采取的档案资源整合模式走的是存量改革的

道路，一开始就触动了原有的档案管理体制，主要体现在"创新
'体制'：领导体制从'条条块块'的双重领导机制转换为'块块'的
单一领导机制……整合'资源'：变档案资源归属和流向上的条块
分割为国家档案馆的集中统一管理"①，存量改革初步完成。而面
对电子时代产生的电子文件，安徽省档案局转换了思路，转向增量
改革，2005 年安徽省正式启动电子文件中心项目，运用信息技术
进行档案资源整合，采取网络形式整合档案资源，以求达到信息资
源共建共享的目标。

7.2.3.4　存在制度变迁风险

地方档案局自发地进行制度变迁，虽然大多数得到了地方政府
的默许，但并没有得到权力中心的明确允许或指示，因而档案制度
变迁存在"违背现行制度"的问题，如此一来便会承担制度变迁风
险。这样的风险可能是权力中心的"批评"或"整改"，或是制度变
迁失败形成的不良后果等。譬如，陈兆祦在调查张家口的联合档案
室发现，"尽管调查中我们接触到的所有的档案工作领导干部和业
务人员，对联合档案室都持肯定态度，但由于《机关档案工作条
例》没有这样的规定，上级档案行政管理部门的态度不太明朗肯
定，这些同志心里感到不甚踏实。"②张家口地区联合档案室的建
设，让一些工作人员感到缺乏法规的支撑和上级档案行政管理部门
的支持态度，认为所进行的档案制度变革还是"担着风险"。又例
如安徽和县的档案资源整合，被一些学者认为存在着合理不合法的
问题"和县模式存在的最大的问题是'合理不合法'。……和县模式
这种档案管理体制并不符合现行的档案法律法规，缺乏相关法律法
规的支持，我们知道'条块结合'的管理体制不仅体现在专业档案

227

---

　　①　吴文革，黄强．中国档案事业管理体制的三次改革与三次学术争
论——兼论安徽模式改革的发展趋势[J]．安徽农业大学学报（社会科学版），
2011，20(2)：51-56.
　　②　陈兆祦，杜梅．地、县级机关建立联合档案室是切实可行的——对
张家口地区联合档案室的调查分析[J]．档案学通讯，1987(5)：3-10.

的管理实践之中，而且已经明确写入一系列档案法规……和县的档案管理模式改革实际上是对上述档案法规进行反向操作，平心而论，其做法是违背现行档案法规的。"①所以，地方档案局通过自身努力，回应机构与社会发展的档案制度，积极进行档案制度变迁，是主动作为，但也面临着制度变迁"被怀疑"或是失败的追责风险。

7.3　档案制度的诱致性制度变迁方式

7.3.1　诱致性制度变迁方式的形成背景

档案制度的诱致性变迁，是由微观社会主体(个人和群体)，出于记忆留存或响应获利机会自发倡导、组织和实行的档案制度安排的变更或替代，或者进行新制度安排的创造。档案制度的诱致性制度变迁方式的形成背景，主要有信息社会中信息价值的刺激、社会发展下获利机会的产生、公民社会中集体行动的促成等。

7.3.1.1　信息社会中信息价值的刺激

2003 年日内瓦信息社会世界峰会《原则宣言》提出了被广泛接受的信息社会的定义，即"以人为本、具有包容性和面向发展的信息社会……在此信息社会中，人人可以创造、获取、使用和分享信息和知识，使个人、社区和各国人民均能充分发挥各自的潜力，促进实现可持续发展并提高生活质量"②。信息社会中，信息已然成为最重要的生产要素，获取与分析信息，成为社会的主要活动。档案也是一种信息，其内含的信息内容具有凭证价值和情报价值，并具有进一步转化为知识的价值。认识到档案的价值之后，为了更好

---

① 曹航，谢敏. 和县模式：质疑问难[J]. 山西档案，2010(1)：16-19.
② 日内瓦.《原则宣言》[EB/OL].［2018-12-19］. http://www.360doc.com/content/11/0423/23/1921954_111872041.shtml.（2011-04-23）

地进行价值挖掘，则需要进行相应的制度建设，通过制度化的运行保证档案管理在源头和处理过程中具有规范性和科学性，同时保证档案信息的可获取性、可挖掘性等，由此催生出更广泛的档案制度建设需求。

7.3.1.2　社会发展下产生获利机会

林毅夫认为诱致性制度变迁的出现，必然由某种在原有制度安排下无法得到的获利机会引起，也即由于某种原因，当前制度安排不再是最有效的制度安排，从而引发了制度不均衡，而引起制度不均衡的原因有"制度选择集合改变、技术改变、制度服务的需求改变、其他制度安排改变"①。一是制度选择集合改变，20 世纪 80 年代新时期开启以来，市场经济发展使社会发生了巨大变革，从而导致经济和社会制度选择集合发生了改变。由"宏观环境"改变引发的制度不均衡，为社会营造了越来越多的获利机会，主要体现在经济体制改革中"市场经济鼓励社会个体在一定规范下追求正当的利益"②。市场经济发展激发了社会主体的活力和权利意识，加之行政管理体制改革强调服务型政府的建设，也表达出重视民生和公共利益的倾向。档案领域中对档案的认识由国家-行政性质向社会-历史性质的转向也不断提升公众的档案权利意识，为推动公众积极主动进行档案制度创造起到思想奠基作用。二是技术改变和制度服务需求改变的影响也是十分明显的，信息和网络技术让获取信息更加便捷和经济，也凸显了信息的价值和及时获取信息的重要性，从而影响到人们及时获取各类档案信息的需求。而档案制度之前主要是面向国家档案叙事系统的留存和传播而进行建设的，但信息社会的到来使得更多的社会群体开始意识到群体叙

---

① 科斯，阿尔钦，诺斯，等．财产权利和制度变迁——产权学派和新制度学派译文集［M］．刘守英，等译．上海：上海人民出版社，1994：371-440.

② 郑杭生，李强，洪大用等．转型中的中国社会和中国社会的转型［M］．北京：首都师范大学出版社，1996：197.

事与记忆的留存是群体增强认同感，提升话语权和竞争力的重要资源，因此迫切需要档案制度围绕新的需求提供新的规则与方案，一旦得不到档案权力中心的及时反馈与制度供给，便会形成档案制度的诱致性制度变迁。

7.3.1.3　公民社会中集体行动促进制度创造

公民社会是指"处于个人与国家之间有组织的社会生活领域，是与国家相对等的一种实体，是联系个人和国家的媒介和桥梁，是形成稳定而长久的自由、宽容和社会参与的政治模式的社会资本"①。公民社会本质上意味着一种个体间的合作式生活方式。在公民社会理论影响下，公众行动更加倾向于聚合为集体行动，形成有凝聚力的团体展开行动，如家庭、社群以及社会组织等行动团体。公众在这些团体中，出于对自身及群体记忆创造和保存的需要，合作构建属于群体与个体的档案记忆，在构建档案记忆过程中也创造出相应的档案制度，社会组织与公民由此成为自发进行档案制度创造的重要力量，投入档案制度的变革。

7.3.2　诱致性制度变迁方式的表现

诱致性制度变迁方式的表现特征如下：一是主要行动主体为微观社会主体，包括社会中的个人、群体等，其自发地进行档案制度创造或制度变迁。二是微观社会主体自发地进行档案制度变迁，具体表现为个人或组织出于证据留存进行档案制度创造。如山西省永济市黄龙村的 65 岁老人朱复兴自发地进行档案资料保存，靠经验自己制订了本村的"文件材料收集办法"等各项档案管理制度；也有企业进行档案制度变革，如 2008 年国泰君安证券股份有限公司自发地进行了"分散管理到大集中管理"的制度变革；社会组织如浙江"刘老会"民间群众组织便进行了良好的文书档案建设。三是

---

① 常宗虎. 公民社会理论及其对社会管理工作的意义[J]. 中国民政，2002(7)：21.

微观社会主体以主动形式寻求外部制度供给，如贵州省荔波县社会组织"水家学会"为保护水书档案寻求县档案局的帮助，从而引起县档案局的关注和重视，并形成了水书档案的保护和抢救制度等。四是制度创造耗费时间较长，微观社会主体资源和能力有限，其主导的档案制度变迁通常花费的时间较长。

7.3.2.1 主要行动主体为微观社会主体

诱致性制度变迁的行动主体为微观社会主体，主要包括个人、社会组织等。诱致性制度变迁方式与强制性制度变迁方式的行动主体具有较为明显的对比关系，强调的是社会个体及社会群体的能动作用，因而形成的是自下而上的制度变迁。微观社会主体进行诱致性档案制度变迁，如国泰君安证券股份有限公司自发进行证券业档案大集中管理模式的调整，便是以企业组织作为微观行动主体的代表案例。而其他社会组织推动的诱致性制度变迁则更为多见，如浙江"刘老会"积极进行文书档案建设，以及对水书档案最先发起保护的荔波县抢救水书组，才引出了后续社会以及官方对水书档案的关注。

7.3.2.2 自发地进行制度变迁

诱致性制度变迁发生与否，主要取决于个体或社会组织创新主体的预期收益和预期成本的比较，也就是说微观社会主体感知到了获利（益）机会，便可能发起诱致性制度变迁。同样，关于档案制度，微观社会主体可能出于证据与记忆留存、自我实现、提升群体认同等动机，而作为第一行动主体自发地进行档案制度变革或创造。

个人出于证据、记忆留存等动机进行档案规则创设。如山西省永济市黄龙村的 65 岁老人朱复兴，从事村里的档案工作 40 年，不仅用档案解决民事纠纷还形成了一系列档案制度。"1978 年全国都在搞农村建档工作，当年 10 月永济县档案馆编发了《社队档案工作手册》，朱复兴根据这本手册，靠经验自己制订了本村的'文件材料收集办法''立卷归档制度''会计档案移交办法'等各项档案管理制度，用制度保证了此后村中形成的各类档案的齐全完整。"①另外，还有个人出于社会记忆留存动机开设私立档案馆，如我国第一家私人档案馆——广东省屈干臣档案馆。2004 年 4 月，广东省离休干部屈干臣先生，开设私立档案馆保存和展览档案。该馆对所藏档案进行了清晰分类，类目包括："证件档案、手稿档案、作品档案、实物档案、声像档案、领导人题词、摄影、书画以及用过的珍贵物品十几个大类，一百多个小类。"②该馆还成功举办了"毛泽东同志 120 周年诞辰史料展""改革开放 35 周年史料展"等展览。此外，屈干臣档案馆向全社会免费开放，公众可自由参观。

企业出于档案管理规范和促进业务发展的需要，进行档案收集、保管制度变革。2008 年国泰君安证券股份有限公司自发进行了"分散管理到大集中管理"③的档案制度变革，从而提高了档案管理工作的专业性、规范性及档案信息的共享性。以往国泰君安面临部分券商制造虚假客户档案、客户档案数量增长而分支机构保管条件差、档案人员流动频繁等问题，于是变分散式管理模式为大集中管理模式，将各分支机构的实体档案都汇集到总部的档案管理中心进行集中管理，并以电子化的形式提供内部利用，还进行档案管理制度、档案交接规则的重新设计。

社会组织自发地对文书档案制度进行建设。"刘老会"（"刘村老人协会"的简称）民间群众组织自发进行了文书档案规则的建设。刘村是浙东三门县 ZM 社区（工作片）的一个近千人的刘氏主姓村庄，"刘老会"是这个村庄的老人协会，是一个基层老龄群众自治性民间团体。"刘老会"有专门的场所日常为老人提供棋牌娱乐活动、免费理发服务等。其"制度与治理的文书档案建设是刘老会内部自治管理独具特色的内容……作为乡村老人的自治组织，刘老会

232

① 赵跃飞. 档案的草根味[J]. 中国档案，2006(8)：46-49.
② 李彩香. 中国第一家私人档案馆——广东省屈干臣档案馆介绍[J]. 办公室业务，2014(18)：48-49.
③ 刘俊. 国泰君安实现证券业档案大集中管理模式的实践与探讨[J]. 中国档案，2013(10)：64-65.

克服了档案记载对体力、脑力和文化程度的挑战，尤其在第三届老人会开始进一步进行组织制度建设的两年间，有意识地将协会的重要章程、主要领导的集会讲话、协会资产明细、财务报告、历次会员福利、经营事业契约、会员先进事迹等全部协会活动均以文字形式记载保存下来，为协会提供了日常管理运作程序的书面依据，其规范化、制度化的文书档案建设尝试，成为老人协会制度延续、不断完善发展和进行民主管理的重要机制和保障"①。

　　社群形成特定的档案收集规则，并以博物馆展览的方式提供利用。目前社群档案建设正日益成为国际档案领域的研究与实践热点，许多国家已经开展了诸多社群建档的实践，社群建档中体现出的自主性、草根性等特征与档案制度诱致性制度变迁方式内涵中的自发倡导、组织和实行相契合，是诱致性制度变迁方式的一个重要表现。我国打工文化艺术博物馆也是社群建档的一个典范，2008年5月，位于北京市朝阳区金盏乡皮村的打工文化艺术博物馆正式成立并对外开放。"该馆是由北京工友之家文化发展中心发起创办的一家民间非营利性公益博物馆"②，这一博物馆的建设初衷是记录为社会发展作出巨大贡献的劳动者的历史，让他们发出自己的声音，展示自己的文化。该博物馆是唯一一家由代表农民工群体的民间组织创办并负责运营，并作为全国第一家也是迄今唯一一家由"打工者自己创办""书写自己的历史"的社群档案馆。该馆分出五个专题展厅展出其藏品，分别是：①打工三十年，流动的历史；②女工；③儿童；④劳动 NGO；⑤实物专题展厅，免费向社会开放。在收集保存材料上，由博物馆自行决定收集哪些记录材料，有特定的收集原则、渠道与方式；在运营资金上，一方面来自慈善机构的资助，另一方面来自该馆经营的同心互惠商店的收入。这一博物馆

233

---

① 阮云星，张婧. 村民自治的内源性组织资源何以可能？——浙东"刘老会"个案的政治人类学研究[J]. 社会学研究，2009，24（3）：112-138，244-245.

② 马林青，马芸馨，张汪媛. 社会转型背景下社群档案馆建设的实践与思考——基于皮村打工文化艺术博物馆的个案研究[J]. 档案学通讯，2018（3）：67-71.

没有官方资金来源，也不接受官方机构或其他机构的领导和控制，对其自身的"自治性"和"自主性"、叙述的"主体性"尤为看重。打工文化博物馆在主流叙事忽略农民工群体的社会环境下，以文字和档案等构建起自己的话语，发出自己的声音，并且创设了相应的档案收集制度、运营规则、管理规则等。这一社群建档实践为我国档案制度的诱致性变迁增加了鲜活案例。

7.3.2.3　以主动形式寻求外部制度供给

在诱致性制度变迁中，部分微观社会主体意识到由自身推动制度变迁或创设新制度面临巨大障碍，成功概率较小，便会转而寻求外部主体如政府的制度供给。若这种制度需求对于政府来说也是有益的，那么政府主体则会产生较大的供给意愿。如贵州省荔波县水书档案的保护和抢救便是由社会组织"水家学会"寻求县档案局的帮助而形成。"1993 年贵州省水家学会荔波中心组在几位水书先生的倡导下成立了荔波县抢救水书组，致力于水族文化遗产的研究、传承和水书的保护"。① 2001 年水家学会邀请县档案局馆长参加他们的研讨会，使档案行政部门认识到抢救水书的重要性，从此水书档案文献的抢救开始引起荔波县委、县政府和国家档案局的关注，而后将水书档案抢救和保护纳入法制化轨道，制定了一系列保护水书的制度。2002 年荔波县人大常委会作出《关于我县开展拯救水书工作情况汇报的审议意见》，2003 年《关于抢救整理开发利用古老文化——水书并申报为世界文化遗产的决议》，2005 年荔波县政府颁布了《荔波县水书抢救保护工作实施办法》等。水书先生在对水书档案进行保护的行动中通过向当地档案部门寻求制度供给，而最终达成了水书档案保护制度的有效获得，是诱致性制度变迁的一种特殊形式。

2017 年 3 月 22 日，中国国内首家民办非企业性质的民间档案馆——岭海档案馆，举办了开馆仪式。这一民间档案馆的开办也得

---

① 张小伟. 水书档案文献的守望者［N］. 中国档案报，2012-03-16
（001）.

到了广东省档案局的制度供给支持。岭海档案馆的创建者李楷瀚是一位"90后"，喜爱收藏民间档案文献，从2003年开始收藏，"藏有自明代以来至20世纪末产生的民间档案文献与实物3.8万件"①。丰富的藏品使其萌生了创办档案馆的想法，于是他向广东省档案局相关人员进行咨询。广东省档案局得知后，"省档案局馆综合法规处、收集整理部等相关处室人员开始查找相关文件，按照文件精神积极为李楷瀚创办档案馆铺路搭桥……省档案局馆抢抓机遇，深入贯彻落实文件精神，与省民政厅多次沟通协商，并帮助联系注册登记"②。终于在2016年7月登记成功。广东省档案局对岭海档案馆的成立提供了包括制度、物质在内的各项资源。

7.3.2.4 制度创设耗费时间较长

个体或群体自发进行档案制度变迁，需要制度创新者花费精力和时间去组织资源和协商谈判，以便与利益相关者达成一致同意，对个体和群体而言需要负担较高的制度变迁成本，引致制度变迁缓慢。因为利益相关方对制度不均衡所形成的获利机会的感知不同，从而其对制度变迁带来的预期收益和成本衡量也不尽相同，"在行动团体内就某一制度方案达成一致同意就是一个旷日持久的过程"③，从而使得制度变迁耗费的时间较长。另外，个人和社会群体的各类资源相对贫乏，基本上是"兼职"式地发起制度变迁，因而其发起的制度变迁是间断和渐进式的，因而制度变迁的持续过程较长。从荔波县水书档案的保护中可以看出，1993年开始由民间社会组织——抢救水书小组进行，7年时间制度创造并没有显著成

---

① 中国档案报.一位90后"收藏控"的档案情怀[EB/OL].（2017-05-10）［2020-12-30］.http：//www.zgdazxw.com.cn/news/2017/05/10/content _ 185396.htm.

② 中国档案报.一位90后"收藏控"的档案情怀[EB/OL].（2017-05-10）［2020-12-30］.http：//www.zgdazxw.com.cn/news/2017/05/10/content _ 185396.htm.

③ 卢现祥.我国制度经济学研究中的四大问题[J].中南财经政法大学学报，2002(1)：3-9，142.

果，直到 2001 年获得政府的支持推动，才将这一保护行动扩散开来，形成档案保护和抢救制度。

7.3.3　诱致性制度变迁方式的影响

档案制度的诱致性制度变迁方式形成的有利影响是拓宽档案制度供给的场域，以及运用"一致性同意"原则提升制度运行效率；不利影响则是使得制度创造的供给能力不足、容易产生制度变迁惰性。

7.3.3.1　拓宽档案制度供给的场域

卢现祥认为，"制度作为一种'公共品'也并不是无差异的，即制度是有层次性、差异性及其特殊性的，有些制度供给及其变迁只能由国家来实施，如法律秩序等，即使这些制度变迁有巨额的外在利润，任何自发性团体也无法获取。而另外一些制度及其变迁，由于适用范围是特定的，它就只能由相关的团体（或群体）来完成"①。也就是说，由于制度的差异性，特定范围的档案制度，是强制性制度变迁难以涉及的，这些被强制性制度变迁忽视或无法进入的制度场域，则由诱致性制度变迁主体即个人或群体自发地进行，从而拓宽档案制度供给的场域。如此一来，一方面诱致性制度变迁主体自行完成了档案制度创新，另一方面诱致性制度变迁主体先行实践，初步满足制度变迁的需求，而后可由政府提供后续的拉动力对制度供给进行补充完善，两者共同努力完成制度变迁，不仅提升了档案制度变迁的效率，也有利于拓宽档案制度供给的场域。如上文所介绍的，皮村打工文化博物馆、水书保护小组等社会组织，以及屈干臣档案馆、李楷瀚岭海档案馆等个人建档的实现，均展示了此种制度变迁方式的有效性，从而拓宽了档案制度供给的场域。

---

①　卢现祥. 我国制度经济学研究中的四大问题[J]. 中南财经政法大学学报，2002(1)：3-9，142.

7.3.3.2 "一致性同意"原则提升制度运行效率

诱致性制度变迁之前通常会有组织和谈判的过程，并在取得一致性同意基础上展开具体的制度创设实施。换言之，在诱致性制度变迁中，"无异议是一个自发的、正式的制度安排变迁的前提条件。"①这种一致性同意使得档案制度诱致性变迁的原则方向、与制度执行，都能得到参与者的自觉遵守，并且遵从度较高。这种一致同意的认同状态，能够使制度运行中减少折扣执行，从而增强创新制度的运行效率。如皮村打工文化博物馆周围的"打工者"们"表达了对该馆的认同和喜爱，认为该馆保存了打工者的'记忆''亲切'，引起了自身的'共鸣'"②，打工文化博物馆得到工友们的认同，进而为打工博物馆提供个人藏品、进行志愿服务、向亲朋好友宣传该博物馆等，从而维持该馆的良好运行。

7.3.3.3 制度创设的供给能力不足

档案制度的诱致性制度变迁方式，由于行动主体为微观社会主体，其所拥有的资源有限，一般依靠个人或小群体的各类资本，会使档案制度创造出现供给能力不足的问题。档案制度创造过程中的供给能力不足，目前表现在：一是进行档案制度创造缺乏资金支持，如李楷瀚岭海档案馆便面临着筹措资金的问题，收集和管理档案文献的费用主要依赖其网上经营的书店收入，缺乏雇佣档案工作人员的资金，馆内的工作人员由家人和朋友组成。二是进行缺乏专业档案人员支持，制度创设专业供给能力不足。社群档案馆最初由社群成员进行管理，由于其缺乏专业档案知识，减缓了档案管理工作进程和档案制度更新。社群档案工作者曾坦言："档案工作在

---

① 科斯，阿尔钦，诺斯. 财产权利和制度变迁——产权学派和新制度学派译文集[M]. 刘守英，等译. 上海：上海人民出版社，1994：371-440.

② 马林青，马芸馨，张汪媛. 社会转型背景下社群档案馆建设的实践与思考——基于皮村打工文化艺术博物馆的个案研究[J]. 档案学通讯，2018（3）：67-71.

2005 年之前几乎一直处于沉睡状态，因为我们没有工作人员具有档案专业背景。"①缺乏专业档案人员让档案制度变迁后续的供给能力不足，专业化程度不足，档案制度创新能力减弱。

7.3.3.4 容易产生制度变迁惰性

诱致性制度变迁方式的特点既是优点也是缺点，就其盈利性和自发性特点而言，"当制度变迁主体自己的收益基本满足后，可能会缺乏变迁的动力，致使变迁进展缓慢"②。这种情况下，档案制度诱致性制度变迁的行动主体，由于自身利益得到一定程度的满足，从而缺乏继续变革的动力，容易产生制度变迁惰性。自发性则会使得档案制度变迁的供给动力不足，因为自发性意味着全靠自我激发，且要同时承担制度变迁的成本，从而使得制度变迁在遭遇困难时，形成进一步行动的惰性。加之制度变迁中存在的外部效果和"搭便车"问题，使得未参与制度创新者无成本分享了制度成果，引起制度创新者"报酬"降低的问题，从而导致档案制度创新者并不愿意持续地进行制度变迁，产生相应惰性。

7.4 档案制度变迁方式的嬗变规律与发展愿景

7.4.1 档案制度变迁方式的嬗变规律

总体而言，档案制度变迁方式嬗变有三大突出规律：一是制度变迁方式呈现"循序渐进"的类型发展；二是制度变迁方式呈现"连

---

① DIANA K, BRUCE C, HELEN P. Archivist as activist: iessons from three queer community archives in California[J]. Archival Science, 2013(4): 293-316.

② 俞雅乖. 制度变迁方式转换的时机选择[J]. 商业研究, 2009(7): 14-18.

续统"模式的发展；三是中间扩散性制度变迁方式发挥着重要作用。

7.4.1.1 制度变迁方式呈现"循序渐进"的类型发展

从历史进程上看来，档案制度变迁方式是从强制性制度变迁方式，向中间扩散性制度变迁方式过渡，进而发展到诱致性制度变迁方式，呈现出"循序渐进"的发展趋势。20 世纪 80 年代改革开放初期，市场经济和计划经济同步发展，国家为了平稳地过渡到以市场经济为主的经济模式，仍然是以全能型国家的社会管控为主。此阶段在档案领域，国家也是主导档案制度变迁的绝对权力中心，因而此时档案制度的强制性变迁方式占据主导地位。而在强制性制度变迁方式"统领"全局的同时，20 世纪 80 年代开始，中间扩散性制度变迁方式开始凸显作用，许多档案制度创新和变革都在地方档案局中首先开展起来，继而引起国家档案局及其他地方档案部门的关注，进而形成档案制度变迁的模仿和竞争，促进更大范围的档案制度创新和变革。进入 21 世纪，泛在信息社会推动档案制度的诱致性变迁方式崭露头角，社会公众与组织开始成为档案制度创新的发起者，自发性地或与政府合作性地进行档案制度创新，从而形成一种全新的档案制度变迁方式，推动着档案制度发展。事实上，三种制度变迁方式的交错进行是档案制度领域更为客观的制度变迁实际状况，且强制性制度变迁方式仍然居于核心位置。

7.4.1.2 制度变迁方式呈现"连续统"模式的发展

从宏观-微观的角度来看，档案制度变迁方式呈现着"连续统"模式的发展。"连续统"（continuum）思想的由来，主要是社会学领域中为了克服社会学理论中宏观和微观的二元对立和相互拒斥，于是社会学家古尔维奇及其继承者瑞泽尔提出了"连续统"思想，他们认为，"在微观和宏观这一对连续统之间，依次存在'个人的思想和行为''互动''群体''组织''社会'和'世界体系'等单位，正

239

是它们组成了从微观向宏观的过渡。"①连续统思想表明微观和宏观之间存在层层关联的多样化主体，连续统一地推进微观-宏观或者宏观-微观的过渡。运用这一规律观察新时期以来的档案制度变迁，会发现也呈现出类似的连续发展规律。具体而言，强制性制度变迁方式的实行者是国家档案局、中间扩散性制度变迁方式的实行者是地方档案局、诱致性制度变迁方式的实行者是社会个体和群体，这三种方式循序渐进地发展，表现出三者从宏观到微观连续统一的推进模式，同时三种主体在其间相互嵌入，并不是一一对应式泾渭分明的阶段式变迁，而是交错互构的复杂连续统。档案制度在变迁过程中，涉及了层层关联的多样化主体，如国家(国家档案局)、地方政府(各级地方档案局)、社会群体、互动、社会个体，从而形成宏观-微观的连续发展的制度变迁，呈现"连续统"模式的发展。

7.4.1.3　中间扩散性制度变迁方式发挥着重要作用

一方面，从"连续统"的中间过渡主体的作用来看，地方档案局成为连接国家档案局的制度供给意愿和微观主体制度需求的重要中介，发挥着制度变迁的"桥梁"作用。正是由于地方档案局参与到档案制度变迁推动中，才使得微观社会主体的档案制度需求能够得以部分满足。这一"桥梁"使得档案制度能够上下衔接，有效满足或部分满足社会及公众的档案制度需求，使得档案制度得以进行相对平稳的渐进式变迁。这一方面在现实的档案制度变迁实践中表现明显，地方档案局作为中间扩散性制度变迁方式的第一行动主体，既在地方政府带动下跟随创新，如广为人知的广东顺德、安徽和县的档案管理体制改革；也充分发挥了自身的主观能动性，如深圳市档案寄存中心、沈阳市家庭档案活动、甘肃永靖县的联合档案室、深圳市文件中心的建设等。

另一方面，从中间扩散性制度变迁方式的规模来看，各地方档案局所进行的制度变迁，能诱发组织间的模仿和竞争，使得档案制

---

①　周晓虹. 社会学理论的基本范式及整合的可能性[J]. 社会学研究，2002(5)：33-45.

度变迁的主体和影响范围扩大，发挥提升档案制度变迁效率的作用，并进而获得国家档案局的支持与推广，由此助推形成整个档案领域的制度变迁。如 20 世纪 80 年代初甘肃永靖县和河北张家口地区进行联合档案室的尝试之后，到 1988 年，根据甘肃、河北、内蒙古、黑龙江、陕西、福建、四川 7 个省、自治区的统计，"现已建立联合档案室 40 个，其中河北省张家口地区 23 个"①。又如浙江省开展民生档案服务后，民生档案服务得到国家档案局的高度赞赏和支持，并在 2007 年 12 月印发了《关于加强民生档案工作的意见》，这一意见使整个档案领域都掀起了开展民生档案服务，建设民生档案资源体系的热潮。

7.4.2 档案制度变迁方式嬗变的解释

档案制度变迁方式的嬗变规律反映出更深层次的运行逻辑，这种深层次的运行逻辑则可以用来解释目前呈现出这三种规律的原因，分别为国家与社会关系转变影响档案制度变迁方式的类型发展、权力与权利互动影响档案制度变迁方式的连续推进、路径依赖与权宜之计推进中间扩散性制度变迁方式。

7.4.2.1 国家与社会关系转变影响档案制度变迁方式的类型发展

新时期以来，在国家行政管理体制改革中，国家的管理理念逐步从国家管控走向社会治理，由此国家与社会关系出现了"从社会管控到社会治理"②的新变化，从国家与社会二分关系转向了国家与社会的互动关系。改革开放以来，我国已经从总体性社会走向了多元社会，更加注重调动地方政府的积极性以及提升社会领域多元社会力量的活力，"国家治理体系和治理能力现代化是我国政治发展方

---

① 邓小军. 部分省、自治区联合档案室工作座谈会在张家口召开[J].
档案工作，1988(8)：41.
② 郁建兴，关爽. 从社会管控到社会治理——当代中国国家与社会关系的新进展[J]. 探索与争鸣，2014(12)：7-16.

向，强调形成以中国共产党为领导核心的多中心治理秩序。多中心治理要求政府、社会组织与公民在公共治理上实现协同共治"①，从而推动了国家和社会关系的发展，国家与社会的互动性增强。

　　档案制度作为国家制度的组成部分，自然包含在国家治理体系中，因而档案制度的变迁，紧跟国家治理的发展方向，在国家和社会关系转变的大趋势下，档案制度变迁中多中心主体也逐步发展起来，地方档案部门在档案制度变迁中发挥了重要作用，微观社会主体在档案制度创新中崭露头角，推动了档案制度的良性变迁。地方档案部门在档案制度变迁中积极发挥能动性、自主性，与社会积极互动，重视微观社会主体的制度需求，合理满足，提供制度供给，由此形成了丰富多样的制度供给方式。此外，微观社会主体也积极主动参与并逐渐自主开展档案收集、整理、展览等实践，并在这些实践中形成档案管理制度，社会力量在档案制度创新中开始发挥更加积极的作用，档案制度供给更加多元化和社会化。

　　社会发展加剧了社会结构分化，社会结构分化使得多元社会主体得以发育，多元社会主体的成长进一步改变了国家与社会的互动关系，国家与社会主体的互动性不断增强，各自发挥自身的能动性。在档案领域中，这些发挥能动性的多元社会主体参与档案制度变迁的创设，从而丰富了档案制度变迁方式的类型，从单一的强制性制度变迁方式，衍生出中间扩散性和诱致性制度变迁方式。

7.4.2.2　权力与权利互动影响档案制度变迁方式的连续推进

　　北京大学教授王浦劬认为"行政体制改革是制约监督政府权力与开拓公民权利空间的有机结合"②。而权力与权利互动影响档案制度变迁方式的连续发展。行政体制改革不仅指向的是机构、制度、编制等行政体制的具体构成要素，而且深入指向行政体制的本

---

①　何阳，林迪芬. 国家治理现代化视域下多中心治理的法内冲突与化解[J]. 东北大学学报(社会科学版)，2019(1)：1-8.
②　王浦劬. 论新时期深化行政体制改革的基本特点[J]. 中国行政管理，2014(2)：6-14.

质构成要素，即政府权力、职能和责任。政府开始由全能型政府过渡到有限政府，其间不断增强社会的权利，形成政府分权、社会权利增多的趋势。

新时期以来，行政管理体制变革进行了两种层面的分权，一是政府间分权，二是政府向社会分权。一方面是政府间分权。调整政府职能、下放行政权力到地方，这是政府间的分权。在档案领域，地方档案局管理行政范围内档案事务的权力增强，地方档案局进行档案制度创新的"胆量"和决断力随之增强，从而推动档案制度变迁。另一方面是政府向社会分权。在档案领域意味公民档案信息权利的增强，以及公民档案信息权利意识的增强。由此看来，在权力和权利持续的互动与发展中，使得处于中间地位的地方档案局以及社会个体和群体的力量有所增强，从而引发中间扩散性和诱致性制度变迁方式先后出现，并表现出持续发展的状态。

7.4.2.3 路径依赖与权宜之计推进中间扩散性制度变迁方式

在档案制度变迁的道路上，既包含国家和地方档案局所遵循的路径依赖，也有着不少权宜之计，在众多的权宜之计中，中间扩散性制度变迁方式是其中的典型代表。改革开放以前，国家和地方档案局在制度变迁上存在较大程度的路径依赖，这导致档案制度没有进行适时的变迁或者是等待上级部门的指令才能有所变迁。但随着改革开放的深化发展，地方档案局开始突破原有的制度变迁惯性，采取权宜之计进行档案制度变革。权宜之计是为了应付某种情况而暂时采取的办法，这与刘玉照、田青、杨瑞龙等人所认为的"变通"的含义相似，即在制度的实施过程中，执行者没有得到制度决策者的正式许可，也没有改变制度正式程序的情况下，自行决定对原有制度的某些部分进行变更，从而实施一套变更后的制度安排。之所以形成权宜之计是由于国家(政府)并非铁板一块，而是由不同的部分组成，各个组成部门在不同的政策领域都有着不同的利益和身份，因而即便是同样的国家政策，在不同地方实施起来也会有不同变化和效果。

档案系统也是由不同地区、不同部门组成，各地区的档案部门也有自己的利益和身份。首先，推动各个地方档案局采取权宜之计最大的影响因素是理性经济人关于效益的追求，如果现行的档案制度耗费自身机构较大的人力财力，而变革这一档案制度，档案可以得到更为妥善地保管和利用，管理更加省心省力，产生更好的效用，这便会触动地方档案局进行档案制度改革。其次，由于经济和行政管理体制改革，地方档案局的事权增多，因而决策起来更为方便，掣肘较少。再者，上级档案行政管理部门对档案制度变通式的变革有着"容忍"和"追认"行为。地方层级的制度变迁所产生的良好效益，如高效的档案管理、更好的档案社会服务，事后均得到了上级档案行政机构的合法性认证。在这三种有利因素的影响下，地方档案部门便会有较大动力来推行自身的"权宜之计"。而权宜之计所取得的良好效果还会引起地方档案局的相互模仿与竞争，从而扩大档案制度变迁范围，打破传统的路径依赖，从而在打破路径依赖和采取权宜之计的过程中又进一步推进了中间扩散性制度变迁。

7.4.3 档案制度变迁方式未来的发展愿景

档案制度变迁方式未来的发展愿景包括，扩大中间扩散性制度变迁方式的创新效用，重视诱致性制度变迁方式的社会效用，注重制度变迁方式的相互转换。

7.4.3.1 扩大中间扩散性制度变迁方式的创新效用

在档案制度变迁中，中间扩散性制度变迁方式发挥了重要作用，使得档案制度变迁在地方层面得到了一定程度的开展。在未来的发展过程中，中间扩散性制度变迁方式的第一行动主体——地方档案局还应进一步增强制度创新意识和开展制度创新实践，并且积极扩散档案制度创新。首先，不论是国家级还是地方级的档案局都应该树立重视制度及制度创新意识，档案行政管理部门应广泛宣传档案制度创新的重要性，并采取措施积极鼓励制度创新。其次，鼓励地方档案局之间的竞争性与模仿性制度创新。各地方之间的竞争性和模仿性制度创新有利于发挥地方的能动性和积极性，使制度创新更贴近地方实际，也有利于走出制度变迁的路径依赖。最后，协调好制度创新过程的各方利益关系。制度总是与多元主体的利益相联系，地方档案局进行制度创新的过程也是对各方档案利益的再分配过程，因而要注意协调好各种利益关系，减小制度变迁阻力和扩大制度变迁的受益范围。

7.4.3.2　重视诱致性制度变迁方式的社会效用

虽然在目前的档案制度变迁中，采用诱致性制度变迁方式开展的档案制度变迁所占比重较小，但已经可以观察到微观社会主体在档案制度变迁中所发挥的良好社会效用。多元社会主体倡导的档案制度变迁能使档案制度体现差异性、层次性和特殊性，从而拓宽了档案制度供给的场域，促使官方档案部门无法涉及的社会领域开展档案制度变革，共同推进整个社会系统档案制度的建设。因而在未来发展过程中，国家和地方档案局应该更加重视诱致性制度变迁所发挥的社会效用，更进一步说是重视微观社会主体在档案制度变迁中所发挥的作用。首先，应该广泛向社会宣传档案及档案制度的社会效用，采用典型案例分享等方式开展宣传鼓励。其次，地方档案局应关注当地社会主体正在进行的档案制度创设实践，在后续发展中为其提供良好的制度环境和制度资源，提升档案制度社会效用的实现效率。

7.4.3.3　注重制度变迁方式的相互转换

在档案制度变迁的未来发展中，应注重制度变迁方式之间的相互转换，使档案制度变迁能够更高效地进行。档案制度变迁方式之间的相互转换，需要把握好转换时机，强制性制度变迁进入时机的条件包括诱致性制度变迁已经为新制度安排奠定了意识等基础，制度变迁已经到达了核心制度变革阶段，制度变迁风险由于无法向后递延的制度变迁成本而增大。① 这就意味着诱致性制度变迁方式向

245

---

① 俞雅乖．制度变迁方式转换的时机选择[J]．商业研究，2009(7)：14-18.

强制性制度方式转换时，国家档案局应主导档案制度变迁。同时学者们还认为强制性制度变迁的退出条件包括预期制度基本建立，市场微观主体已经初步认可并且基本接受新制度，新制度进一步完善的障碍基本清除，制度供给的边际效率稳步递增等。① 此时强制性制度变迁方式可以退出，让中间扩散性和诱致性制度变迁方式发挥作用，由地方档案局和微观社会主体主导档案制度变迁。由此，为了实现档案制度变迁效率的最大化，应该适时选择制度变迁方式，或者说在同一制度的不同变迁时期中选择合适的制度变迁方式，在合适的时机下促成不同档案制度变迁方式进行转换，进一步增强档案制度变迁的效率和效果。

---

① 俞雅乖. 制度变迁方式转换的时机选择[J]. 商业研究，2009(7)：14-18.

8 走向社会治理的档案制度创新

社会治理已经成为全球性的国家治理理念与趋势，档案制度作为国家各项制度安排中的一个组成部分，它是整个国家制度系统中的一员，必然受到该系统的影响，为此，当国家治理的根本理念发生了重大调整，档案制度必须对此作出积极的回应，以使得档案制度更加具有适应性和弹性，从而取得在新的治理背景中的合法性。

8.1 社会治理对档案制度创新的影响

通过上文的讨论，"社会治理"理念及实践的丰富和完善，对于档案制度的创新角度的思考具体表现在四个方面。

8.1.1 权力配置的变化引发对档案管理主体的思考

社会治理要求的管理主体从单一转为多元，为档案管理主体的变化带来新的启迪。纵观近年来学术界以及档案实践部门的热点活动，均可以发现：档案由"重保管"向"重利用"转变，有关档案如何效益最大化地实现其社会价值是各大期刊愿意向读者呈现的信息。精简政府职能的重要方式之一是将部分职能社会化，国家对档案管理职能的精简，也可以循着社会治理思想的脉络，尝试部分的借鉴。这种借鉴思想的涌现不可避免带给我们对旧有档案制度缺失的思考，单一的政府管理档案方式逐渐式微，档案管理的权力配置需要沿着"治理职能—主体—治理权力"的思路来重新思考哪些职能可以由哪些群体代为完成，而国家与这些群体间如何进行有效的联动，从而实现权尽其能、权尽其效。

8.1.2 透明要素的强调引发对档案信息公开的重视

档案作为最真实的历史记录，在公民社会与新公民运动兴起之后，被越来越多的人作为了解过去真相、追寻群体认同以及维护自身权益的工具。然而，现实情况是：档案开放的呼声远远大于实际开放的范围和效果。国家在提出社会治理理念中考虑到实际落实情况的差异性，因此在治理的过程中强调对管理情况的有效监督，将透明性要素贯彻到社会治理的始终，将公开制度作为社会治理的核心程序制度。这无疑为档案制度在信息公开方面的缺失敲响了警钟，档案管理者不得不重新审视该问题，且做好接受更多群众关于信息不透明的质疑。在社会治理理念的不断推动下，档案信息公开需要在基本信息强制披露、管理过程合理公开以及管理成果平等公开这三个方面做出努力。

8.1.3 协商机制的提出引发对档案管理过程的摸索

过往档案制度中，国家作为档案管理宏大体制的设计者，似乎并不需要探讨具体档案管理过程的问题，最高档案管理机构即国家档案局将权力分散给各省市档案局，各省市档案局再层层递推，将国家意志下达至基层档案管理部门。档案管理过程便是国家档案意志落实的过程，体现对权威的服从。社会治理所要求的"建构程序合理、环节完整的协商民主体系，拓宽国家政权机关、政协组织、党派团体、基层组织、社会组织的协商渠道"，表明了国家对有效社会对话和协商机制建立的回应需求。社会协商制度中强调的协商主体地位的多元与平等，协商内容的合理，在合理范围内最大限度地丰富协商形，协商运用的正式程序如听证程序、非正式程序以及协商的效力保障，协商机制的提出引发了既往档案管理过程绝对服从权威的反思。随着档案管理主体多元化发展趋势的显现，社会治理中协商机制将如何处理档案管理主体间的复杂关系，以及运用何种方式化解主体间的管理矛盾、提升管理的效益、效率和质量，是档案管理部门需要思考的问题。

8.1.4 责任制度的落实引发对档案风险控制的研究

社会治理中管理主体多元化引发的权责归属问题，是社会治理中的难点所在。首先，对于管理主体承担的责任形式：行政责任、民事责任、刑事责任以及社会组织内部的软法责任，在实际管理过程中难以界定；其次，政府和经法律法规授权的社会组织与企事业单位的责任认定容易，而基于成员自愿接受并实施管理的自治组织与自治公民的责任难以界定；最后，涉及多种主体共同管理的合作治理情形，使得责任划分模糊或者分化，如何确定各治理主体的责任将是一个棘手问题。权利与义务共存，社会治理下普通群体社会管理权力的扩大，同样致使承担的义务范围扩张，国家不再是所有社会管理的唯一责任人，部分风险转移到多元管理主体。长久以来档案制度缺失的风险管理也由此需要得到重视，当档案管理借助更多新型技术的手段加以实现、当档案管理权力配置重新调整之后，档案制度需在源头建立风险控制机制，并在具体管理的过程中由政府人员监督，及时调整因其他主体管理经验匮乏造成的行动偏离，并在事后通过效益评估来优化档案风险机制。

8.2 档案制度创新的方向

基于档案制度内涵的变化及后工业时期"社会治理"阶段档案制度内涵的具体分析，可以认为，当前档案制度创新主要朝着制度建设主体多元化、制度执行过程手段信息化、制度实施手段法制化以及制度效益显著化四个方向发展。

8.2.1 制度建设主体多元化

档案管理权力主体由单一国家力量转变为国家、社会组织与公民。这意味着过去被排斥在权力范围之外的社会团体与个人也成为利益相关者，分担部分管理权力。

其中，社会组织可以理解为国家、政府和商业企业以外的所有民间正式或非正式组织或关系的总和，包括非政府组织、公民的志愿性社团、协会、利益团体和公民自发组织起来的运动等。① 如具备独立法人资格的档案事务服务中心、档案法律咨询中心以及一系列依靠档案发声的边缘化群体等等。其从本质上强调社会组织的组织性、自治性、专业性、服务性以及公益性，在主张档案事业社会参与的大环境下，社会组织将成为档案事业建设中重要的民间力量。

而公民作为最普遍意义上的个体，不分种族、地域、年龄、性别及职业，享受同等的权力、权利及权限。但因存在个人力量有限及参与热情不一的现实情况，社会组织可以在一定程度上代表一群公民的利益，行使相当的档案管理权限。

在管理过程中以国家为主导，以社会组织与公民为辅助。国家将部分档案管理权力下放给社会组织与公民，多方协作，利用各方不同的特点实现档案具体事务的协同管理。国家从烦琐、基础的档案工作中解脱出来，站在更高的层面指挥档案事业，诸如完善档案的行业规范，确定档案事业未来发展的方针政策等等；社会组织的作用与功能得到凸显，在"平民管理"的过程中负有最重要的责任；公民的档案管理激情得到有效激发，参与到档案管理的方方面面，并主动为档案事业的发展献计献策。

---

① 肖文涛，黄剑宇.善治视域下的社会中介组织发展[J].马克思主义与现实，2007(6)：105-109.

8.2.2　制度执行过程信息化

利用科学技术与传统媒体和新型媒体的力量传播档案文化、扩展档案开放形式、丰富档案开发成果。这意味着新型的档案管理制度需要与先进技术和现代媒体齐头并进。

一方面，需要编写适合本单位、本馆使用的档案管理系统，加强档案数据库建设，实现档案纸质化管理向电子化管理的无缝对接；依托 VPN、XML、WEB 技术实现信息的资源共享，以及借助 RFID、SAML 技术确保档案的实地储存，以平衡档案信息资源在共享及隐私保护间的关系；另一方面，借助除了电视、广播等传统媒体之外的新型媒介，如：微博、微信、Twitter、微信公众号、档案 APP 等拓展档案宣传渠道，丰富档案利用方式。契合"互联网+"这一时代大背景，利用信息技术与互联网平台，推动互联网与档案管理深度融合，创造新的档案利用形态，提升档案管理的质量与开发利用的效率。

在"社会治理"阶段的档案管理制度下，科学技术与社交媒体间的关系需要得到进一步的重视。两者在档案管理的不同阶段呈现不同程度、不同形式的合作。科学技术需要不断保证社交媒体在档案管理、宣传中畅通无阻地发挥最大限度的作用，社交媒体也需要在此过程中检验科技的准确性与必要性，并对科技未来的发展指明方向。档案管理需在科技与媒介的双重帮助下，从前端控制到最后的开发开放，逐步实现全过程的信息化。

8.2.3　制度实施手段法制化

法制化需要在档案制度中不断加以强化。无论是档案管理的各个阶段，抑或辅助档案管理实现更高质高效的外在手段，都需要在法律、法规、规章准则的范围内进行。"社会治理"视角下的档案制度创新，需要不断完善旧有法律规范及推进出台必要的法规章程，以确保档案制度的成功转型。

251

档案管理主体在由单一转为多元的过程中，需要法律规范监督和确保国家、社会组织及公民各司其职。可以认为，只有通过一定的法律条文限定档案管理主体的具体职责，明确应作为与不可为的详细内容，并在其管理过程中给予保障、在其责任归属中加以明确、在其权力行使中提供依据，多元化主体的新型档案管理模式才能得以实现。

除此之外，以法定形式规范科学技术在档案管理运用中的标准也是档案工作法制化的另一体现。科学技术的双面性使其自身的利用必须被严格控制在有益的方面，法律规范需要防范和惩戒因滥用技术造成的档案信息泄露，以确保档案信息的公开被严格限定在规定范围。另外，大众媒体在档案管理运行中的行为需要通过正式文件的形式被约束，对恶意传播虚假档案信息及不良信息且造成较大社会影响的行为予以处罚，以端正和净化电视媒体、广播媒体及新型媒体的舆论风气。

8.2.4 制度推行效益显著化

如果说国家治理模式由"社会控制"向"社会治理"转变，是解决突出社会问题的有效途径，是经济社会发展客观规律的必然要求，是实现伟大中国梦的战略选择。那么在该体系下的档案制度创新，也应是解决旧有档案制度问题的有效路径，是档案管理发展道路的必然选择。以经济学的视角看待创新一词，可以认为：当旧有的事物出现问题且问题达到一定程度，而假如对该事物进行优化、创新乃至变革，在扣除创新成本之后仍然可以获得比过去更多的效益，那么创新便是事物发展至此的必然选择。

进一步将交易成本理论纳入档案管理，以档案制度创新带来的实际经济效益与社会效益程度衡量制度创新的成败。如档案制度创新实现增值功能，则认为是顺应社会治理发展、具有实践操作性的新型档案制度模式；如档案制度创新实现负增长，则认为该创新模式不具备推动旧有档案制度变革的力量。其中，档案制度创新的增值功能，不但包括创新后交易成本的节约，还包括创新带来的机会成本增加，引发的增值利润。也就是说，政府需在档案管理过程中通过运用科技、媒体、法律等手段，与社会组织和公民加强合作，以提高自身的管理效率。唯有如此，才能在确保档案管理高质量完成的基础上，释放更多的精力和人员参与到档案开发利用等更重要的工作中来，以节约人力资源，降低行政成本。

8.3　档案制度创新的实现基础

社会治理视角下要求的档案制度创新主要朝着制度目标走向档案权利公平配置、制度建设主体多元化、制度执行过程信息化、制度实施手段法制化以及制度效益显著化五个方向发展。而以上发展方向的实现需要一定的现实基础，主要包括社会认同、科学技术、大众媒体以及法律规范。

8.3.1　社会认同：制度创新的入口

8.3.1.1　普通公民对档案权利的争取

普通公民对档案权利的争取，首先体现在意识思想，其次体现在实际行动。正常情况下，行为的产生受到意识的支配。社会发展至今，公民意识基本成熟，大部分的普通民众愿意关注自身在档案事务中的权力和权益。从专家学者们对档案管理中公民权利的热烈讨论中可管中窥豹。相关著作有王改娇的《公民利用档案权利研究》、周林兴的《公共档案馆管理研究》；期刊论文则谭彩敏的《从公民的角度论档案利用权的实现》、张甜甜的《公民与档案开放主体权利不对称引发的思考》、Eric Ketelaar 的 *Archival Temples*, *Archival Prisons：Modes of Power and Protection*、孙晓旭的《中国公民意识与档案意识相互关系研究》、骆伟娟的《政府信息公开环境下档案开放利用中的公民权利保护探析》等。这些成果丰富并发展了公民权利在新型社会档案管理中的形式和内容，体现普通大众对参

253

与档案事务管理的渴望。

在此意识思想的影响下，相关的争取行为也在不断增加，公民在档案领域的维权行为也有所增加。2014年9月，最高人民法院即公布了人民法院关于政府信息公开的十大案例，包括余穗珠诉海南省三亚市国土环境资源局案、奚明强诉中华人民共和国公安部案、王宗利诉天津市和平区房地产管理局案等，内容涉及对公众要求政府行政处罚金额、房屋用地、拆迁协议、方针政策等档案信息的公开，起诉对象上自国家公安部，下至县镇级人民政府。由此可见，广大公众对运用档案积极捍卫自己的合法权益有了明确的意识。

8.3.1.2 社会组织对档案制度建设的参与

档案制度创新要求的档案管理主体的多元化，将社会组织的功能放大，虽然从目前来看，世界各地的社会组织并非活跃于档案管理第一线，但它们中的大多数愿意并乐于主动成为档案管理的重要主体，参与自身档案资源的建构。

从目前来看，一些正规的档案管理社会组织如美国档案工作者协会、中国档案学会等均设立了规则章程，定期举办全国性的代表大会，并拥有属于自己的理事会；定期举办教育与培训讲座，并举办各类适应时代发展、迎合公众兴趣的展览。如中国档案学会与北京国际展览中心等单位联合举办"档案信息展览会"，沈阳档案局开展了"沈阳家庭建档与和谐社会建设高层论坛"等；而这些组织所创办的学术期刊，如《档案学研究》(中文核心期刊)、《美国档案工作者》(被公认为全球质量最高、影响力最大的档案专业期刊之一)在档案学术领域具有极强的影响力，可以被看作是档案思想发展的风向标。近年来，这些期刊对档案信息开放、公民权利与档案管理间关系等话题的重视程度不断提高，并刊登如 *Historians*, *Archivists*, *and Social Activism*：*Benefits and Costs*、《档案馆公共服务与公民利用档案权利》、《公民利用档案自由权探析》等文章，可以看出社会组织对档案制度创新理念的认同。此外，这些社会组织也积极推进研究活动，如举办一年一次的全国档案工作者年会，每年都有一个研究主题，还开展关于杂志编辑、国际联络、计算机应用等专题的调研工作。而更多的国内外社会组织积极参与各种类型的社群档案资源的建构与保护、开发，为维护社会群体的利益，增强群体的认同，保留群体的记忆积极贡献各自的力量，风起云涌的档案行动项目引人瞩目。可以说，社会组织在档案管理中的参与是积极的、主动的，大量的实践与理论成果的呈现为档案制度创新中对社会组织的作用发挥打下了管理基础。各类社群档案管理项目更是对实践规则层面的有益补充，后文有详细阐述，此处不再赘述。

8.3.1.3 政府机构对社会需求的顺应

政府掌控的社会资源与自身权力地位的特殊意味着其可以决定社会能做什么，不能做什么。因此，在所有的社会认同中，政府的放权至关重要。

回溯人类的思想发展史，可以发现，人本思想虽然是整个哲学乃至思想史的起点，却充满了曲折。从苏格拉底的"认识你自己"到泰罗的"经济人"，再到梅奥的"社会人"，对于"人的作用"的认识不断调整、发展。直至今天，终于可以肯定人在社会管理中的巨大作用。

如果说战争年代人民在推动解放中起到了巨大作用，那么和平年代则人民一样可以在优化管理中有所作为。当政府制定的政策有利于人民的时候，政策的推行与社会管理显得井然有序，甚至当政府为精简行政职能苦恼之时，人民群众的帮助有效缓解了这一问题；而当政府制定的政策有悖公众利益之时，国家的运转则出现了磕磕碰碰，并造成政府财政的浪费。

在教育普及、信息便捷、注重人本的社会现状前，当今的现代公民，比任何时候都期盼合法权利的获得以及合法信息的公开透明，当然，这样的公民也比任何时候都更有激情和热情，更愿意为主张自身权益而付诸实践。面对这样的现实环境，政府机构的透明化建设和信息公开的决心也得到了前所未有的提升，从而为档案制度创新提供了绝佳的机会。

8.3.2　科学技术：制度创新的手段

8.3.2.1　档案资源的共享

档案制度创新要求应当被公开的档案信息能够被更广泛的社会公众获知，这就需要一系列科学技术的运用来保障档案信息获取渠道的畅通。相关的技术包括 VPN 技术、XML 技术、Web 技术等，以下简要介绍 Web 数据仓库技术和云计算技术，它们为档案信息的共享提供了技术支撑和技术借鉴。

基于 Web 的数据仓库技术是将数据仓库建构在 B/S(浏览器/服务器)模式上，将传统 C/S 模式的服务器端进一步深化分解，从而形成客户端、服务器和应用服务器三层架构。① 它使得用户获取档案信息的过程更简单，任何连入 Internet、Intranat、Extranet 的计算机都可以获取该数据仓库的数据或应用程序，而无需与仓库的服务器相连，组织机构也只需花费较少的金额建设和维护，由此，对信息获取方与提供方而言，这项技术是实现档案资源共享的基本方式。

云计算技术是近年来互联网技术发展的热点方向。所谓"云计算"，"是一种网络服务方式，提供了 IT 服务的一种交付和使用模式，用户可以通过网络租用或免费获取所需服务，而这些服务经过'云计算'技术的不断发展将涵盖全部可能的 IT 应用。提供服务的网络即被称为'云'，'云'中的资源在使用者看来是可任意扩展并随需获取。"②云计算为用户提供了一个外在的管理平台(即"云"端服务器)，用户仅需通过 Web 浏览器登录到该平台便可以发布或获取信息。该项技术为建立"档案信息公共空间"提供了技术支撑，公民只需登陆云平台，即可将自身获取的档案合法信息与网民共享，而不受信息容量、服务器维护等方面的影响。

---

①　余峰. 基于 Web 技术的数据仓库和数据挖掘[J]. 中国水运(理论版)，2004，8(4)：94-95.

②　田雷."云计算"在档案领域的应用[J]. 北京档案，2011(5)：24-25.

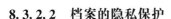

8.3.2.2 档案的隐私保护

档案信息的获取并非无节制，对涉密档案以及个人档案，SAML 技术、SSL 加密技术、RFID 技术等提供了隐私保护。

SAML 安全技术（安全声明标记语言）为存储于不同安全系统的档案信息互操作提供了统一规范和解决框架，使得跨系统透明地访问受保护应用服务和资源成为可能。它"利用 XML 对认证和授权信息进行编码，实现在 Internet 环境中异构安全系统间信息的交换和处理，从而为系统间的应用提供协同的安全服务。"①该技术使得在数字档案馆分布式环境中，用户可以使用统一的身份及属性授权信息，验证通过并访问档案馆的特定资源，在不同档案馆和数据库中快速、便捷地获取信息。同样，SSL 加密技术通过在浏览器和 Web 服务器之间构造安全通道来进行数据传输。发送方首先将原始数据加密，并向特定的接收方提供共知的密钥，继而由接收方进行解密，以保证传送数据不易被网络黑客截获和解密。这一方法可以有效解决公民利用档案过程中信息泄密的问题，切实保障公民的信息获取权及隐私权。除了电子档案信息的安全与保密之外，RFID 无线射频识别技术为档案实体管理的有序化和安全控制提供技术保障。RFID 技术的基本工作原理是将电子标签粘贴在待识别物体上，由阅读器接收天线收到从电子标签发送的信息后读取信息。该电子标签由耦合元件及芯片组成，每个标签具有唯一的电子编码。目前，一些档案机构如上海市浦东新区档案馆、卢湾区档案馆已经将该技术用于档案的保管与查阅之中，用户在提出检索需求之后，所需查阅档案已自动在档案库房中显示，不但方便档案工作人员获取档案资料，也切实避免了因查找档案而造成的信息泄露。

257

8.3.2.3 档案的信息利用

IIIP 智能信息推拉技术的出现促进了档案利用的人性化。它利

---

① 李欣荣. SAML 安全技术在数字图书馆控制信息访问中的应用[J]. 现代情报，2008(1)：101-102.

用"人工智能(AI)、机器学习(ML)方法、知识工程(KE)的知识推理搜索方法、知识发现(KDD)方法等技术将智能信息推送(IIPush)和智能信息拉取(IIPull)相结合"①,以提高"信源"对"用户"兴趣的推测水平以及用户检索信息的准确度,实现个性化的信息推送服务。也就是说,这种技术一方面令档案用户发挥主观能动性,正视自己的档案利用需求,纠正、完善检索行为以提高档案利用的速度,另一方面,也帮助信息提供者实时掌握用户需求,深度分析检索心理,并及时提供个性化的档案信息,促进档案提供者与利用者间关系的和谐。

RSS 技术在新闻以及网站中的运用也可以帮助普通公民及时获得档案开发成果,RSS 是站点用来和其他站点之间共享内容的一种简易方式,用户在下载和安装一个 RSS 阅读器之后,便可以从运用 RSS 技术的网站提供的聚合新闻目录列表中订阅自己感兴趣的栏目,一般在订阅后,便会及时获得所订阅频道的最新内容。参与档案管理的普通公民,便可以足不出户,在阅读器中获知当前公布的档案信息,并且与档案信息的提供者,即政府部门、社会组织,或者公民个人互动交流,实现信息的聚合。

除此之外,4G 技术缩短了档案利用者上网获知档案信息的速度,而与 IIIP 技术相近的 Push 技术,也帮助档案信息提供者借助 Web 服务器扩展、客户代理以及 Push 服务器实现档案信息的邮件式推动,并帮助档案馆建设专业信息服务频道,以更好地满足公民档案信息的获取权。

8.3.3 大众媒体:制度创新的平台

8.3.3.1 档案社会传播范围的拓展

社会治理下的档案制度创新,要求营造全民管"档"、全民"建

---

① 马明霞,朱秀平,陈存业. 智能信息推拉(IIPP)技术在图书馆信息服务中的应用[J]. 现代情报,2005(6):94-96.

档"的氛围，而扩大全社会公民的档案管理意识、传播公民参与档案管理的成效，需要借助大众媒体的作用。

传统的新闻报刊在广泛宣传档案意识、弘扬档案文化方面也为档案制度的创新提供了实现基础。以中国档案界的行业报《中国档案报》为例，它利用自身行业优势，扩大档案最近政策、历史史料、法律法规等的传播范围。电视媒体已然对档案信息的开发抱有极大的兴趣，北京卫视利用档案信息制作的电视节目《档案》，自2009年开播以来，收视率居高不下。该节目选材涵盖民生百态，紧跟时代脉搏，结合各种影像资料、图片、当事人口述等档案信息，披露国内大案要案、社会传奇、情感故事；深圳卫视自2008年开播以来的《解密》节目，也同样通过搜集历史、自然人文、科技等档案信息，运用严密的逻辑判断和推理，与观众共同探索事件背后的真相。电视媒体对原本沉封档案的再披露，向社会大众普及了档案历史信息，加快了档案资源的传播。

而新型社交媒体更是在近年来迅速崭露头角，成为档案信息传播的先锋平台。以微信公众号为例，目前国内绝大多数省级档案馆已经开通了微信公众号，通过微信公众号，已经可以实现以下三种常见功能：一是信息服务功能，包括以消息推送的方式提供工作动态、历史文化与新闻资讯、活动宣传等方面的信息；二是档案利用功能，包括查档指南、档案展览、网上查档和预约查档服务；三是交流互动功能，包括留言板、投票活动、有奖竞答等多种互动形式，以增强档案馆与用户之间的互动。

8.3.3.2 档案资源建设手段的健全

微博、微信、播客、Blog、Twitter、YouTube、Facebook 等新型媒体的普及实现了公民"足不出户，而知天下事"的心愿。在大众媒体的帮助下，普通公民的信息获取权发挥得更加游刃有余。突破公民只能前往档案馆获取档案信息或者在档案网站中浏览档案新闻的局限，简单、便捷、使用人群广的新媒体，令档案信息得以快速在不同的公民个人平台中流转，据此提高公民实现信息权的效率。

259

当然，普通大众对新型媒体的利用并不局限于此。对信息的获知是最基本的权利，在此基础上，公民个人也愿意借助平台与虚拟网络背后千千万万真实的人群分享自己获知的合法、正确的档案信息，以实现人与人、群体与群体之间的互动。这种信息的供给并非平铺直叙的文字，有些是集合公民智慧的信息再创作，他们将档案文本描述的信息以动态人物的视频形式展现出来，并通过不断增加点击量与转发量引起更多的围观。而政府机构也借助媒体平台与公民积极展开互动，如上海市浦东新区建立了官方微博，发布由公民提供的反映上海生活百态的照片，并积极回复公众留言；美国国家档案馆曾在 Flickr 上开展"通过透视镜"系列项目，邀请用户对千余张照片进行标注，或者写下某张照片激起的个人记忆，或上传相似照片，或更正错误标注，来激发社会全民参与的热情。①

8.3.3.3　档案信息管理成效的监督

社会舆论监督是当今社会管理监督体系中的重要部分，大众媒体的强势话语霸权使其在很大程度上控制社会舆论的方向。当前，媒体已不再仅将视角投注于播报时事新闻、传递周边信息的基本工作，而是冷静思考自身在社会思潮服务中的地位以及需要承担的社会责任。

因此，大众媒体对档案管理的监督也十分频繁。《新闻 1+1》栏目就干部人事档案管理中的"档案"造假进行了曝光，并质疑档案工作者在档案信息核实、管理过程中的不作为。借此东风，新京报也发表文章《干部人事档案信息不妨有限度公开》为干部档案信息公开施加压力，《半月谈》杂志更是直接发文《政府信息选择性公开，托词有哪些?》，批评政府信息公开中的缺陷。而广大公民利用微博、微信、Facebook 等各种社交平台抱怨无法实际参与档案管理以及对档案信息被刻意隐瞒、篡改的质疑，并推送给有关国家部门及媒体意见领袖，希望可以得到社会各界的关注和问题的有效解

---

①　The national Archives. Discovery-our catalogue[EB/OL]. [2019-10-10]. http：//dis-covery. nationalarchives. gov. uk/SearchUI.

决。未来，大众媒体在监督档案信息管理中会持续发挥其特有的影响力。

8.3.4　法律规范：制度创新的保障

8.3.4.1　信息公开范围的划定

社会治理下的档案制度创新，是对国家、社会组织与公民在档案管理中作用和地位的协调，并据此进行的一系列管理思维、方式、手段的转变。实质上，这种创新是对档案信息权的再分配，以实现制度的优化、降低政府的行政成本。

《政府信息公开条例》的颁布在一定程度上为政府公开档案信息的范围提供了依据。该条例第二章对"应当公开""重点公开""不予公开"的政府信息予以界定，认为"涉及公民、法人或者其他组织切身利益的""需要社会公众广泛知晓或者参与的""反映本行政机关设置、职能、办事程序等情况的"以及"其他按照法律、法规和国家有关规定应当主动公开的"必须公开①；美国的《信息自由法》对不予公开的例外信息（包括涉及国家秘密、商业秘密、个人隐私等九类信息）列举，并说明除此之外的其他信息必须按惯例公开，同时援引《隐私权法》和《阳光中的政府法》作为信息公开的补充内容；英国的《信息公开法案》同样以"公开为原则，不公开为例外"，规定了豁免信息的内容，但同时指出，当豁免信息对公众利益至关重要之时，也可以适当公开。可见，法律法规对档案信息公开的规定主要采用列举公开内容以及列举不公开内容，其他均被视为可公开信息，并同时强调与社会生活息息相关的信息应当予以公开，这些科学且与时代共进的法律，能在新型档案制度下，为保障公民信息获取权提供法律依据。

261

---

①　中华人民共和国国务院令.政府信息公开条例［EB/OL］.［2019-11-08］. http：//www.most.gov.cn/yw/200704/t20070424_43317.htm.

8.3.4.2 信息获取渠道的畅通

当前一些法律、规章的出现，也为社会组织与公民合理合法获取档案信息并参与管理作出了规定。《档案法实施办法》第 20 条规定："各级国家档案馆保管的档案应当按照《档案法》的有关规定，分期分批地向社会开放，并同时公布开放档案的目录"①《政府信息公开条例》也同时规定了公民在国家档案馆、公共图书馆获取档案信息的权利，在第 16 条提出："各级人民政府应当在国家档案馆、公共图书馆设置政府信息查阅场所，并配备相应的设施、设备，为公民、法人或者其他组织获取政府信息提供便利。"②英国《信息公开法案》规定了国务大臣、上院议长和信息专员对信息公开具有管理权，即公民可以对这些官员的信息管理进行批判和监督。

除此之外，法律规定公民可以通过媒体等形式获知信息。《档案法实施办法》第 22 条指出档案信息可以通过报纸、刊物、图书、声像、电子出版物、电台、电视台、公众计算机传播，以及以在公开场合宣读、播放和出版发行档案史料、资料的全文或者摘录汇编等形式传播。③《政府信息公开条例》第 15 条也给出了相应的条例，规定："行政机关应当将主动公开的政府信息，通过政府公报、政府网站、新闻发布会以及报刊、广播、电视等便于公众知晓的方式公开。"④这为档案制度创新所需的手段信息化，发挥大众媒体的力

---

① 百度百科．中华人民共和国档案法实施办法［EB/OL］．［2019-11-08］．http：//baike. baidu. com/link？url = SAka7BDDM22MBb-FHyA507052K00PFfPwYimlmpb1TwdmY9zP7_-Zlh7cqmeV8zuFYJj628NswtXr_tjMAekRb_.

② 中华人民共和国国务院令．政府信息公开条例［EB/OL］．［2019-11-08］．http：//www. most. gov. cn/yw/200704/t20070424_43317. htm.

③ 百度百科．中华人民共和国档案法实施办法［EB/OL］．［2019-12-08］．http：//baike. baidu. com/link？url = SAka7BDDM22MBb-FHyA507052K00PFfPwYimlmpb1TwdmY9zP7_-Zlh7cqmeV8zuFYJj628NswtXr_tjMAekRb_，2009-05-05.

④ 中华人民共和国国务院令．政府信息公开条例［EB/OL］．［2019-11-08］．http：//www. most. gov. cn/yw/200704/t20070424_43317. htm，2008-05-01.

量提供了法制保障。

8.3.4.3 档案社会管理的规范

美国的《信息自由法》公布之后，随之印刷出版了相应内容详细的"公民指南"。里面详细规定了公民的权利和义务，包括公民拥有的对档案管理的意见权、监督权、参与权、捐赠权、对特定信息的保密以及对部分信息查阅的费用交纳。使得档案工作者和利用者间的信任度不断加强，在一定意义上促进了档案信息建设的发展。

2014年5月，我国中共中央办公厅、国务院办公厅印发的《关于加强和改进新形势下档案工作的意见》更是"社会治理"理念引导下对档案领域管理方法的具体规范和指导。该意见的第一部分第五大点中明确指出需要"规范并支持社会力量参与档案事务"。要求"充分发挥档案学会等社会组织的作用。推广政府购买服务，凡属事务性管理服务，引入竞争机制，通过合同、委托等方式向社会购买。规范并支持档案中介机构、专业机构参与档案事务；支持企业、社会组织和个人依法设立档案事业发展基金；支持有条件的家庭建立家庭档案；支持个人保管、展示其收藏的档案，并向国家档案馆捐赠或寄存档案，对捐赠重要、珍贵档案的，给予一定奖励。"由此可见，档案的社会化管理已由社会共识逐渐转为规范性文件，支持和鼓励大众参与档案事务建设，是新形势下解决档案工作缺陷，保障档案事业有序运行的正确手段。国家对社会组织与公民在档案管理工作中作用的肯定，为档案制度创新坚持的档案管理主体多元化注入了强心剂。

263

8.4 档案制度的创新目标与逻辑

基于前文的分析，社会治理给档案制度创新提出了诸多要求，需要档案制度建设过程的积极响应，虽然档案制度的创新不是一蹴而就的，它的变迁是渐进性的，但变迁的根本导向到底是什么，这就涉及档案制度创新过程的目标与逻辑问题。

8.4.1 档案制度的创新目标

社会治理理念系统投射到档案制度建设中,意味着对于档案制度的方向与构成各环节的整体调整。首先,档案制度覆盖主体的多元化共建,意味着包括国家、社会组织和公民个体在内的主体都应该成为档案制度设计考虑的利益相关方。以往档案制度的设计主要是围绕着以国家为主体的档案形成者,从档案收集范围到鉴定标准的确定,再到档案提供利用的一系列制度均以保障国家主体的叙事权,保留国家主体的记忆系统,维护国家主体的各项档案权利为导向。而社会治理背景下提倡的多元主体共建则表明档案制度设计中主体立场的调整,首先是社会组织与公民个体的档案权利,包括叙事记录的生产权、保留权和选择权都需要被重新规划进制度设计;其次,这些权利的实现则有赖于档案事务的管理过程中的多元主体共治,即除国家主体外,其他参与主体是否能够在档案事务的管理过程中始终保持与政府的平等沟通、决策共商等权利。共治模式中,社会组织乃至公民能够融入档案事务管理的过程,例如涉及社群档案的联合管理乃至自治,这一方面涉及多元主体档案资源自主管理能力的提升,协调中运用的手段也将从行政手段拓展到结合法律手段、经济手段和社群自我培育等方式;最后,关于实现档案领域公共利益平等共享的问题,这涉及社会治理理念下档案制度建设、实施后的最终结果,倘若前面两个环节,从制度的设计到实施都已经充分体现了多方的利益,并取得了相应的动态平衡,那么档案事务领域就将呈现出利益相关者共同分享档案权利,比如享有国家与社会共同赞成的档案形成权、选择权、开放权、利用权等等。所有的环节都指向一个共同的诉求:即档案权利是在多元主体共同协商的基础上充分考虑多方利益的综合权利系统,是可以代表最广大档案制度主体公平权利实现诉求的,也即意味着社会治理视角下的档案制度设计实施的最高愿景是实现档案权利的全链条公平配置。

社会治理视角下档案制度创新的根本目的是实现档案权利全链条的公平配置，所谓全链条的公平配置，势必要追溯到档案权利的生产环节，围绕档案权利产生源头这条主线思考档案制度创新的逻辑可能是有效解决问题的方向。

8.4.2　档案权利配置的传统逻辑：“开放”与“封闭”

讨论社会治理视角下的档案制度创新逻辑，必须从考察传统的档案制度核心逻辑入手，纵向的历史维度可以更清晰地观察到不同社会历史背景下档案制度创新逻辑的变化。

回顾历史上档案权利配置的方式，一个显著的规律映入眼帘。那就是：档案权利的配置问题似乎总是与档案制度中的开放、利用环节形影相随。中外档案制度发展历史中突破性的制度创新基本上都表现在开放利用制度方面，例如1794年法国档案开放原则的确立被誉为“档案的人权宣言”，是世界档案史中里程碑式的创举；1980年我国历史档案开放的提出则对我国档案制度推进起到重大历史影响。历史的经验似乎表明了档案的开放利用在档案制度创新中拥有着举足轻重的地位，那是因为每每论及档案制度的先进性，最为普通和常见的切入点就是观察开放情况。因为档案制度中有关于开放问题的规定标志着国家对公众档案权利的认可程度，是跟社会公众权利直接发生关系的部位。注重开放利用的视角在历史发展的过程中具有其合理与必然性，因为这是与档案制度的进化背景紧密相连的，所有的制度都是历史与现实结构化的产物，档案制度也难逃此藩篱，但仅仅停留于这样的判断显然过于抽象和理论化。这一理论假设可以进一步具象化为以下命题，即：档案制度在不同社会历史阶段的主要矛盾是动态变化的，各历史阶段的档案制度创新是对于不同历史阶段档案事务领域主要矛盾的回应。这一命题为下文展开进一步的历史分析提供了实用的框架。

观察法国档案开放原则的提出或者我国历史档案开放这样的制度创举，必须回到当时档案制度所面临的主要矛盾。法国档案开放原则的提出背景是资产阶级大革命时期，社会发展指导思想是追求

"自由、平等、博爱"，而此时的档案领域一方面承袭封建社会档案工作的封闭性特征，"档案利用的性质和特点没有发生根本变化，同样具有很强的阶级性和特权性……档案利用仍然是一种封闭性利用"。① 一方面则随着文艺复兴的发展，历史学家对于原始档案利用产生了强烈需求，档案馆的封闭性成为推动历史研究的极大障碍。档案馆的封闭性此时很明确地成为档案制度的主要矛盾，或者进一步来说，档案权利的末端分配环节成为这一时期亟待打破的主要矛盾，为此，档案开放原则的提出就成为破解或者说是回应当时档案事务领域主要矛盾的一剂良药，档案制度的创新逻辑由此就必然要围绕着解决档案权利末端配置的问题，也就是封闭性的问题展开。可以说，在当时的社会背景下，档案的开放原则就意味着社会对于档案权利争取的最大胜利。我国历史档案开放的提出也有着特殊的历史背景，根据曾三同志当年在全国省以上档案馆工作会议上的讲话，他提出"根据客观形势发展的需要，根据全党工作重点的转移，根据目前历史研究高潮的到来，也看到历史档案机密程度的变化，我们提出要开放历史档案，正是顺应新的历史时期的特点提出的利用档案的新形式"②。据此观察，历史档案开放是当时我国档案制度中面对的首要问题，并且在此前的中国历史上，并没有系统提出过这样的利用政策。可以说，这是中国档案制度发展过程中第一次正式全面回应档案权利分配的矛盾。

无论是法国开放原则的提出还是我国历史档案开放的决定，其实质是不同的国家，不同的制度环境中档案领域首次正式地通过调整档案制度回应档案权利的分配问题。在当时的时代背景中，无论是档案领域自身的制度进化历程本身，还是社会对于档案本质的认识阶段，都处于将封闭与开放这样一对矛盾视为主要矛盾的进阶。

266

---

① 黄霄羽. 外国档案管理学[M]. 北京：中国人民大学出版社，2011：167.

② 积极开放历史档案，是当前档案馆工作的主要任务——曾三同志在全国省以上档案馆工作会议上的讲话（节录）[J]. 档案工作简报，1980（7）：2-9.

因为已然产生的档案权利如何分配，这是当时人们的感知范围和认识水平以及制度环境中所能够达到地对档案领域核心权利的看法。

8.4.3 档案权利配置的社会治理逻辑："分配"与"生产"

但社会背景发生迁移后，档案开放与利用权力的争取是否仍然是当前社会治理视角下档案制度创新的重点方向呢？答案是否定的，可以说档案开放与利用只是社会治理环境下未来档案制度创新的基础或者起点。事实上，既然社会治理要求我们关注档案权利的全链条配置，仅仅关注档案权利配置过程尾端的档案开放利用环节就显然忽略了更为重要的部分。全链条思想或者说系统的制度创新逻辑要求研究者分析档案权利的完整形成与配置过程方能找到问题的关键，以往研究仅仅从档案权利分配这个环节开始讨论是远远不够的，原因在于如果档案权利配置公平只是从整个权利链条的尾端进行考虑，此时配置的对象是已经按照某种规则生产出来的既定的档案权利，档案权利配置只是在既定的权利范围中考虑其再分配问题。换言之，如果不探究权利的来源而单纯讨论其末端配置，那就只能在原有的权利生产模式里"螺蛳壳里做道场"，无法从根本上实现公平配置。实现档案权利公正的问题应该包含着更广泛的含义，档案权利的生成环节才是权利产生的源头，或者更加通俗地说，以往我们对于档案是哪里来的，档案的本质是什么，由谁形成和选择了档案这类问题缺乏关注，只是把档案简单地与"原始性""真实性"进行自动关联，而不问这些所谓客观属性的主观建构过程。因此会进而把档案开放等同于档案权利公平配置的最终形式，至多考虑开放的范围与形式等问题。但当我们深入考虑这一系列的问题之后，会发现档案开放问题可能不是档案制度所面临的最为根本的问题，至少不是社会治理阶段档案制度的主要矛盾。

社会治理背景下档案制度的主要矛盾是什么呢？如前文所述，社会治理是公共利益最大化的社会管理过程，共建、共治、共享是一套完整的社会治理流程，"治理不是一整套规则，也不是一种活动，而是一种过程"。① 既然社会治理是作为一个过程，那么社会治理视角下的档案制度创新仅仅关注档案权利的分配这一末端环节显然是远远不够的，而是应当转向档案权利生产、筛选，乃至配置的全过程关注，唯有从这个角度进行全盘的制度设计，才能真正使得档案制度符合社会治理的要求，从档案信息权利公正的角度实现社会治理的系统要求。换言之，档案制度的主要矛盾在社会治理背景下已经由传统的档案制度逻辑中首要关注权利分配的问题转变为首要关注档案权利生产和全过程配置的问题，而档案权利的生产环节由于决定了权利涉及的主体、内涵等一系列核心内容，后续的各类档案权利无不受到这一环节的限制，从而应当引起更大的关注。

那么，档案权利的生产过程应当包含哪些核心环节呢？回顾档案权利的产生过程和配置模式，可以发现档案权利配置的关键环节除了包含传统的开放利用环节，还有档案的收集与鉴定环节，因为这两个节点关乎什么样的文书材料能够荣升为"档案"，获得"档案"身份的问题，而以往的开放利用环节只能在被选定好的"档案"中运作，也就是只有进入档案队伍的文献才有可能列入档案权利配置的对象标的物。而社会治理视野下档案制度创新逻辑所关注的全过程的档案权利配置将引导档案制度突破以往制度创新视角局限于开放利用的狭隘范畴，表现为对档案权利生产环节的关注。一方面聚焦于调整现有档案鉴定规则，以改变档案的实际构成；另一方面聚焦于调整收集范围，使得国家与社会组织、公众均成为档案的来源，以改变档案构成备选资源库。这两个环节均涉及档案生产权利的重新配置，并且是息息相关的。当然，对于档案权利生产环节的关注并不意味着对于原有档案开放利用环节的放弃，事实上，开放利用环节仍然是未来档案制度创新中的重要内容，否则当我们改变了权利的生产模式却仍然无法撼动权利的分配模式，恐怕档案制度的创新会再次沦为纸上谈兵的境地。

---

① 俞可平. 治理与善治[M]. 北京：社会科学文献出版社，2000：5.

8.4.4 档案制度创新逻辑下的变迁方向

档案制度创新逻辑一旦从档案权利的末端分配转变为档案权利的生产过程，对于社会治理视角下的档案制度变迁方向就有了较为明确的目标。按照前文所述，即使逻辑发生了变化，也不意味着变迁方向可以脱离当前的现实基础独立开展，因为任何制度的变迁都有着路径依赖的倾向，也就是会往阻力最小的方向运动，路径依赖就是最小阻力的理性选择方案。为此，档案开放利用与涉及档案形成过程的环节依然是制度变迁中共同的关注焦点。开放利用是在不改变鉴定和生产规则基础上进行的，可以说是在既定档案制度大框架下进行的局部规则调整，而且这一规则也是公众感知度最直接的环节，同时也是最容易产生显性效果的环节，鉴于以往研究对档案开放利用环节讨论的丰富性，此处不再讨论这一传统环节，而将重点集中在以往关注不足的涉及档案生产权利的鉴定与形成环节。

8.4.4.1 鉴定规则转向：国家—公民视野

如果说档案利用与开放范围意味着确定的档案集合中公众档案权利实现的边界，那么档案鉴定规则决定了档案集合本身的边界，因为鉴定规则的调整将改变档案集合的成分与范围。前者决定蛋糕中可以被食用部分的大小，而后者决定着蛋糕的大小及品质。通过鉴定规则的修订，蛋糕的配方及大小都会发生变化。这使得观察者可以理解为什么在逻辑顺序上，鉴定规则要比开放规则的级别更高，因为其涉及的问题层次更加本源。

那么在社会治理要求的引导下，档案鉴定规则应该做出怎样的调整？

一方面，鉴定规则的出发点应由国家权力主导转向国家——社会双向表达。后现代档案学者在近年来的研究中已指出了鉴定环节的主观建构性质，颠覆了传统认识中对于鉴定环节中立性和客观性的认识。如特里·库克指出："按照詹金逊的不干涉主义和传统的鉴定策略，恰如历史学者和其他人现在显示的，在以往的那些背景

269

下，能够生存的适者显然限于社会上最有权力的、官方的以及管治部门的记忆。"①琼·斯特伍兹也表示传统的档案鉴定环节是社会正统思想的过滤器，"档案选择是涉及有关用档案碎片来强化某些价值观，档案方法使得可获取或者不可或缺的历史记录再次形成影响我们对历史理解的过滤器"。② 理查德·考克斯则明确指出鉴定的权力属性："通过鉴定，档案工作者(以及文件形成者和文件管理人员)为社会决定了谁将在未来受到关注，谁将会销声匿迹。铭记与遗忘形影相随。"③档案鉴定的目标是维护现存权力关系的合法性，而社会治理维护公共利益最大化的要求则标志着档案鉴定标准应该同时满足多元社会主体的需求。改变传统的鉴定规则导向就要表现为对档案价值的判断要取代国家的单方标准，转而基于全社会公众的价值标准之上。这点其实在档案鉴定理论发展的过程中早有讨论，并非一个崭新的标准。早在 20 世纪 60 年代末，德国学者汉斯·布姆斯就提出过鉴定标准的社会化，他指出"社会应确定其自身价值，档案文件必须如实地反映这些价值。档案价值不应该取决于詹金逊所说的行政官员，也不应取决于谢伦伯格所说的历史学家，而是取决于人民大众"④。加拿大宏观职能鉴定理论正是在此基础上的深化与实践，全面回应社会治理的全景描述要求。如同特里·库克对于宏观职能鉴定的阐释："方法是既有意识地记录政府的职能又有意识地记录它的各项工作活动；特别要记录公民与国家职能行为的互动程度：即公民如何接受、拒绝、抗议、申诉、改

---

① 特里·库克. 四个范式：欧洲档案学的观念和战略的变化——1840 年以来西方档案观念与战略的变化[J]. 李音，译. 档案学研究，2011(3)：81-87.

② T Cook，J M Schwartz. Archives，records，and power：from(postmodern) theory to(archival)performance[J]. Archival Science，2002，2(3)：171-185.

③ 特里·库克. 海外书评——《没有纯真的收藏：对档案鉴定的反思》[J]. 李音，译. 中国档案，2006(9)：56-57.

④ 特里·库克. 1898 年荷兰手册出版以来档案理论与实践的相互影响. 第十三届国际档案大会文件报告集[C]. 北京：中国档案出版社，1996：152.

变、修正以及影响这些职能工作的，他们又是如何受到其影响"。①
上述观点表明宏观职能鉴定理论蕴涵在"公民-国家"关系框架中，
注重国家与公民之间互动的部位就是在关注社会治理的过程中多元
主体的价值标准，通过关注结合部来反映其共同的价值焦点。

另一方面，鉴定主体及标准也应呈现出多元参与特征。传统上
曾经出现过行政官员鉴定与档案人员鉴定之争，并且以档案人员获
得鉴定权作为结论性的共识，在今天的档案实践中广泛实施。在传
统档案理论与实践的发展过程中，档案人员之所以取代行政人员成
为档案价值鉴定的主体，是基于行政人员作为档案的直接利益相关
者，他们的鉴定行为极有可能表现为对于行政权力的自我维护倾
向，从而产生出非中立的档案，最极端的情况下可能产生出哈里斯
所揭露的集权制度下的档案模式，"在南非种族主义背景下，当权
者如何塑造、命名、利用以及销毁档案以维护其权力，创建自己的
控制范围，边缘化他者和为自己的行为逃避责任"②，也就是以行
政意志或者国家意志塑造档案。那么档案人员作为当然的鉴定主体
这种历史选择，其前提假设是档案人员是中立于档案产生者的，因
此天然具有利益倾向的免疫性。然而这一似乎不假思索的前提假设
受到了来自后现代档案学者的有力质疑，他们认为档案工作者与档
案一样都是受到形成背景或者说所在的社会背景的极大影响，"档
案工作者跟随一个脚本在表演，而这一脚本是通过以往的实践早已
被内化于其意识中"③，只是他们没有意识到而已。这样的解构让研
究者开始质疑档案工作者的鉴定立场是否真的能够那么超然，又或
者说他们只是比作为直接形成者的行政官员自利性稍逊一筹的隐形
国家权力的代理人而已。这样的历史循环让我们不禁陷入了新的迷
茫，是否能够寻找到有资格担当档案价值鉴定的可靠主体。

271

① 特里·库克. 宏观鉴定与职能分析[J]. 李音，译. 中国档案，2012
(1)：51-53.

② Harris V. Archival sliver：power, memory, and archives[J]. Archival
Science, 2002(2)：63-86.

③ Cook T, Schwartz J M. Archives, records, and power：from(postmodern)
theory to(archival)performance[J]. Archival Science, 2002, 2(3)：171-185.

社会治理理念其实给出了可供参考的答案，既然单一主体都难以避免主体自身利益的本能维护，那么多元主体的参与似乎就是唯一带着曙光的归处。而这不意味着一堆各色人等坐在档案架前一一品评档案，然后在争议中赢得鉴定结论的胜出，这样的场景难以实现也不具备可操作性。事实上，鉴定主体的多元性最终是由鉴定标准的多元性作为替代执行工具的，而届时档案价值鉴定主体是谁将不再是重要的关注，无论谁作为鉴定主体都只是一种代理人，而标准的多元化与透明性才是其中的关键。档案鉴定既然是无可避免的主观过程，具有强烈的历史相对性。那么，无论是国家、社会组织还是公民所形成的不同类型的档案都应形成其各自的多元鉴定标准，这些标准可能是带有目的，抑或是主观建构，但重要的是不同视角的主观建构能够同时得以呈现，也就是建构的结果呈现"全景档案"，多元的建构才是符合社会治理本质需求的。进一步来说，鉴定标准和程序的透明性显得尤为重要，无论鉴定者选择了留存或者抛弃，都要将其选择标准公之于众，让选择过程的透明度在未来可以成为重新阐释历史记忆的线索而不是答案。

8.4.4.2　多元主体的档案权利生产：社群档案、家庭档案与个人档案

档案制度中除了鉴定环节决定着档案权利的生产之外，收集环节同样深刻地影响着档案权利生产的范围和受到承认与保护的档案权利范畴。当然，收集环节在不同的国家有着不同的具体规则，但此处要关注的是收集环节中最为实质的部分，那就是"收集范围"，收集范围真正决定了什么样的档案能够进入档案馆进行长期乃至永久保存，获得历史叙事资格。

以我国国家档案馆和美国国家档案馆为例来观察国家设立的档案馆收集范围。美国国家档案馆的首页介绍上清晰地说明"美国国家档案馆保管的是联邦政府机构在行政活动过程中产生的重要文件"。① 我国

---

① National Archives. About national archives［EB/OL］.［2019-10-02］. http：//www. archives. gov/about/.

国家档案局于 2011 年 11 月 21 日颁布的《各级各类档案馆收集档案范围的规定》明确规定各级档案馆的接收范围是下列组织机构的档案：①中国共产党委员会及所属各部门；②人民代表大会及其常设机构；③人民政府及其所属各部门和单位；④人民政协及其常设机构；⑤人民法院、人民检察院；⑥各民主党派机关；⑦工会、共青团、妇联等人民团体；⑧国有企业、事业单位。① 这一档案馆接收档案组织范围的给定充分说明了美国与我国档案馆是以政府为主体的相关公共部门生产的档案信息资源作为主要管理对象的。档案馆将收集范围限定为以政府形成的档案作为主要收藏对象清楚表明传统档案权利生产模式的狭隘视角，而这一视角显然在今天的理论研究与社会档案运动中遭到了有力的挑战。

后现代档案学者在诸多关于档案形成范围的研究中已经多次质疑了档案形成主体的选择性。琼·斯特伍兹指出所有的因素都表明，有些人可以形成和保管记录，而有些人则不能；有些声音能够清晰地听到，而有些声音根本寂寂无声，由此关于社会的某些观念与想法随后就被加以特权化而另外一些则被边缘化。② 特里库克在四个范式的论文中也提到过同样的观点："一些档案名家正呼吁档案工作者放弃专家、控制及权力的咒语，取而代之以与社会/社区（既有城市和乡村中的真实社会/社区，又有网络空间社会媒体连接起来的虚拟社会/社区）一道共建共享档案"。③ 而社会档案运动的挑战主要来自各类社会主体都在积极主张自身的档案生成和留存权利，简言之就是对于档案权利生产环节的重新聚焦。其中尤以社

---

① 中华人民共和国国家档案局. 各级各类档案馆收集档案范围的规定 [EB/OL]. [2019-12-20]. http：//www. saac. gov. cn/xxgk/2011-12/20/content_12124. htm.

② 特里·库克. 四个范式：欧洲档案学的观念和战略的变化——1840 年以来西方档案观念与战略的变化[J]. 李音，译. 档案学研究，2011（3）：81-87.

③ 特里·库克. 四个范式：欧洲档案学的观念和战略的变化——1840 年以来西方档案观念与战略的变化[J]. 李音，译. 档案学研究，2011（3）：81-87.

群档案的兴起为代表，但事实上，家庭档案以及个人档案应该成为与之并列的同等重要领域，因为它们共同构成了对于公共领域叙事的有效补充。

社群档案已经成为当今中外档案学研究中的显学，中外学者已经对于发端于社群主义的社群档案投射了不少关注。社群档案（Community Archives）是指具有共同身份特征（如地域、种族、性别、性取向、兴趣爱好等）的特定社群成员所形成的、记录社群历史的文件集合。① 社群档案是社群主义发展的系列产品之一，社群主义核心的观念就是公共利益，而这一点完全扣合了社会治理观念中公共利益最大化的治理目标。社群档案这一档案实践创新在各国蓬勃发展，许多国家都开展了各类项目对特定的社群档案资源进行挖掘和保护，推动档案机构对社群档案管理进行引导和参与。例如澳大利亚国家档案馆在"强制收养历史项目"中所起到的通过建设数字档案平台，让强制收养群体以叙述故事、提供照片和影像记录等方式自主参与强制收养历史档案的构建工作，借助社群自身的力量积累历史记录、再现社会记忆。② 美国北卡罗来纳大学南部历史档案馆发起"社群主导的档案馆"项目，指导当地社群建立档案馆以留存美国南部历史的实践，旨在赋予社群讲述自己的故事，留存自己的记忆，同时也表明了社群档案工作参与模式。③ 国外此类社群档案管理项目可谓不胜枚举，对于我国的档案制度创新有着极大启发作用。其中特别值得注意的两点是：第一，官方的实体档案馆不再是唯一的档案寄托之所，依托网络的虚拟档案馆为社群档案的存储和展示提供了绝佳的虚拟空间，这就克服了国家档案馆容量有限和标准单一的缺陷；第二，档案机构与档案工作者在其间同样可

---

① Flinn A. Community histories, community archives: some opportunities and challenges [J]. Journal of the Society of Archivists, 2007, 28(2): 76-151.

② 谭必勇, 陈珍. 社群档案视域下公共档案资源体系的多元化建设路径——以澳大利亚国家档案馆"强制收养历史项目"为例[J]. 档案学研究, 2017(6): 117-124.

③ 黄霄羽, 陈可彦. 论社群档案工作参与模式[J]. 档案学通讯, 2017(5): 89-94.

以运用自身的专业设施和知识进行社群档案的参与式建设与管理。

家庭档案和个人档案较之社群档案则更加集中于表达私人领域的叙事维度，家庭与个人是更小的社会组成单元。赋予最小的社会组成单元以档案生产的权利，鼓励甚至帮助他们更好地记忆和叙事，将作为社会历史文化缩影的家庭叙事乃至个人叙事呈现在历史文化镜像中，建立对公民家庭与自身的认同和根源感，获得对自我存在价值的理性认识，是社会治理要求中对广大公众赋权的鲜明体现。在家庭档案的建设方面，我国档案机构的实践颇为引人关注。2002年，沈阳市档案开始探索家庭建档工作，2004年举办"沈阳市10万家庭档案珍藏展览"，10万家庭的"家史"见证了55年来中国的历史巨变。① 2007年，更是在沈阳通过了《家庭建档沈阳宣言》，提出档案管理部门要将家庭建档作为本职工作之一，号召全社会对家庭建档活动的参与和支持，共同促进家庭建档工作的健康发展。②

此后，家庭建档活动在我国各地迅速发展，取得了一些成果。家庭档案建设的积极倡导在今天看来是十分符合社会治理理念转变的档案资源建设策略，或者说为我国档案制度创新逻辑下推进档案信息权利从尾端配置到源头配置提供了一定的认识与实践基础。对于家庭档案建设的认识如果不局限于将家庭档案工作视为扩大档案机构社会影响力的路径，而能够进一步提升为对档案信息权利产生的赋权实质的认识层面，从而更加注重对于家庭档案建档自主意识的引导，更准确地把握档案行政机构的辅助而非主导作用，则其理论与实践的价值将更为深远。

个人档案是最小社会叙事与记忆单元的窗口，个人档案的研究已经成为近年来国际档案学领域研究的新热点。汤姆·奈史密斯强调了个人存档的社会性，认为人们创建的文档与社会关系和社会实

① 饶邦安.10万户家庭档案述说新中国55年辉煌[N].中国档案报，2004-10-07.
② "家庭建档与和谐社会建设高层论坛"在沈阳举行[J].档案学研究，2007(5)：7.

践密切联系。① 理查德·考克斯针对数字环境下越来越多的公民愿意保存个人的记录，愿意建立自己与过往的联系以对抗遗忘，提出了"公民档案员"（citizen archivists）的概念。② 而在实践方面各国也开展了多个个人档案收藏的相关项目，如美国的 My Life Bits Project，Digital Preservation program，Born Digital Collections，英国的 The Digital Lives Project 及 The Paradigm Project 等。③ 个体作为社会组成的最小单位，能够成为社会记忆建构中的平等主体，不仅仅是表征着形式上的社会记忆多元化，更应该从档案权利产生的角度来观察其实质。档案权利的生产主体，从国家到社会组织，再到社会公民个体，所有主体在社会记忆建构中平等地位的取得，意味着历史记忆赋权过程的变革。这一过程，正是社会治理多元主体共建共治共享的真谛所在。

社会治理的总体要求给档案制度提出了新的适应性要求，档案制度创新逻辑一旦从档案权利的末端分配转变为档案权利的源头生产，档案制度变迁方向就明确锁定为档案权利生产过程中的档案鉴定规则、社群、家庭和个人多元主体类型档案创建的创新过程，这样的转变意味着社会治理的共建共治与共享体现在档案制度变迁中始终围绕着档案制度赋权范围和对象的变化，最终朝向档案领域中的公共利益最大化这一终极目标不断迈进。

8.5 档案制度创新的实现路径

社会治理背景下，档案制度创新应从哪些方面做出调整，其呈

① Nesmith T. The concept of societal provenance and records of nineteenth-century aboriginal-european relations in western canada：implications for archival theory and practice［J］. Archival Science，2006，6(3-4)：351-360.

② Richard J. Cox. Digital curation and the citizen archivist［J］. Digital Curation：Practice，Promises & Prospects，2009：102-109.

③ 周耀林，赵跃. 国外个人存档研究与实践进展［J］. 档案学通讯，2014(3)：79-84.

现的宏观档案管理形态应是怎样，是一个值得深入研究的问题。综合前文的研究，对档案制度创新的建设路径进行以下讨论，以具体化档案管理的创新模式。

8.5.1 正确界定档案制度权力主体的功能定位

社会治理视角下的档案制度创新，最突出的变化在于档案管理主体的变更。主体多元化是制度创新最核心的内容，厘清不同档案制度主体的社会分工及角色定位，是档案制度能够真正变革的首要前提。

8.5.1.1 档案制度权力主体之国家

首先，档案权力流转由直线转为多向。国家权力向社会的回归赋予了社会组织与公民参与档案管理的权力，至此，档案权力的运作流程不再是自上而下的直线型方式，而是呈现出互动式、多向度的特征。档案权力集权于政府机构以及下属部门的单一化形式已成为历史，社会组织与公民同样参与档案管理过程，并据此影响国家对档案的行为。

档案权力的多向度流转，使得国家甘于成为"被监督"的对象，社会组织与公民对政府信息透明度的监督成为常态。在这种背景下，国家与社会组织和公民间是一种"鼓励"与"被鼓励"、"提供"与"被提供"的关系，国家作为强势方，主动给予其他权力主体公平获得档案管理的机会，鼓励其他群体和个人积极参与档案信息选取与发布。社会组织与公民通过参加政府举办的相关座谈会、浏览政府网页、阅读政府信息公示等方式，积极反馈档案信息发布情况，通过参与民主决策的方式使得这种自下而上的权力得到更充分的实现。

其次，档案管理方式由控制走向合作。国家对档案的绝对控制不再是档案事务的主基调，社会组织与公民的加入稀释了绝对权威。三方权力均有作用范围与最高限度，合作取代控制，成为社会治理下档案管理主体间的互动模式。毫无疑问，群体的力量将为档案信息的开发利用带来更多实现的平台。

1995 年，在全球治理委员发布的《天涯成比邻——全球治理委员会的报告》中，将治理的过程表述为"采取合作行动"的持续的过程，其基础不是控制，而是协调。① 社会发展至今，这种"治理"所涉及的多个领域，已将追求多方间的平等协作作为实现各方利益最大化，并维护各方关系稳定的手段。事实上，现今档案的开发、利用单靠国家的力量，已难以实现档案信息资源社会化、大众化的目的，其原因不但在于单一档案主体思维的限制，也在于资源与技术手段的贫瘠与单调。

在合作的方式上，社会组织与公民利用各自不同的优势均可以与国家实现良好的互动。社会组织利用人数以及影响力的特点，可以在档案产品的宣传、档案展览场所的出让、档案文献的编纂等方面有所作为；公民对档案产品的包装、信息开发的手段、现有成果的优劣等方面也能群策群力。国家将更多的话语权交由其他方，由他们来维护公共利益，决定公众希望开发与展示的档案信息成果。

8.5.1.2 档案制度权力主体之社会组织

首先，社会组织将成为国家部分档案事务的替代承载机构。国家在发展的过程中，政府总会陷入职能分化—机构膨胀—机构精简—职能分化的循环，行政部门的职能与权力交错、重叠，导致权力失控，引发新一轮的行政改革。社会组织作用的发挥在某种意义上促成了行政机构职务消肿的目标，使国家从档案管理的具体事务中解脱出来，转向专门为这些组织提供合作管理的档案制度环境，并通过规划、引导、商谈、服务等方式提供支持，聚合起档案管理的合力。但是，这并非意味着社会组织的参与只出现在国家力量失灵的部位，从现实情况来看，在档案开发、档案咨询、档案整理等运作有序的环节，社会组织依旧活跃。所以说，社会组织与国家之间是在服务替代基础上的一种协同增效。

278

---

① 卡尔松，兰法尔. 天涯成比邻——全球治理委员会的报告[M]. 赵仲强，译. 北京：中国对外翻译出版公司，1995：2-3.

需要明确的是，社会组织作为独立性团体，其运作不依附于国家。也就是说，它是政社分开、权责明晰、独立运行的机构，在人员、财务、职能等方面，与档案行政管理部门完全脱钩。这些性质决定了这些公益性档案服务机构和边缘化的群体必须依靠自己的力量来维持一个团体的运作，只有在这种情况下，社会组织才可以真正代表最广大公众的权益，与国家共同参与档案事务的管理，实现三方利益的平衡化，确保三个权力主体间关系达到最佳状态。

其次，社会组织将成为档案管理民间力量的中流砥柱。国家既担负着实现公民需求的使命，又需要为了自身存在的合理性与合法性来保障"公共领域"的有序和健全。也就是说，公民与国家这两种并存的力量必须保持平衡。这就需要社会组织的参与，作为国家与公民间的缓冲剂来协调两者间可能发生的矛盾。

公民个体需求表现出的主观性、随意性与差异性以及公民行为带有的无序性与冲动性，表明这些自发而强大的民间力量需要被正确、有效地对待才能焕发勃勃的生机。社会组织将一部分具有相同利益需求的公民集合起来，利用群体性的智慧解决档案事务，令单一公民在表达利益诉求中的劣势得以削减。在社会组织中，组织目标强化了组织成员的行为动机，组织结构明确了组织成员的职权范围，行为准则规范了组织成员的管理方式。在共同利益的驱使下集结而来的公民，由随意表达档案利用需求转为严谨对待档案管理工作，由主观判定档案发生现象转为客观分析档案产生问题，由贸然宣泄个人情绪转为冷静处理各种社会冲突。相比于单一公民，凝聚起来的社会组织在提供档案技术服务、咨询服务以及与国家相互合作，共同协商档案管理事务等方面，都显得更有经验和成效。因此，社会治理视角下，社会组织作为档案管理民间力量的中流砥柱，需要正视自己的地位与使命，做好国家与公民互动中的缓冲剂，为档案事业的发展不断努力。

8.5.1.3　档案制度权力主体之公民

首先，公民集体行动追求共同利益。比之与国家的直接互动，公民更倾向于通过社会组织来间接表达个人的权力诉求。

279

　　社会组织是"以共同利益、共同追求和共同志趣为基础和原则的自由结社、自我管理"①，"一般不采取集中领导的垂直化的等级式体制"，这给了公民一个自主表达意愿的平台。在组织内营造的"平等相处、相互支持、相互信任"的氛围下，公民意识不断融入公民的日常生活与行为，使其无形中得到培育，逐步将公民塑造成为"具有独立人格、能够明确自己的权利与义务、具有自主行动能力的社会人"②。同时，社会组织拥有的社会资源为满足公民的个人利益提供便捷。比之分散的公民个体，组织成员容易获得更多档案收集、开发、咨询等经验，对档案管理事务拥有更专业、深入和独到的见解。因而在组织中，公民的参与积极性更高，更容易实现自我约束、追求进步。

　　其次，公民个体表达多元诉求。档案管理的最终目的是满足社会最广大公民的利益，因此，与其由档案机构去思索它应以什么样的方式才能满足公民的需求，不如由公民自己，通过网络、传媒及社区自由表达其对档案事务的诉求。分散化的公民个体，因为职业、性别、生活阅历、信仰、年龄等不同，对于档案的收集范围、保管期限、开发形式等有着差异化的诉求。这些不同社会背景下的公民多样化的声音，帮助档案行政管理机构开拓思维，广泛了解档案的需求走向，推出更多人性化的公共服务产品。

　　在实践工作中，这一方面的努力已在展开，如坐落于中山南二路的上海市档案馆外滩新馆设置了可手写、可拍照的档案电子留言板，许多参观档案展览的公民均在这块电子小黑板中拍下了自己的头像，并提出了对档案馆办馆的建议。在美国、英国和澳大利亚的国家档案馆网站上，来自本国及他国的国民成为国家档案馆的公民档案员，他们为网站上发布的档案图片添加标签、为档案文献注释说明、为档案资料进行条目编辑、著录和评论。可见，公民个人始

---

　　①　康宗基，庄锡福．试论我国社会组织的发展与公民意识的培育[J]．科学社会主义，2011(2)：110-113.
　　②　康宗基，庄锡福．试论我国社会组织的发展与公民意识的培育[J]．科学社会主义，2011(2)：110-113.

终积极表达自己的利益诉求，帮助国家与社会组织的档案管理进入多元化发展轨道。

8.5.2 不断重视科学技术与大众媒体在制度建设中的功能发挥

档案制度的创新，需要重视科学技术与大众媒体在档案管理工作中的重要作用，不断推进档案信息化。与此同时，也应当重视科学技术与大众媒体间相辅相成、相互交织的辩证关系，依靠技术与媒体的双重手段扩大档案信息的受众面与影响面，提升社会参与档案管理的热情。

8.5.2.1 科学技术在档案制度中的科学运用

一方面，科技创新聚焦档案信息化。当前的技术趋势表明：科学技术的创新需要将重点放在档案的电子化与网络化，电子档案以及档案的网络管理更适应社会治理所要求的全民参与档案管理的思路。档案馆的场地终究是有限的，无法接纳广大公民以及社会组织在实体档案馆进行档案管理实践。因此需要借助技术的力量不断完善档案的电子数据库建设、优化档案信息的网络检索与在线开发利用，为尽可能多的公民参与档案管理提供可能。具体来说，科学技术在档案电子化中的创新与运用需要在六个方面进行深化：①档案电子数据库建设；②档案信息资源的共享；③档案数字化管理软件的开发；④档案信息检索的智能化匹配；⑤档案信息推送的 APP 建设；⑥档案资源 3D 模式的开发。为此，Agent 技术、3D 技术等已有的科学技术也需要运用到档案管理的活动中来，确保档案制度创新的实现。

另一方面，科技创新关注档案信息安全保障。在档案制度创新中，还需要更加注重运用相关技术确保档案信息安全。电子文件在真实性、原始性、证据性以及用户信息安全等方面的技术保障要求，需要科学技术不但向着人性化的方向发展，确保技术在档案管理中的运用能被普遍大众接受和使用，也需要科学技术向着维护档案信息安全的方向努力。虽然已有 SAML 安全技术、SSL 加密技术等用于档案的隐私保护，但是因为用户在该技术支持下采用的单点登录需要管理员利用大量时间进行信息认证，且用户登录不同系统需要不同用户账户，因此并不方便。所以科学技术仍然需要在这一方面不断探索。

8.5.2.2　大众媒体在档案制度创新中的有效运用

一方面，大众媒体有效传播档案权利意识。一般认为，档案制度创新，受到公民意识觉醒的影响，而公民意识之所以能够快速且大范围的崛起，大众媒体发挥了至关重要的作用。当前，大众媒体在主导社会舆论方向，影响国家行政中的作用愈发彰显。社会治理下的档案制度创新，需要大众媒体承担传播档案文化的责任，主动为宣传档案权利意识提供平台，为公民争取档案管理与档案馆提供公民档案参与机会牵线搭桥。为此，传统的媒介，如：广播、报纸和电视可以主动开设栏目或者专栏用于介绍档案信息，如"历史中的今天""二战中的英雄""人物档案"等等，选取不同类型、载体的档案，向公众展示最真实的档案资料；新型的媒体，如博客、微博、微信等，则可借助平台优势，开设多个营销号发布可公开的档案信息与档案视频，并推送至热搜榜，引发更多公众的关注，以扩大社会的档案权利意识。

另一方面，档案制度建设主体主动运用大众媒体，扩大和巩固制度效果。除了自发性地传播档案权利意识之外，大众媒体需要积极与各档案制度建设主体合作，充分认识各制度主体的不同档案权利诉求，开展个性化的传播方式。

大众媒体与国家的合作，主要包括对国家制定的与档案有关的方针、政策的宣传和解读，通过信息发布的形式告知社会最新的档案管理法律法规，规范具体档案部门、社会组织与公民的档案行为；大众媒体与社会组织的合作，主要包括宣传为了档案建设发展举办的资金募捐、人员招聘、展览讲座等，扩大社会组织在档案管理事务中的知名度和社会认同感；大众媒体与公民的合作，主要包括对公民档案信息获取合法权益得到保护或者受到侵占的报道、对公民参与档案管理形成的优秀成果的展示、提供公民发表有关档案管理建议、鼓励与批评的平台等。媒体针对不同主体所开展的不同形式的合作，将积极推动各类档案事务主体的有效协作，确保档案社会管理的有序运行。

8.5.3　加大法律法规供给对档案制度运行的保障

虽然目前已有一些相关法律保障新型档案管理活动的有序运行，然而这些法律法规仅是从宏观角度对档案管理的某一方面、针对某一管理主体作出的规定。如各国有关政府信息公开的法规规范，界定了政府这一管理主体的档案信息公布范围，信息数据保护法捍卫了公民个人档案信息的隐私。社会治理下的档案制度创新，需要出台、颁布更多具体、详细的法律规范，来保障和制约档案制度的平稳运行。

8.5.3.1　以法律法规确保档案权力主体的地位

首先，需要出台具体的法律明确认可除政府这一主要档案制度建设主体之外，包括社会组织、公民等其他社会力量对档案制度建设的参与和档案事务的管理都具有合法性。已有的《档案法》《档案法实施办法》《政府信息公开条例》等一系列档案法律、法规，为档案法制工作奠定了基础，从根本上改变了档案工作的管理模式和运作方式。在这些法律规范中，规定了政府参与档案事务处理中所需遵循的原则、应尽的义务和享有的权利。新型档案制度下，《档案法》等指导档案管理工作的最高法律需要进行不断修订，列出具体条款规定档案管理的主体，并对主体的内涵加以界定，对不同主体的权利范围与职责义务进行宏观规定。地方各级政府以及档案管理机构在此基础上得以进一步明确国家对调整档案管理主体的意图，并对地方档案事务管理做出相应调整。

在此基础上，国家需要出台具体的法律或条例规范档案管理主体的行为。如加快制定《社会组织参与档案事务工作管理办法》以及《公民参与档案事务工作管理办法》等可以保障社会力量合法参

283

与档案管理事务的条例规定，明确界定参与档案管理工作的社会组织和公民的宗旨、性质、监督机关、服务对象、工作范围。或者通过颁布新的相关法律以及修改相关法律内容的方式对档案管理主体予以界定。

8.5.3.2 以法律法规明确管理行为的责任归属

加大国家力量对档案管理相关法律法规的投入力度，不仅为了保障管理主体的权力，也是为了约束诸多管理主体，划清国家、社会组织与公民的责任界限，以及规范媒体在宣传档案信息、传播档案思想过程中的行为，落实责任归属。

社会治理主张下的全民管理档案，容易造成因主体增多而导致的职责不清、责任推诿现象。"善治"理论的一个核心观点在于：公职人员和管理机构的责任性越大，表明善治的程度越高。① 也就是说，社会参与尚在推进阶段，管理主体间良性互动不足，如果首先强化社会组织和公民的责任，容易折损社会参与的动力。因此，作为主导者的政府责任需要首先通过法律规范被明确。由于档案管理机构的工作人员多数为国家机关公职人员，因此需要进一步修改档案制度中的部分正式规则，明确管理者在档案管理工作中的责任。

此后，可以通过制定规则进一步规范社会组织与公民的责任。其中，社会组织可以依靠自身力量制定本组织范围内的规则章程来约束组织内部人员的行为，妥善管理组织事务。当然，多元档案管理主体间可能遇到的最大困难在于合作管理同一项档案事务中的责任划分。因为涉及三方管理的共同参与，一旦出现管理失效，责任的分担不可避免。据此，需要建立起档案管理主体间的责任共担机制。

除此之外，法律法规还需对媒体以及在档案管理中使用的技术进行必要的规定。如规定媒体的作用范围和以强制性力量规范媒体人的职业操守，因技术操作不当或技术漏洞导致的重要档案信息泄

---

① 俞可平. 治理和善治引论[J]. 马克思主义与现实，1999(5)：37-41.

密及档案利用的失效，也需要对技术使用者及提供者追究必要的法律责任，以维护档案传播过程的安全。

8.5.3.3 以法律法规健全档案管理风险的应对机制

档案风险预警与应对机制是指防范和应对档案风险的一系列制度安排。其中，档案风险主要包括档案管理主体间的矛盾以及档案管理事务中的矛盾。

因管理主体变化造成的国家档案管理权力的下放，在实际落实过程中容易遇到档案管理机构与社会组织与公民之间的权责冲突。另外一种情况在于管理主体间合作处理同一档案事务过程中发生的分歧。为预防这些冲突可能造成的档案管理质量下降，就需要首先构建多样化的矛盾化解机制，构建公民调解、行政调解、司法调解协同发力的"大调解"系统，通过制定相关法律法规，从源头上杜绝矛盾的扩大。

在处理档案管理事务中的矛盾时，同样需要法律的规范。很多档案因其特殊性与保密性，无法在一段时间内被公众周知。这些保密档案的泄密，将对档案事业的正常发展以及与档案内容有关的单位的正常运作产生一定的影响。因此，需要将健全档案风险的预警与评估机制纳入档案规则，科学运用风险管理的工具和方法，构建符合档案管理实际的风险评估体系，提升档案管理主体对档案信息泄露等安全风险的识别能力和预警能力，逐步形成关口前移、源头治理、预防为主、防控结合的无缝隙档案风险预警和应对体系。法律法规对预防档案风险的规定，以及对建立相关应对机制的法律支撑，将填补档案信息安全方面的缺失，使得档案的电子化、网络化管理得到保障。

8.5.4 积极探索创新档案制度综合因素的整合方式

档案制度创新，并非仅是单一管理因素的自我调整乃至变革，若要真正实现档案制度的转型，形成全民参与档案管理的格局，还需要重新认识、巩固这些主要管理因素之间的相互关系与交互运作的方式，进一步深入了解档案管理的最终目标和检验成败的核心标准，以推动档案制度的变革与社会治理要求相适应，与社会需求相适应。

8.5.4.1　确定档案制度创新的关键因素

通过对"档案志愿者"项目（案例见附录）的成功经验进行分析和总结，可以对档案制度创新涉及的因素进行梳理，并结合社会治理理论内涵，得出档案制度创新中的关键词。

首先要回答为何创新的问题。从本质而言，档案制度之所以需要创新，是由于档案制度是国家制度系统的组成部分，必须适应国家治理理念的总体变迁发展的需求。社会治理理念的影响下，档案制度通过创新这种方式降低档案领域的治理成本，推进社会治理理念所倡导的档案权利的全链条公平配置。

其次要回答谁来创新的问题。与制度创新主体有关的对象主要包括国家、社会组织与公民。前文对三者间的功能定位已作详细的论述。在这里，还需要着重强调国家的主导性作用，需要格外重视国家在档案制度创新中的作用，尊重其主导身份。

再次是回答创新什么的问题。档案制度创新的内容与目标已经在前文创新逻辑中进行了长篇阐述。社会治理的总体发展方向为档案制度创新提出了档案信息权利的全链条公平配置的终极目标，如前文创新逻辑所述，围绕这个目标，在档案的收集制度、鉴定制度、开放利用制度等核心制度构成方面应该进行同步创设。

8.5.4.2　明确主要管理因素的社会定位

首先，明确档案制度主体的核心地位。社会治理思想下对档案制度主体核心地位进行了反复强调，档案制度创新中国家、社会组织与公民居于档案各项事务建设的核心位置，他们之间权利与义务的明确、责任感的强弱、合作的效果直接影响着档案制度创新的成败。三者各司其职：国家着重远景规划，制定档案事业发展大方向；社会组织承担部分国家档案管理事务，分担档案事务管理职责；公民客观表达利益诉求，并积极参与各项档案事务。档案制度主体的三方通过合作以实现不同利益间的均衡，达到最佳的、稳定的档案管理状态。

其次，认识技术传媒手段的辅助地位。对技术与制度的讨论，往往形成"技术决定论"与"制度决定论"两种。在追求档案信息化、管理高效化的档案制度创新中，将技术看作辅助档案制度创新的重要手段之一，更合时宜。与技术有着相辅相成关系的传媒，同样是新型档案管理活动中不可缺少的辅助手段，大量档案信息的开发利用、档案主题互动的宣传和公民参与档案服务的活动均需要利用科学技术与传播媒介进行开展。在制度创新中，需要明确技术与传媒具备的不同特点和可能产生的负面影响，合理利用两者优势提高档案利用质量，减少档案管理的成本浪费。

最后，厘清法律法规的保障地位。任何管理领域，法律法规的作用均可以被定位于对管理活动和事务的保障方面。之所以强调法律在档案制度创新中的地位，是因为法律是档案制度构成的核心，且决定档案制度本身的变迁方向。当前的档案法律法规供给虽然尚能适应目前的档案活动，却无法与未来档案事业高效化、信息化、多元化的格局相匹配。国家由社会控制向社会治理的功能转变离不开旧有法律的完善和新法律的出台，档案制度的变迁也离不开刚性规则的保障，因此必须重视法律规范建设，为档案制度创新的成功保驾护航。

9 结论与展望：走向档案权利全链条配置公平化的档案制度

社会治理是伴随国家和社会关系互动发展而逐渐展现出来的当代社会无法回避的理论与实践场域。作为国家治理规则系统组成部分之一的档案制度，不仅仅是反映档案事务领域的管理规则，而是有着强烈功能指向性的规则系统。档案本质上是信息，档案制度本质上是一种信息制度，这一信息制度是通过对档案信息权利的配置实现其制度功能的。既然如此，对其变迁过程的观察就应避免简单化的罗列与陈述，要提出具有综合解释力的多维理论分析框架，为此本课题从社会治理模式入手进行了档案制度变迁历程的分析，揭示了治理模式与档案制度的深刻的伴生关系后，进而运用诺斯的三大制度变迁动力因素框架，深入讨论了国家、信息产权与意识形态在社会治理与前治理时期对档案制度变迁的不同作用方式与作用结果，为了更深层次揭示档案制度变迁的内在过程，又以中华人民共和国成立后为例分析了三种制度变迁方式的表现、规律及背后逻辑的解读，为档案制度变迁建立了多层次、多角度的全景式、立体式的解释框架。

9.1 结论与创新

9.1.1 提出社会治理模式形塑档案制度价值取向和规则导向

　　档案制度的核心价值并非自我生产的，它是由外部更宏观的制度环境提供或者传导而来的，正因为档案制度吸收了外部社会制度的核心要素，使得档案制度从其所依存的母制度中获得授权，从而支撑起其自身的合法性。档案制度的核心价值或者说是功能指向在不同社会发展阶段或者不同国家(地区))由于需要匹配母制度的要求，有时会表现为截然不同的方向选择。

　　而社会治理模式正是外部宏观制度环境的综合表达形式，凝聚着社会制度的核心价值导向。统治型治理模式、管理型治理模式和服务型治理模式三种类型分别反映了不同的制度目标。

9.1.1.1 统治型社会治理模式下的档案制度

　　统治型社会治理模式的特点呈现为国家作为统治型社会治理模式的唯一社会治理主体，权力高度集中，对社会的管理实质上是一种不平等的统治，倾向于造就个体性的权威，它以统治者为中心，以实现统治阶级利益最大化为宗旨，以维护阶级统治为主要任务，以统治者的任意专断为管理方式。① 而相应阶段的档案制度表现在收集、鉴定和开放利用这些主体部分便呈现出强烈的伴生性特点。档案制度在统治型治理模式中是优势集团取得信息优势甚至是实现信息垄断的重要社会控制工具。这一阶段档案制度调控档案权利分配的结果就是档案整体上处于封闭管理状态，权利配置严重失衡，档案制度表现为阶级性、封闭性、权威性。

---

　　① 褚添有. 演进与重构：当代中国公共管理模式转型研究［M］. 桂林：广西师范大学出版社，2008：36.

289

9.1.1.2　管理型社会治理模式下的档案制度

管理型社会治理模式的特点表现为政府统治职能日益萎缩，管理职能日益增强。社会治理途径是"法治"，即依法治理，以法律关系为主导，以经济、效率为主要价值取向，造就制度以及体制的权威。国家开始向社会让渡部分权力，社会组织部分参与到社会管理的过程中，出现了在法律框架下的国家与社会组织的协作。这一阶段档案制度的具体组成部分呈现的规则导向伴随国家的适当放权表现出同样的取向，通过档案开放原则提出，正式地通过调整档案制度回应档案权利分配的严重失衡问题，但其权利配置仍然处在国强民弱的模式中。其价值导向仍主要面向以历史学家为主的精英阶层，档案资源处于半封闭管理的状态，档案制度表现为规范性、局限性、探索性。

9.1.1.3　服务型社会治理模式下的档案制度

服务型社会治理模式不再局限于从顶层设计的角度出发，而是趋于扁平化发展。服务型社会治理模式的社会治理主体呈现出多元化的特点，由国家、社会组织和公民共同管理社会公共事务，使公共利益最大化，它强调国家权力向社会的回归。服务型社会治理模式的社会治理途径是"德治"，即依德治理，用内在的信念取代外在的权威。显著的国家范式向社会范式的转变推动了档案制度的规则导向和价值取向的变革。收集、鉴定、开放利用规则均开始围绕"公民"进行调整与变革，多元化的档案资源与公民视角的鉴定标准以及档案数据的积极开放都在传达出国民共强的价值理念。档案制度在朝向档案权利公平配置的道路上不断迈进，虽然离公平配置还有一定距离，但档案资源已然处于逐步开放共享的状态。服务型社会治理模式下档案制度的主要特点有公共性、服务型、平等性。

9.1.2　构建制度变迁三大动力因素推动档案制度变迁的解释框架

本课题首次在档案学领域引入诺斯的制度变迁三大动力因素框

架讨论档案制度的变迁，对前社会治理时期和社会治理时期国家、信息产权、意识形态三大动力要素如何随着社会治理方式的变化而作用于档案制度本身，分别呈现出怎样的作用特点与规律进行了分析。制度变迁的动力因素框架显示：既不能由国家进行权力垄断，又不能忽视国家作为治理参与主体的秩序规范功能；信息产权的明晰则意味着治理逻辑起点的确定；意识形态则起着修正与调适制度的作用，在提高制度的认受性方面有着积极的作用。

9.1.2.1　国家因素作用

国家权力在前社会治理时期以压倒性优势占据着权力域的领导地位，公共权力受到压制、排斥而处于被忽视地位。前社会治理形势下，国家对档案制度的作用力集中于制度的政治性功能建设，主要目的是通过档案工作的逐步规范加快社会的纪律性和秩序性发展。乃至社会治理时期，国家动力因素更关注档案制度之于社会性功能的发挥，通过形成优化档案信息资源层次的制度环境，形成立足于档案信息分配公平的制度目标，形成立足于维护公共利益的制度规范，最终促进档案制度的包容性与全面性发展。

9.1.2.2　信息产权因素作用

信息产权则意味着对档案信息资源配置与利用的归属，其在档案制度中的功能首先是对信息产权与所有者如何对应、信息产权所有者分别具有哪些权利或责任以增加自身或社会的档案信息资源产出等问题的界定，从而保证档案制度的秩序性与稳定性。前社会治理时期档案信息产权存在长期配置失衡状况，档案信息产权集中于国家主体，而对社会与公众是否拥有档案信息产权存在严重的认识与实践偏差，从而产生了严重的配置不均衡现象以及收益不对等问题。而在社会治理背景下，公权与私权的均衡、公平与效益的统一、开放与自由的权衡正在路上。

9.1.2.3　意识形态因素作用

意识形态是影响制度变迁的一个前置的、总括性的因素，它深层次、全方位地影响着制度变迁的效率。前社会治理时期的意识形态符合马克思意义上的"统治工具"特征，是统治阶级为本阶级利益和统治进行合法性论证和辩护的观念体系。这种状态下的意识形态是"以思想的形式表现出来的占统治地位的物质关系"①，主要目的是维护统治阶级的利益。意识形态传播方式狭隘，整合力孱弱，档案制度虽然客观上是统治者进行意识形态渗透的承载工具之一，但由于意识形态的影响方式而导致档案制度的社会认同取得只能停留在形式层面。社会治理时期，则出现了重视意识形态的思想引导作用，提升档案制度的包容度；发挥意识形态刚柔并济的特点，提升档案制度的灵活性与适应性；此外还注重发挥意识形态的整合激励作用，促进档案制度的统筹发展。

三大动力要素之间的关系主要表现为，在档案制度变迁中，国家是基础动力，它是制度供给的主体和后两个因素的方向决定者。信息产权是保障动力，不但能维护公众的档案信息生产权、获取权、利用权等各种权利，还能对影响权利人合法利益的信息行为进行规范。意识形态是催化动力，强有力的意识形态不但能节约档案制度的实施成本和运行效率，还将监督档案制度的呈现状态，并为其的不断变迁、完善和发展提供动力。

9.1.3 运用制度变迁方式类型分析档案制度变迁方式的表现及规律

三大制度变迁方式类型分别为强制性制度变迁、中间扩散性制度变迁和诱致性制度变迁方式，三种变迁方式在档案制度变迁过程中均有体现。

9.1.3.1 强制性变迁方式在档案制度变迁中的表现及特点

档案制度的强制性变迁方式主要以法律和命令的形式实现，主

---

① 马克思，恩格斯. 马克思恩格斯全集：第 1 卷[M]. 北京：人民出版社，1995：98.

要表现为第一行动主体为国家档案行政管理部门，自上而下地推动变迁和执行，关注存量并以"层叠"形式进行档案制度变迁。这一方式的有利影响在于充分掌控档案制度变迁的宏观方向，降低档案制度变迁成本；不利影响则在于使得档案制度变迁具有较强的人为时滞性，也使得档案制度变迁难以克服路径依赖。

9.1.3.2　中间扩散性变迁方式在档案制度变迁中的表现及特点

中间扩散性制度变迁方式在档案制度变迁中的表现是第一行动主体为地方档案行政管理部门，是以社会和档案机构为对象的自发性制度变迁，存量和增量齐抓，以"创新"的形式进行制度变迁。这一方式产生的有利影响为通过组织模仿与竞争提升档案制度创新效率，调节权力中心和微观社会主体的档案制度供需，促进存量和增量制度改革的相互转化；不利影响则在于地方档案行政管理部门需承担档案制度变迁风险。

9.1.3.3　诱致性变迁方式在档案制度变迁中的表现及特点

诱致性制度变迁方式在档案制度变迁中表现为主要行动主体是微观社会主体，由微观社会主体自发地进行制度变革和创造，以主动的形式寻求外部制度供给，同时制度创新耗时较长。诱致性制度变迁方式的有利影响为拓宽档案制度供给的场域，其"一致性同意"原则有利于提升制度运行效率；不利影响则是使得制度供给不足，容易产生制度变迁惰性。

9.1.3.4　档案制度变迁方式的迁移规律

总结三大制度变迁方式在档案制度变迁中的体现，得到档案制度变迁方式的规律为：一是制度变迁方式呈现"循序渐进"的类型发展形式，从历史进程上来看，档案制度变迁方式是按照强制性、中间扩散性、诱致性制度变迁方式阶梯式发展的；二是制度变迁方式呈现"连续统"模式的发展，即档案制度变迁并非只有一种方式，而是随着时间连续发展，档案制度变迁方式的嬗变是从宏观——微观的发展，在三种方式之间渐进式过渡；三是中间扩散性制度变迁方式发挥着重要作用，地方档案行政管理部门成为连接国家档案行政管理部门的制度供给意愿和微观主体制度需求的重要中介，发挥着制度变迁的"中介"作用。

9.1.4 创设综合全景式解释框架下档案制度的创新逻辑与路径

9.1.4.1 档案制度的创新逻辑

　　档案制度的创新逻辑与各个阶段档案制度所面临的主要矛盾密切相关，档案制度在不同社会历史阶段的主要矛盾是动态变化的，各历史阶段的档案制度创新是对于不同历史阶段档案事务领域主要矛盾的回应。前社会治理时期，无论是档案领域自身的制度进化历程本身，还是社会对于档案本质的认识阶段，都处于将封闭与开放这对矛盾视为主要矛盾的进阶，档案馆的封闭性此时很明确地成为档案制度的主要矛盾，或者进一步来说，档案权利的末端分配环节成为这一时期亟待打破的主要矛盾，因此"开放"与"封闭"是这一时期档案权利配置的主体逻辑。社会治理时期，档案制度的主要矛盾已经由传统的档案制度逻辑中首要关注权利分配的问题转变为首要关注档案权利生产和全过程配置的问题，而档案权利的生产环节由于决定了权利涉及的主体、内涵等一系列核心内容，后续的各类档案权利无不受到这一环节的限制，从而应当引起更大的关注。

9.1.4.2 档案制度的创新实现路径

　　档案制度的创新路径则聚焦在正确界定档案制度权力主体的功能定位，国家权力向社会的回归赋予了社会组织与公民参与档案管理的权力，至此，档案权力的运作流程不再是直线型与自上而下的方式，而是呈现出互动式、多向度的特征。国家从档案管理的具体事务中解脱出来，转向为社会组织提供合作管理的档案制度环境，社会组织在档案开发、档案咨询、档案整理等环节发挥具体作用，社会组织与国家之间的关系表现为服务替代基础上的协同增效。

不断重视科学技术和大众媒体在制度中的辅助作用，科技与制度是相互建构的关系。在当前信息化背景下，档案制度创新必然要依托科技手段与大众媒体平台，对于提升制度效率与推进制度的公众认同有着不可忽视的作用。

加大法律法规供给来提升档案制度的运行保障，法律法规是档案制度中的规制性部分，《档案法》为代表的档案法律、法规所的内容范畴规定着档案的内涵和档案机构的功能，档案鉴定选择权利的配置，档案公布利用的权利配置规则等。正是这些规制性要素规定了档案信息权利从生产到管理乃至利用全过程的分配。作为档案制度灵魂的法律法规，必然在档案制度创新中首当其冲地回应社会治理的要求，从而带动档案制度的其他组成要素发生积极变化，才能始终保障档案制度创新的合法性与先进性。

着力档案制度创新综合因素的整合。档案制度的创新，主要包括档案管理主体、手段、思维及法律的变化。在制度创新的四个主要方面中，主体创新是变化最显著，且至关重要的一个方面，其中，国家的作用至关重要，多元主体的加入是这一环节的创新亮点，法律的完善对档案的主体创新与档案管理的手段均提供了法制保障，而管理主体对科技与媒体的有效运用将使档案制度创新如虎添翼，快速完成管理目标和确保管理效果。协同发力、同步前行的档案制度创新要素将会推动档案制度在社会治理的方向引领下创造出时代的、全民的档案事业。

9.2 突出特色

295

9.2.1 全景式的研究架构

本课题构建了社会治理模式下的理论探寻与支撑、理论分析与阐释、实现路径设计的完整框架。首先，在界定了核心概念体系后，通过对档案制度构成要素和起源本质的讨论，明确了档案制度作为外部母制度授权载体，是具有明确功能指向的规则系统；其次，进一步提出对于档案制度变迁的分析不能回到传统的分析具体档案规则的浅层研究逻辑中，而是运用跨学科的理论视角探索对于档案制度这种特殊规则系统变迁的深层解释路径，通过开创性地有机运用社会治理模式类型、制度变迁三大动力要素框架、制度变迁类型等三大工具，全面、深入地解释了朝向社会治理方向的档案制度变迁的历史进路与规律；最后，在前文对档案制度变迁的充分解释后，提出社会治理背景下档案制度变迁的实现逻辑与路径。使得整个课题形成了全景式的完整研究架构。

9.2.2 多元有机的理论工具

第一，引入社科研究领域公认的权威"社会治理模式"分析框架，运用统治型模式、管理型模式和服务型模式等核心概念和理论工具，探讨在各模式中档案制度所呈现出的变迁表现、趋势与规律。从而将对档案制度本身的变迁描述提升到了更宏大的制度背景环境中加以观察，提升了对档案制度变迁的解释层面，得到全新的解释结论。第二，引入经济学领域诺斯的三大制度变迁动力因素框架，并进行了针对档案领域的适应性改造，通过运用国家、信息产权和意识形态三大经典动力要素概念和理论工具，深刻剖析了前社会治理时期和社会治理时期三大动力要素如何随着社会治理方式的变化而作用于档案制度本身，分别呈现出怎样的作用特点与角度。从而首次在档案学领域完整地运用这三大动力要素完成了对档案制度变迁的崭新观察，形成了新的研究进路。第三，引入政治学与经济学都颇为关注的变迁方式类型理论对档案制度变迁进行考察。运用强制性、中间扩散性和诱致性三类制度变迁方式的核心理论与概念工具对其在档案制度变迁过程中的体现进行了深入剖析。总结出档案制度变迁方式"循序渐进"式、"连续统"式与中间扩散性主导式的总体规律，增加了对档案制度变迁的解释维度。多元有机的理论工具的使用，使得对于档案制度变迁的综合解释力度得到了较好的提升，无论是从对于制度变迁解释的深度还是广度都较之以往研究有着较大的区别，开拓了档案学的制度及制度变迁研究的新领域。

9.2.3 解释性与探索性结合的研究取向

一方面，本课题研究力争突破档案学科传统的描述性研究方法，避免停留在对档案制度变迁过程的梳理与陈列层次。而是力图解释社会治理视角下档案制度变迁发生的原因和过程，回答档案制度为什么会发生变迁，什么因素推动了这样的变迁，这样的变迁反映了什么样的背后逻辑，对档案制度变迁的特性、动因和规律作出了明确的理论阐释。目的是通过说明档案制度变迁发生的由来，探讨更宏大的社会背景与档案制度变迁之间的有机关联，从而进一步预测档案制度未来的变迁方向。

另一方面，由于本书所选定的研究领域不是传统档案学深度耕耘过的领域，而是一片崭新的理论田野。需要课题组进行诸多开创性的探索与试错性研究，研究框架的搭建和理论工具的选择都具有极强的探索性。但其优势在于，学术探索的精神和勇于开拓的力量支撑课题组在这片崭新的领域中辛勤耕耘，为档案学科丰厚理论视野，创新研究视角提供了颇具价值的试验田，为未来的研究者提供了可供启发的研究成果。

9.3 缺憾与展望

9.3.1 研究缺憾

由于本课题研究问题本身涉及的解释层面和理论工具的复杂性，以及课题组知识结构和研究水平的局限，本课题研究中仍存在一些缺憾。首先，对于治理模式与档案制度的相互影响分析有所不足，研究过于注重治理模式对于档案制度的单向影响，而对于档案制度对于治理模式是否有影响，影响表现在哪些方面有待进一步讨论；其次，制度变迁动力因素的适用性问题，特别是其中信息产权的分析部分，如何深入分析信息产权的相关影响，是课题组将进一步努力探索的重要方向；此外，对档案制度变迁方式的分析是以中华人民共和国成立后的档案制度作为分析对象的，据此得出的结论解释力是否足够，是否适用于更广大范围的档案制度变迁现象，需要进一步验证。特别是中间扩散性变迁方式是否是中国独有的档案制度变迁现象，这些内容都有待进一步的研究深化，也期待更多档案界的学术精英共同探讨与推进。

9.3.2　研究展望

9.3.2.1　深度融合跨学科制度研究理论与方法，推进档案制度领域研究的深化

本课题对于制度研究的跨学科理论与方法只是开启了有关领域的研究，在未来的研究中，课题组还将继续在拥有丰硕成果的制度研究领域不断发掘适用于档案制度研究的理论与方法，不断提升档案制度研究的深度与广度。通过深度融合和切实结合跨学科制度研究的理论前沿，努力将档案制度领域的研究推向信息制度研究乃至制度研究的更大舞台，启发学界与社会对档案现象的深度关注与思考。

9.3.2.2　思考国家-社会-公民间互动关系的变化与档案制度变迁的宏观联结

本课题从社会治理模式、制度变迁动力因素与制度变迁方式着眼，构建起完整的有关于档案制度变迁的理论解释框架。然而负载着这一框架的基础性和根本性的逻辑起点是基于国家-社会-公民三者间的互动关系，档案制度变迁的方向从根本上来说取决于三者之间互动关系的演化，为此，课题组将在未来的进一步研究中立足于这一视角，从更为本质的层面来解读档案制度变迁。

社会治理还在路上，其间还会发生怎样的变化，其治理主体间的关系、协作方式与目标的不断深化推进的过程中，对档案制度还

将产生怎样的深远影响。我们将对研究中提出围绕档案权利全链条公平配置中的关键制度构成部分的规则转向保持持续关注，进一步验证研究结论中有关档案鉴定规则调整和多元主体档案权利生产的实现状况，以进一步修正和完善研究结论。

社会治理的总体要求给档案制度提出了新的适应性要求，档案制度创新逻辑一旦从档案权利的末端分配转变为档案权利的源头生产，档案制度变迁方向就明确锁定为档案权利生产过程中的档案鉴定规则、社群、家庭和个人多元主体类型档案创建的崭新过程，这样的转变意味着社会治理的共建共治共享目标体现在档案制度变迁中始终围绕着档案制度赋权范围和对象的变化，而档案制度的变迁也必将朝向档案事务领域公共利益最大化这一终极目标不断迈进。

参 考 文 献

著作类

[1]赵彦昌．中国档案管理制度研究[M]．北京：人民出版社，2011.

[2]俞可平．当代西方主流学术名著译丛[M]．南昌：江西人民出版社，2001.

[3]诺斯．经济史上的结构与变迁[M]．厉以平，译.北京：商务印书馆，1992.

[4]诺斯．制度、制度变迁与经济绩效[M]．刘守英，译.上海：上海三联书店，1994.

[5]袁庆明．新制度经济学[M]．上海：复旦大学出版社，2012.

[6]科斯等．财产权利和制度变迁——产权学派和新制度学派译文集[M]．上海：上海人民出版社，1994.

[7]诺斯．经济史中的结构与变迁[M]．陈郁，罗华平，等译.上海：上海人民出版社，1994，24.

[8]诺斯．西方世界的兴起[M]．厉以平，等译.北京：华夏出版社，1999.

[9]诺斯．理解经济变迁过程[M]．北京：中国人民大学出版社，2007.

[10]罗西瑙．没有政府的治理[M]．南昌：江西人民出版

社，2001.

[11]张国庆．公共行政学[M]．北京：北京大学出版社，2007.

[12]曼德，阿斯夫．善治：以民众为中心的治理[M]．国际行动援助中国办公室，译．北京：知识产权出版社，2007.

[13]张康之．公共管理伦理学[M]．北京：中国人民大学出版社，2009.

[14]张康之．论伦理精神[M]．南京：江苏人民出版社，2010.

[15]布罗姆利．经济利益与经济制度——公共政策的理论基础[M]．上海：上海三联书店，1996.

[16]霍布斯．利维坦[M]．北京：商务印书馆，1985.

[17]洛克．政府论[M]．叶启芳，瞿菊农，译．北京：商务印书馆，1986.

[18]施密特．政治的概念[M]．刘宗坤，译．上海：上海人民出版社，2004.

[19]卢瑟福．经济学中的制度——老制度主义和新制度主义[M]．北京：中国社会科学出版社，1999.

[20]柯武刚．制度经济学——社会秩序与公共政策[M]．史漫飞，韩朝华，译．北京：商务印书馆，2000.

[21]巴泽尔．国家理论：经济权利、法律权利与国家范围[M]．上海：上海财经大学出版社，2006.

[22]巴泽尔．产权的经济分析[M]．上海：上海三联书店，1997.

[23]卡尔松，兰法尔．天涯成比邻——全球治理委员会的报告[M]．赵仲强，译．北京：中国对外翻译出版公司，1995.

[24]拉伦茨．德国民法通论[M]．王晓晔，邵建东，等译．北京：法律出版社，2013.

[25]周庆山．信息法学教程[M]．北京：科学出版社，2002.

[26]尼夫．知识对经济的影响力[M]．北京：新华出版社，1999.

[27]马克思，恩格斯．马克思恩格斯选集第1卷[M]．北京：人民出版社，2012.

[28]哈贝马斯．交往与社会进化[M]．重庆：重庆出版社，1989.

[29]伯恩斯坦．比较经济体制[M]．北京：中国财政经济出版

社，1998.

[30]袁永秋．外国图书馆学名著宣读[M]．北京：北京大学出版社，1988.

[31]陈潭．单位身份的松动——中国人事档案制度研究[M]．南京：南京大学出版社，2007.

[32]斯科特．制度与组织—思想观念与物质利益[M]．姚伟，王黎芳，译．北京：中国人民大学出版社，2010.

[33]褚添有．演进与重构：当代中国公共管理模式转型研究[M]．桂林：广西师范大学出版社，2008.

[34]任汉中．中国档案文化概论[M]．北京：中国档案出版社，2000.

[35]罗斯．社会控制[M]．北京：华夏出版社，1989.

[36]郑杭生．社会学概论新修[M]．北京：中国人民大学出版社，2003.

[37]周雪恒．中国档案事业史[M]．北京：中国人民大学出版社，1994.

[38]陈梦家．殷墟卜辞综述[M]．北京：中华书局，2004.

[39]中国人民大学历史档案系档案史教研室．中国档案史参考资料：奴隶社会和封建社会时期[M]．内部使用，1962.

[40]凡勃伦．有闲阶级论——关于制度的经济研究[M]．北京：商务印书馆，1964.

[41]中共中央马克思恩格斯列宁斯大林著作编译局．马克思恩格斯选集第一卷[M]．北京：人民出版社，1995.

[42]克罗齐耶．法令不能改变社会[M]．上海：上海人民出版社，2007.

[43]中共中央马克思恩格斯列宁斯大林著作编译局．斯大林选集（下卷）[M]．北京：人民出版社，1979.

[44]王弼．周易注校释[M]．北京：中华书局，2012.

[45]韩非．韩非子[M]．上海：上海古籍出版社，1989.

[46]徐建平．胡瑗[M]．北京：中国文史出版社，2000.

[47]尼采．权力意志[M]．张念东，凌素心，译．北京：商务印书

馆，1991.

[48]尼采.查拉斯图拉如是说[M].尹溟，译.北京：文化艺术出版社，1987.

[49]邹家炜，董俭，周雪恒.中国档案事业简史[M].北京：中国人民大学出版社，1985.

[50]李晓菊.唐宋档案文献编纂研究[M].北京：社会科学文献出版社，2014.

[51]韩玉梅.外国档案管理[M].北京：档案出版社，1994.

[52]李凤楼，张恩庆，韩玉梅，等.世界档案史简编[M].北京：档案出版社，1983.

[53]朱玉媛.档案法规学新论[M].武汉：武汉大学出版社，2004.

[54]韩玉梅，张恩庆，黄坤坊.外国档案管理概论[M].北京：档案出版社，1987.

[55]吴兢.贞观政要集校[M].北京：中华书局，2003.

[56]宋濂.元史[M].北京：中华书局，1976.

[57]霍艳芳.中国图书官修史[M].武汉：武汉大学出版社，2014.

[58]徐绍敏，李统祜.档案立法研究[M].杭州：浙江大学出版，2003.

[59]长孙无忌.唐律疏议[M].北京：中华书局，1983.

[60]孟德斯鸠.论法的精神[M].彭盛，译.北京：当代世界出版社，2008.

[61]国家档案局办公室.档案工作文件汇集第一集[M].北京：档案出版社，1986.

[62]中国第二历史档案馆.民国时期文书工作和档案工作资料选编[M].北京：档案出版社，1987.

[63]宋贵伦.中外社会治理研究报告[M].北京：中国人民大学出版社，2015.

[64]卢梭.社会契约论[M].何兆武，译.北京：商务印书馆，1982.

[65] 马克思, 恩格斯. 马克思恩格斯全集(第1卷)[M]. 北京: 人民出版社, 1982.

[66] 彭冬梅. 非物质文化遗产数字化保护与传播研究: 以剪纸艺术为例[M]. 济南: 山东人民出版社, 2014.

[67] 斯宾诺莎. 神学政治论[M]. 北京: 商务印书馆, 1982.

[68] 冯惠玲, 张辑哲. 档案学概论[M]. 北京: 中国人民大学出版社, 2006.

[69] 拉伦茨. 德国民法通论[M]. 王晓晔, 邵建东, 程建英, 徐国鉴, 谢怀栻, 等译. 北京: 法律出版社, 2003.

[70] 迈克希伦. 意识形态[M]. 长春: 吉林人民出版社, 2005.

[71] 韩玉梅. 外国现代档案管理教程[M]. 北京: 中国人民大学出版社, 1993.

[72] 陈子丹. 外国档案事业史[M]. 昆明: 云南大学出版社, 1999.

[73] 瓦尔纳. 现代档案与文件管理必读[M]. 孙钢, 丁志民, 等译. 北京: 档案出版社, 1992.

[74] 邓之诚. 中华二千年史(卷五下)[M]. 北京: 中华书局, 1988.

[75] 卢海君. 版权客体论[M]. 北京: 知识产权出版社, 2011.

[76] 韦伯. 经济与社会(第1卷)[M]. 阎克文, 译. 上海: 上海人民出版社, 2019.

[77] 康纳顿. 社会如何记忆[M]. 纳日碧力戈, 译. 上海: 上海人民出版社, 2000.

[78] 方甦生. 清内阁库贮旧档辑刊(第二编)[Z]. 北京: 故宫博物院文献馆, 1935, 86.

[79] 宋惠昌. 当代意识形态研究[M]. 北京: 中共中央党校出版社, 1993.

[80] 王晓升. 西方马克思主义意识形态理论[M]. 北京: 社会科学文献出社, 2009.

[81] 聂立清. 我国当代主流意识形态认同研究[M]. 北京: 人民出版社, 2010.

[82]哈贝马斯. 文化与公共性[M]. 北京：生活·读书·新知三联
　　书店，1998.

[83]福山. 历史的终结及最后之人[M]. 黄胜强，许铭原，译. 北
　　京：社会科学出版社，2003.

[84]吴宝康. 档案学的理论与历史初探[M]. 成都：四川科学技术
　　出版社，1986.

[85]罗军. 中国档案管理体制改革研究[M]. 上海：世界图书上海
　　出版公司，2011.

[86]郑杭生，李强，洪大用等. 转型中的中国社会和中国社会的
　　转型[M]. 北京：首都师范大学出版社，1996.

[87]俞可平. 治理与善治[M]. 北京：社会科学文献出版
　　社，2000.

[88]Anita Ernstorfer and Albrecht Stockmayer. Capacity development
　　for good governance[M].Z.Nomos ve rlagsgesellschaft mbH & co.
　　kg,2009.

[89]Schmitter P. Participation in governance political and societal
　　implications, opladen: arrangements [M]. In Grote, J. R. and
　　Gbikpi,B. eds.Participatory Governance:Leske and Budrich,2002.

[90]W.Richard Scott. Institutions and organizations:ideas and interests
　　(Third edition)[M].Sage Publications,Inc.1995.

[91]C·E·Ayres.The theory of economic progress[M].University of
　　North Carolina Press,1944,176.

[92]Aoki · M. Toward a comparative institutional analysis [M].
　　Cambridge,MA:MIT Press. 2001.

[93]Michael Pendleto. The law of industrial and intellectual property in
　　Hong Kong[M].Buttleworth Publish House,1984.

[94]F. W. Horton, D. A. Marchand. Information management in public
　　administration [M]. Arlington, Va: Information Resources
　　Press,1982.

[95]Richard C·B. Citizen governance: leading American communities
　　into the 21st century [M]. Beijing: China Renmin University

Press,2013.

[96] Hilda K, Paul M, Sally J M. Seeing history: public history in Britain now[M].London:Francis Boutle,2000.

期刊论文类

[1]中共中央办公厅、国务院办公厅印发《关于加强和改进新形势下档案工作的意见》[J]. 中国档案,2014(5).

[2]陆阳. 论社会控制视角下的档案制度[J]. 档案学通讯,2015(4).

[3]谭必勇,陈珍. 社群档案视域下公共档案资源体系的多元化建设路径——以澳大利亚国家档案馆"强制收养历史项目"为例[J]. 档案学研究,2017(6).

[4]黄霄羽,陈可彦. 论社群档案工作参与模式[J]. 档案学通讯,2017(5).

[5]"家庭建档与和谐社会建设高层论坛"在沈阳举行[J]. 档案学研究,2007(5).

[6]闫静. 档案事业公众参与特点及新趋势探析——基于英国"档案志愿者"和美国"公民档案工作者"的思考[J]. 档案学研究,2014(3).

[7]田凯,黄金. 国外治理理论研究:进程与争鸣[J]. 政治学研究,2015(6).

[8]翁士洪,顾丽梅. 治理理论:一种调试的新制度主义理论[J]. 南京社会科学,2013(6).

[9]俞可平. 全球治理引论[J]. 马克思主义与现实,2002(1).

[10]王浦劬. 国家治理、政府治理和社会治理的含义及其相互关系[J]. 国家行政学院学报,2014(3).

[11]道格拉斯 C 诺斯. 不确定性世界的企业领导[J]. 李游游,郑兴,译. 经济学家,2006(4).

[12]陆阳. 权力的档案与档案的权力[J]. 档案学通讯,2008(05).

[13]苗壮. 制度变迁中的改革战略选择问题[J]. 经济研究,1992

(10).

[14] 黄鑫鼎. 制度变迁理论的回顾与展望[J]. 科学决策, 2009
(9).

[15] 梁謇. 马克思与诺斯制度变迁理论的比较研究[J]. 北方论丛,
2007(4).

[16] 杨立华. 制度变迁方式的经典模型及其知识驱动性多维断移
分析框架[J]. 江苏行政学院学报, 2011(1).

[17] 杨瑞龙. 论我国制度变迁方式与制度选择目标的冲突及其协
调[J]. 经济研究, 1994(5).

[18] 杨瑞龙. 我国制度变迁方式转换的三阶段论——兼论地方政
府的制度创新行为[J]. 经济研究, 1998(1).

[19] 金祥荣. 多种制度变迁方式并存和渐进转换的改革道路——
"温州模式"及浙江改革经验[J]. 浙江大学学报(人文社会科
学版), 2000(4).

[20] 鲍勃·杰索普. 治理的兴起及其失败的风险:以经济发展为
例的论述[J]. 漆燕, 译. 国际社会科学杂志(中文版), 1999
(1).

[21] 玛丽—克劳德·斯莫茨. 治理在国际关系中的正确运用[J].
肖孝毛, 译. 国际社会科学杂志(中文版), 1999(1).

[22] 杨春福. 善治视野下的社会管理创新[J]. 法学, 2011(10).

[23] 黄显中, 何音. 公共治理结构:变迁方向与动力——社会治
理结构的历史路向探析[J]. 太平洋学报, 2010(9).

[24] 李怀. 从经济人到制度人——基于人类行为与社会治理模式
多样性的思考[J]. 学术界, 2015(1).

[25] 乔耀章. 论社会治理原理与原则[J]. 阅江学刊, 2013(12).

[26] 张康之. 论主体多元化条件下的社会治理[J]. 中国人民大学
学报, 2014(2).

[27] 周晓丽, 党秀云. 西方国家的社会治理:机制、理念及其启
示[J]. 南京社会科学, 2013(10).

[28] 李汉卿. 协同治理理论探析[J]. 理论月刊, 2014(1).

[29] 任中平, 邓超. 实现社会治理模式转换的现实路径[J]. 长白

学刊，2014(7)．

[30]陈启迪．公民社会成长与社会治理模式变迁——从"管理"到"治理"[J]．天水行政学院学报，2008(5)．

[31]张康之．论社会治理模式中的德治及其制度安排[J]．云南行政学院学报，2002(5)．

[32]郑家昊．怀着启蒙的情愫面对后工业化进程中的社会治理变革——读《论伦理精神》[J]．探索，2011(2)．

[33]程倩．公共管理：治理模式及其构建[J]．学海，2008(4)．

[34]李汉林，渠敬东，夏传玲，陈华珊．组织和制度变迁的社会过程——一种拟议的综合分析[J]．中国社会科学，2005(1)．

[35]孙圣民．制度变迁理论的比较与综合：新制度经济学与马克思主义经济学的视角[J]．中南财经政法大学学报，2006(3)．

[36]刘玉照，田青．新制度是如何落实的？——作为制度变迁新机制的"通变"[J]．社会学研究，2009(4)．

[37]徐传谌．制度变迁内部动力机制分析[J]．税务与经济，2006(11)．

[38]朱巧玲，卢现祥．新制度经济学国家理论的构建：核心问题与框架[J]．经济评论，2006(05)．

[39]吴凡．对西方国家制度供给理论的反思[J]．四川行政学院学报，2005(6)．

[40]周长友．西方国家理论研究述评[J]．重庆理工大学学报(社会科学)，2013(8)．

[41]陈洪涛，陈劲，施放，郑胜华．新兴产业发展中的政府作用机制研究——基于国家政治制度结构的理论分析模型[J]．科研管理，2009(5)．

[42]刘祖云，严燕．"三螺旋"国家理论创新模式的一个解释框架——以"包容性增长"与"包容性发展"为例[J]．南京农业大学学报(社会科学版)，2012(4)．

[43]陆阳．论权力对档案的建构[J]．浙江档案，2009(12)．

[44]谢文群．论档案对国家权力建构的三种形式[J]．档案学通讯，2014(3)．

[45]沈建芳，姚华锋．关于产权理论的研究综述[J]．沿海企业与科技，2005(5)．

[46]蒋瑞雪．信息产权与知识产权的比较[J]．安庆师范学院学报(社会科学版)，2008(11)．

[47]唐珺．信息产权及相关问题的探讨[J]．南方经济，2005(7)．

[48]冯晓青．信息产权理论与知识产权制度之正当性[J]．法律科学(西北政法学院学报)，2005(4)．

[49]陈雪梅．论意识形态对图书事业的影响[J]．河南图书馆学刊，2010(2)．

[50]王宏义，蒋永福．作为图书馆核心价值的知识自由研究[J]．中国图书馆学报，2008(5)．

[51]庞永红．从诺斯意识形态理论看伦理道德的功能作用——诺斯意识形态理论探析[J]．道德与文明，2004(2)．

[52]杨春风．意识形态与制度再生产[J]．科学社会主义，2008(2)．

[53]陶永祥．漫谈美国档案文献开放利用的观念变迁与现实[J]．档案学研究，2005(2)．

[54]黄霄羽．基于社会档案观的公共档案馆建设[J]．档案，2011(5)．

[55]黄霄羽．国外档案利用服务社会化的理论认识和实践特点[J]．档案学通讯，2010(6)．

[56]刘辉煌，胡骋科．制度变迁方式理论的演变发展及其缺陷[J]．求索，2005(6)．

[57]卢现祥．我国制度经济学研究中的四大问题[J]．中南财经政法大学学报，2002(1)．

[58]史晋川，沈国兵．论制度变迁理论与制度变迁方式划分标准[J]．经济学家，2002(1)．

[59]黄少安．制度变迁主体角色转换假说及其对中国制度变革的解释——兼评杨瑞龙的"中间扩散型假说"和"三阶段论"[J]．经济研究，1999(1)．

[60]俞雅乖．制度变迁方式转换的时机选择[J]．商业研究，2009

（7）．

［61］邓大才．强制性制度变迁方式转换的时机选择［J］．社会科学，2004（10）．

［62］魏文军．实现诱致性产权制度变迁方式的充分条件［J］．求实，2004（7）．

［63］万建军，邹凯．论我国信息资源管理制度的变革［J］．情报理论与实践，2006（2）．

［64］梁志勇．信息不完备不对称危害的治理——兼论技术创新和制度创新［J］．学术探索，2003（7）．

［65］刘爱芳．我国政府信息公开的制度缺失及其改革——以行政法的平衡论为视角［J］．湘潭工学院学报（社会科学版），2003（6）．

［66］席涛．公共图书馆服务的制度分析［J］．图书情报工作，2006（3）．

［67］程孝良．基于城乡一体化视角的公共图书馆治理与制度创新［J］．图书馆理论与实践，2011（1）．

［68］金太军，姚虎．政府信息公开制度创新困境的内在机理探究——以新制度经济学为视角［J］．江汉论坛，2011（8）．

［69］刘春年，郭月珍，潘钦．电子政务演进中的制度变迁与创新［J］．图书情报工作，2004（8）．

［70］马海群，宗诚．网络信息资源建设与配置的政策法规实施效率问题及其对策分析［J］．图书与情报，2006（5）．

［71］丁玉霞．制度主义视野下的图书馆制度创新［J］．图书馆建设，2008（12）．

［72］崔艳丽．网络环境下图书馆信息资源管理共享和发展趋势［J］．漯河职业技术学院学报，2009，8（3）．

［73］查先进．论政府信息资源管理及其发展动向［J］．中国图书馆学报，2002（4）．

［74］陈晓东．信息资源管理的内涵追溯及其发展前瞻综述［J］．图书馆界，2004（2）．

［75］王娜．信息资源管理的研究现状和发展趋势［J］．科技情报开

发与经济，2010，20（11）.

[76]沙勇忠．信息资源管理的发展趋势[J]．情报资料工作，2002
（1）.

[77]韩丽风，王媛，卢振波．清华大学图书馆社会化媒体营销实
践探索与思考[J]．图书情报工作，2014，58（24）.

[78]吴小兰，章成志．面向大规模多维社会网络的社区发现研究
[J]．图书情报工作，2014，58（16）.

[79]刘淑萍．NFC 技术与图书馆服务创新[J]．图书情报工作，
2014，58（16）.

[80]王敬东．面向大数据的数字图书馆数据库缓存模型设计[J]．
图书情报工作，2014，58（22）.

[81]连志英．欧美国家社区档案发展评述与启示[J]．浙江档案，
2014（9）.

[82]特里·库克．四个范式：欧洲档案学的观念和战略的变
化——1840 年以来西方档案观念与战略的变化[J]．李音，
译．档案学研究，2011（3）.

[83]赵彦昌，王军华．西周档案管理制度研究[J]．档案学研究，
2006（6）.

[84]万秀萍．档案制度变迁的驱动机制[J]．北京档案，2010（12）.

[85]万秀萍．基于制度变迁理论的档案建设路径选择[J]．档案管
理，2011（2）.

[86]臧茜玉．基于制度变迁理论的档案制度创新路径选择研究[J]．
兰台世界，2016（23）.

[87]刘义甫，许丽．网络环境对档案管理制度变迁的影响及启示
[J]．中国报业，2011（24）.

[88]林岗，刘元春．诺斯与马克思：关于制度的起源和本质的两
种解释的比较[J]．经济研究，2000（6）.

[89]郭嗣平．关于《档案法》修改的前前后后[J]．北京档案，1996
（8）.

[90]章燕华．电子文件管理规范体系框架研究[J]．档案学通讯，
2010（5）.

[91]马雪松,周云逸.社会学制度主义的发生路径、内在逻辑及意义评析[J].南京师范大学学报(社会科学版),2011(3).

[92]胡鸿杰.文化与档案[J].档案学通讯,2004(5).

[93]吴宝康.档案起源与产生问题的再思考[J].档案学通讯,1988(5).

[94]特里·库克.铭记未来——档案在建构社会记忆中的作用[J].档案学通讯,2002(2).

[95]唐文玉.合作治理:权威型合作与民主型合作[J].武汉大学学报(哲学社会科学版),2011(06).

[96]燕继荣.霸道 王道 民道 三种统治模式下的社会治理[J].人民论坛,2012(6).

[97]谢治菊.社会治理模式演进中伦理精神的迷失与回归——基于张康之教授《论伦理精神》的社会治理历史反思[J].学习论坛,2012(4).

[98]张学斌.档案工作中的志愿服务探析——以英国档案志愿服务为例[J].档案学研究,2015(2).

[99]周小亮.论外在制度创新的差异性与多样性——兼评西方制度变迁理论关于制度创新差异性与多样性的不同解说[J].经济评论,2020(3).

[100]王冬梅.信息权力:形塑社会秩序的重要力量[J].天津社会科学,2010(4).

[101]谭珵培,章丹.我国档案鉴定理论的演变与发展[J].档案天地,2001(6).

[102]赵彦昌,黄娜.中国古代档案鉴定研究[J].浙江档案,2011(1).

[103]邓广铭,刘浦江.《三朝北盟会编》研究[J].文献,1998(1).

[104]陈一芬.宋代档案工作刍议[J].档案学通讯,2006(6).

[105]李正宁.我国古代档案的保密[J].档案学研究,1995(2).

[106]冯惠玲.开放:公共档案馆的发展之路[J].档案学通讯,2004(4).

[107]彭兆荣,朱志燕.族群的社会记忆[J].广西民族研究,2007

(3).

[108]覃兆炌,谢梦,秦荆华.档案"集中统一"原则的历史考察与现实意义[J].档案学通讯,2013(5).

[109]朱月白.纪念法国稿月七日档案法颁布215周年[J].档案学通讯,2009(5).

[110]黄项飞.中外私人档案管理之比较[J].档案与建设,2005(3).

[111]丁华东.档案记忆观对档案学理论的影响探略[J].上海档案,2009(2).

[112]郝存厚.档案价值试论[J].档案学通讯,1987(10).

[113]积极开放历史档案,是当前档案馆工作的主要任务——曾三同志在全国省以上档案馆工作会议上的讲话(节录)[J].档案工作简报,1980(7).

[114]王增强.档案与革命的交集——从法国大革命的宏观背景考察《稿月七日档案法》[J].档案学通讯,2010(4).

[115]常宗虎.公民社会理论及其对社会管理工作的意义[J].中国民政,2002(7).

[116]王肖影,张洪江.我国口述档案收集策略研究[J].兰台世界,2016(13).

[117]屠跃明.欧美国家的档案收集工作[J].档案与建设,2001(9).

[118]刘维荣.私人档案管理在欧洲的新动向[J].湖北档案,2004(1).

[119]陈智为,祭鸿雁.从传统与现代的比较看欧美档案鉴定理论之发展[J].档案学研究,2002(5).

[120]刘鸿浩,邹华.档案开放鉴定刍议——困境和出路[J].档案学研究,2011(2).

[121]巩慧.依法开放鉴定 提升服务成效——北京市档案馆推进档案开放鉴定与利用服务工作[J].中国档案,2016(11).

[122]陈艳红,宋娟.中外档案法律法规比较研究——以档案利用条款为例[J].档案学通讯,2014(6).

[123] 陈建, 赵丽. 论社区档案参与社会记忆构建的作用及路径 [J]. 档案管理, 2017(1).

[124] 彭蒙蒙. 以用户为中心的加拿大图书档案馆及其对我国的启示[J]. 北京档案, 2014(7).

[125] 武俊. 国外档案服务形势及其借鉴意义[J]. 山西档案, 2011 (S1).

[126] 郦玉明. 美国档案工作发展概况[J]. 民国档案, 1997(3).

[127] 肖文涛, 黄剑宇. 善治视域下的社会中介组织发展[J]. 马克思主义与现实(双月刊), 2007(6).

[128] 檀竹茂. 档案信息资源开发的有效途径——协同合作[J]. 档案学通讯, 2014(2).

[129] 邢雅杰. 试析洛克社会契约论思想的源与流[J]. 佳木斯教育学院学报, 2010(6).

[130] 洪克强. 康德自由观的历史贡献及当代意义[J]. 云南社会科学, 2003(4).

[131] 吴巨平. 论马克思恩格斯的自由观[J]. 马克思主义研究, 2006(11).

[132] 王运彬, 郝志军. 档案信息资源的稀缺性研究[J]. 档案学通讯, 2012(6).

[133] 戈士国. 拿破仑·波拿巴的意识形态批判[J]. 马克思主义研究, 2007(9).

[134] 夏宏图. 清代起居注的纂修[J]. 档案学研究, 1996(3).

[135] 丁红勇. 2014年上海市浦东新区档案馆档案利用分析[J]. 中国档案, 2015(5).

[136] 宋魏巍. 欧洲大陆国家档案鉴定理论与鉴定方法论发展述评 [J]. 档案学研究, 2013(3).

[137] 裴友泉, 马沐. 论政府信息公开对档案利用的牵引[J]. 档案学通讯, 2008(2).

[138] 张首先. 话语、权力、责任: 生态后现代主义政治哲学之历史建构[J]. 南京政治学院学报, 2009(3).

[139] 佚名. 世界专利制度的产生和发展[J]. 中国发明与专利,

2012(4).

[140]杨利华. 英国《垄断法》与现代专利法的关系探析[J]. 知识产权, 2010, 20(4).

[141]慈云力, 尹秀娟. 档案知识产权的特点和作用[J]. 黑龙江档案, 2003(6).

[142]罗滦. 数字档案信息资源公共获取与知识产权保护利益协调机制研究[J]. 北京档案, 2010(6).

[143]蒋瑞雪. 档案信息的财产权定位及其制度价值[J]. 档案与建设, 2016(5).

[144]余筱兰. 信息权在我国民法典编纂中的立法遵从[J]. 法学杂志, 2017, 38(4).

[145]张勤. 知识产权客体之哲学基础[J]. 知识产权, 2010, 20(2).

[146]高伟, 黄少安. 对诺斯意识形态理论的评析[J]. 天津社会科学, 2003(4).

[147]林浩. 意识形态的起源、成本和功能失灵——关于诺斯意识形态理论及一些评论的评论[J]. 云南财贸学院学报, 2004(2).

[148]郑忆石, 张小红. 阿尔都塞: 意识形态特性的双重解读及其悖论[J]. 广州大学学报(社会科学版), 2010, 9(6).

[149]黄霄羽, 于海娟. 档案与文化产业结合的新亮点——美国国家档案馆"探索美国餐饮文化史"引发的思考[J]. 档案学通讯, 2015(5).

[150]朱明, 闫莉冰. 浅析曼海姆"意识形态"概念的两大内涵[J]. 理论界, 2007(9).

[151]王庆五. 建构支撑制度创新的强有力的意识形态[J]. 南京师大学报(社会科学版), 2006(3).

[152]张江珊. 政府信息公开司法解释对档案信息公开司法救济探析[J]. 档案学通讯, 2012(4).

[153]吴臻. 英国国家档案馆实行档案20年解密开放期[J]. 兰台世界, 2013(10).

[154] 宋懿. 知识管理视角下档案文化创意产业分析[J]. 兰台世界, 2017(3).

[155] 李孟秋. 开放数据环境下英国、美国、新西兰数字档案资源再利用的特点及其启示[J]. 浙江档案, 2017(8).

[156] 于南. 美国版权法合理使用制度及其对中国的启示[J]. 企业经济, 2011, 30(12).

[157] 林浩. 意识形态的起源、成本和功能失灵——关于诺思意识形态理论及一些评论的评论[J]. 云南财贸学院学报, 2004(2).

[158] 杨太阳, 张晨文. 档案文化创意产品在国际交流中的作用[J]. 兰台世界, 2017(3).

[159] 康艳侠. 美国国家档案和记录管理局 2014—2018 年战略研究[J]. 兰台世界, 2014(26).

[160] 曲春梅. 英国企业档案国家战略的形成及其特点分析[J]. 档案学通讯, 2014(4).

[161] 冯梅. 诺斯的国家理论分析[J]. 经济研究参考, 1997(70).

[162] 江笑颜, 谈力. 基于路径依赖理论的新形势下广东实施创新驱动发展战略路径研究[J]. 科技创新发展战略研究, 2018, 2(4).

[163] 郭嗣平. 关于《档案法》修改的前前后后[J]. 北京档案, 1996(8).

[164]《中华人民共和国档案法》修订草案(送审稿)起草说明[J]. 中国档案, 2016(7).

[165] 杨瑞龙, 杨其静. 阶梯式的渐进制度变迁模型——再论地方政府在我国制度变迁中的作用[J]. 经济研究, 2000(3).

[166] 丁华东. 论社会记忆数字化与乡村档案记忆工程推进策略[J]. 档案学通讯, 2015(4).

[167] 丁华东. 讲好乡村故事——论乡村档案记忆资源开发的定位与方向[J]. 档案学通讯, 2016(5).

[168] 丁华东, 崔明. "城市记忆工程": 档案部门传承与建构社会记忆的亮点工程[J]. 档案学研究, 2010(1).

[169]李士智．广东顺德市改革创新档案馆体制体制创新"三档合一"[J]．中国档案，2003(3)．

[170]束维兵．创新体制整合资源优化服务——安徽开展档案管理模式改革试点取得成效[J]．中国档案，2006(3)．

[171]舒国雄．为了档案的安全——深圳市成立档案寄存中心[J]．中国档案，1999(1)．

[172]国家档案局馆室司综合调研组．找准切入点切实为经济建设服务——深圳市档案寄存中心调查报告[J]．中国档案，2001(10)．

[173]黄俊琳．深圳市编委同意市档案局成立文件管理中心[N]．中国档案报，2002-11-07(001)．

[174]刘守华．用家庭档案梳理我们的生活——沈阳市开展"档案进家庭"活动侧记[J]．中国档案，2002(10)．

[175]郑金月．关注民生服务民生——浙江省推进民生领域档案工作纪实[J]．中国档案，2007(8)．

[176]杨冬权．在浙江省档案工作服务民生座谈会上的讲话[J]．中国档案，2007(10)．

[177]刘淑英．一个崭新的模式——记永靖县文件中心[J]．档案工作，1992(1)．

[178]陈兆禊，杜梅．地、县级机关建立联合档案室是切实可行的——对张家口地区联合档案室的调查分析[J]．档案学通讯，1987(5)．

[179]马凤云，杨大英．沈阳：家庭档案建设的探索与实践[J]．中国档案，2018(11)．

[180]丁华东，尹雪梅．"城市记忆工程"开展现状的调查与分析[J]．档案管理，2011(5)．

[181]吴文革，黄强．中国档案事业管理体制的三次改革与三次学术争论——兼论安徽模式改革的发展趋势[J]．安徽农业大学学报(社会科学版)，2011，20(2)．

[182]曹航，谢敏．和县模式：质疑问难[J]．山西档案，2010(1)．

[183]赵跃飞．档案的草根味[J]．中国档案，2006(8)．

317

[184] 李彩香. 中国第一家私人档案馆——广东省屈干臣档案馆介绍[J]. 办公室业务, 2014(18).

[185] 刘俊. 国泰君安实现证券业档案大集中管理模式的实践与探讨[J]. 中国档案, 2013(10).

[186] 阮云星, 张婧. 村民自治的内源性组织资源何以可能？——浙东"刘老会"个案的政治人类学研究[J]. 社会学研究, 2009, 24(3).

[187] 马林青, 马芸馨, 张汪媛. 社会转型背景下社群档案馆建设的实践与思考——基于皮村打工文化艺术博物馆的个案研究[J]. 档案学通讯, 2018(3).

[188] 钱明辉, 贾文婷. 国际社群档案包容性实践模式研究与启示[J]. 档案学通讯, 2018(4).

[189] 韦森. 从习俗到法律的转化看中国社会的宪制化进程[J]. 制度经济学研究, 2003(2).

[190] 周晓虹. 社会学理论的基本范式及整合的可能性[J]. 社会学研究, 2002(5).

[191] 邓小军. 部分省、自治区联合档案室工作座谈会在张家口召开[J]. 档案工作, 1988(8).

[192] 郁建兴, 关爽. 从社会管控到社会治理——当代中国国家与社会关系的新进展[J]. 探索与争鸣, 2014(12).

[193] 何阳, 林迪芬. 国家治理现代化视域下多中心治理的法内冲突与化解[J]. 东北大学学报(社会科学版), 2019(1).

[194] 王浦劬. 论新时期深化行政体制改革的基本特点[J]. 中国行政管理, 2014(2).

[195] 余峰. 基于 Web 技术的数据仓库和数据挖掘[J]. 中国水运(理论版), 2004, 8(4).

[196] 田雷. "云计算"在档案领域的应用[J]. 北京档案, 2011(5).

[197] 李欣荣. SAML 安全技术在数字图书馆控制信息访问中的应用[J]. 现代情报, 2008(1).

[198] 马明霞, 朱秀平, 陈存业. 智能信息推拉(IIPP)技术在图书馆信息服务中的应用[J]. 现代情报, 2005(6).

[199] 特里·库克, 李音. 海外书评——《没有纯真的收藏: 对档案鉴定的反思》[J]. 中国档案, 2006(9).

[200] 特里·库克, 李音. 宏观鉴定与职能分析[J]. 中国档案, 2012(1).

[201] 周耀林, 赵跃. 国外个人存档研究与实践进展[J]. 档案学通讯, 2014(03).

[202] 康宗基, 庄锡福. 试论我国社会组织的发展与公民意识的培育[J]. 科学社会主义, 2011(2).

[203] 俞可平. 治理和善治引论[J]. 马克思主义与现实, 1999(5).

[204] Rhodes R. The new governance: governing without government [J]. Political Studies, 1996, 44(4).

[205] Stoker G. New localism, progressive politics and democracy[J]. Political Quarterly, 2004, 75(51).

[206] Klijn E, Steijn B, and Edelenbos. The impact of network management on outcomes in governance networks [J]. Public Administration, 2010, 88(4).

[207] Jessop B. Capitalism and its future: remarks on regulation, government and governance[J]. Review of International Political Economy, 1997, 4(3).

[208] Jessop B. The rise of governance and the risks of failure: the case of economic development [J]. Intern Ational Social Science Journal, 1998(155).

[209] WhiteheadM. In the shadow of hierarchy: meta-governance, policy reform and urban regeneration in the West Midlands[J]. Area, 2003(1).

[210] Nolan P. Transforming stalinist systems: China's reforms in the light of Russian and East European experience [J]. Discussing Paper, The University of Cambridge, 1992.

[211] Peter Murrell. Evolutionary and radical approaches to economic reform[J]. 1992, 25(1).

[212] King. Institutional factors in information system innovation[J]. Information Systems Research, 1994, 5(9).

[213] Purvis R L. The assimilation of knowledge platforms inorganizing: an empirical investigation[J].Organization Science,2001,12(2).

[214] Nov O, Ye C. Users' personality and perceived ease of use of digital libraries:the case for resistance tochange[J].Journal of the American Society for Information Science and Technology,2008, 59(5).

[215] Workman M,Gathegi J. Punishment and ethics deterrents:a study of insider security con travention [J]. Journal of the American Society for Information Science and Technology,2007,58(2).

[216] Duff Alistair S. The past,present,and future of information policy [J].Information,Communication & Society,2004,7(1).

[217] Smith B, Fraser B T. McClure, C R. Federal information policy and access to Web-based federal information [J]. Journal of Academic Librarianship,2000,26(4).

[218] Muir A. Oppenheim, national information policy developments worldwide IV: copyright, freedom of information and data protection[J].Journal of Information Science,2002,28(6).

[219] Kenneth D.Crews. Copyright law and information policy planning: public right of use in the 1990s and beyond [J]. Journal of Government Information,1995,22(2).

[220] Joan M, Schwartz Terry Cook. Archives, Records, and power: the making of modern memory [J].Archival Science,2002(2).

[221] Verne Harris. Redefining archives in South Africa: public archives and society in transition, 1990-1996 [J]. Archivaria, 1996 (Fall).

[222] Margaret Hedstrom. Archives, memory, and interfaces with the past[J].Archival Science, 2002(2).

[223] Eric Ketelaar. Archival temples, archival prisons: modes of power and protection[J].Archival Science, 2002(2).

[224] Oliphant T,McNally M. Professional decline and resistance:the case of library and archives Canada [J].Radical Teacher,2014 (1).

[225] Denzau Arthur T, Douglass C. North. Shared mental models: ideology and institutions, kyklos[J].1994,47(1).

[226] Cook T, Schwartz J M. Archives, records, and power: from (postmodern) theory to (archival) performance [J]. Archival Science,2002,2(3).

[227] Michelle C. Toward a survivor-centered approach to records documenting human rights abuse: lessons from community archives [J].Archival Science,2014(14).

[228] Andrew F. Community histories, community archives: some opportunities and challenges [J]. Journal of the Society of Archivists,2007(28).

[229] Barack O. Memorandum on transparency and open government: memorandum for the heads of executive departments and agencies [N].Federal Register,2009,75(15).

[230] Peter B · H. Archives or assets[J].The American Archivist,Vol. 66,2003(6).

[231] Wendy M. Duff, Andrew F, Karen E S, David A. Wa. Social justice impact of archives: a preliminary investigation[J].Archival Science,2013(13).

[232] Scoot E. Page, path Dependence[J].Quarterly Journal of Political Science,2006(1).

[233] Diana K, Bruce C, Helen P. Archivist as activist: iessons from three queer community archives in California [J]. Archival Science,2013(4).

[234] Harris V. Archival sliver: power, memory, and archives [J]. Archival Science,2002(02).

[235] Nesmith T. The concept of societal provenance and records of nineteenth-century aboriginal-european relations in western canada: implications for archival theory and practice[J].Archival Science,2006,6(3-4).

[236] Richard J. Cox. Digital curation and the citizen archivist [J]. Digital Curation: Practice, Promises & Prospects,2009.

学位论文类

[1]金洁慧.上海市公共档案馆管理研究[D].苏州：苏州大学，2006.

[2]张敏.概念的嬗变——论信息产权的架构[D].青岛：中国海洋大学，2005.

[3]卓越.国有企业融资制度变迁与制度变迁方式的转换[D].湘潭：湘潭大学，2001.

[4]杨晓芳.我国廉政制度的变迁方式研究[D].长沙：湖南大学，2011.

[5]惠万举.从神圣性到世俗性——先秦的档案思想世界[D].上海：上海大学，2016.

[6]熊辉.制度的自发演化与设计[D].武汉：华中科技大学，2008.

[7]袁丽萍.中外档案鉴定机制的比较研究[D].天津：天津师范大学，2014.

[8]姚国强.美国档案开放利用的历史考察[D].济南：山东大学，2006.

[9]王芹.民国时期档案法规研究[D].苏州：苏州大学，2009.

[10]马帅章.档案鉴定主体的组织与职能研究[D].天津：天津师范大学，2013.

[11]陈冬.后现代主义主要代表人物权力观研究[D].秦皇岛：燕山大学，2010.

[12]余恺辛.政府信息公开环境下档案开放程度研究[D].杭州：浙江大学，2015.

[13]杜玉申.基于权力视角的制度变迁机制研究[D].长春：吉林大学，2012.

[14]段宇波.制度变迁的历史与逻辑——历史制度主义的视角[D].太原：山西大学，2016.

[15]赵英莹.中西方档案信息公开制度比较研究[D].哈尔滨：黑龙江大学，2012.

附录：档案制度创新的案例分析
——英国档案志愿服务

虽然理论界对档案制度创新的研究尚未成熟，但是在一些档案管理实践中，已体现出档案制度创新的思想。英国国家档案馆提供的档案志愿服务形式丰富、项目完善、运行成熟，体现了公民、社会组织与国家在档案管理工作中的有效互动和联通，并反映出包括技术、媒体等要素在管理过程中的作用。研究并分析英国档案志愿服务的运行方式与成功运行的原因，将为档案制度创新的路径建设提供借鉴。

一、项目背景及内容介绍

(一)档案志愿服务项目背景

英国的档案机构根据机构性质可以分为官方档案机构：英国公共档案馆；半官方档案机构：皇家历史手稿委员会、印度事务部图书档案馆；非官方档案机构：高校档案馆、企业档案馆、私人档案馆等。2003 年 4 月，英国公共档案馆与皇家历史手稿委员会合并，建立英国国家档案馆。档案志愿服务便是英国国家档案馆诸多工作中最有特色、最为人接纳的活动。

英国是世界上志愿服务萌芽最早、发展最成熟、服务最成功的国家之一。世界志愿服务的缘起是为了缓解政府的执政压力和由慈善和人道援助造成的社区依赖性，国家通过依靠群体性的志愿、无偿服务解决自身的财政危机。21 世纪初，志愿服务活动兴起，作为民主、自由的老牌资本主义国家，英国大量机构招募志愿者，涉及社会工作、文化、教育、体育等行业。英国国家档案馆作为英国的文化事业部门，也招募了来自全国各地不同年龄阶段的公民，由他们组成志愿者团体，他们在档案编目、检索、利用等方面的积极参与和出色表现，令英国国家档案馆的负责人员开始重视志愿团体在档案馆建设中的正面作用。同时，公民权利意识的提升以及档案信息开放呼声的提高促使公民自愿参与档案管理的热情逐渐提高。在此双重因素下，英国国家档案馆正式开展了档案志愿服务，旨在满足公众档案管理需求的同时，发挥公民自发宣传档案的作用，提升档案的社会认同，进一步促进档案馆工作的完善。这引起了社会的广泛关注，目前英国档案部门已吸纳了近 4000 名档案志愿者，平均每位志愿者的年度志愿活动达到 85 个小时。

（二）档案志愿服务内容

档案志愿服务，是英国国家档案馆开展的一个长期性的公民参与档案管理事务的活动，目前已成功开展 20 多年。志愿服务主要包括两种类型：实地志愿服务以及网络志愿服务。志愿者们主要从事档案目录化与索引化、档案收集与保存以及档案的编目与开发这三种服务类型。具体而言，实地志愿服务工作者需要亲自前往英国国家档案馆，对带有密级的档案进行整理、编目以及部分数字化；网络志愿服务工作者主要利用电脑，上网了解、参与英国国家档案馆公布的项目，如："整理英国商船船员名单""发现""透过战争"等项目，并借助微博、推特等平台开展。档案馆允许所有的公民自由发表对档案管理的建议与批评，鼓励国内外公民对给定的网络材料添加关键字、术语以及标注现代化解释或描述，但对重要以及涉密文件的管理，优先选取了解某一文件相关历史知识的公民以及具备较高文化层次的志愿者进行管理，以保证档案工作的质量。此外，为了保证档案志愿服务工作的顺利展开，英国档案部门颁布了相关法规政策，提供了一定的服务方案，为志愿者的工作职责、内容等进行了详细解释。

目前，在该服务中，女性志愿者比重远远大于男性志愿者，且大多志愿者的年龄范围集中于 55~74 岁，多为将近退休或已经退休的老人，其中，不乏退休的档案实践工作者以及档案学者。他们参与档案管理的目的主要是为了实现档案管理权利，并通过参与档案管理，间接提升历史知识与档案技能。

二、服务成功开展的因素及运行方式

（一）国家重视协同合作，鼓励社会积极参与

英国国家档案馆为公民的志愿服务创造了良好的条件，以保证公民档案管理的有序进行。

首先，自愿划拨国家项目。目前，英国国家档案馆共开展了14 个档案志愿服务项目，已完成 5 项，包括"皇家宪章""中世纪与近代财产契据""詹姆斯党起义""皇家海军陆战队服役档案""透过显微镜"等项目。内容主要涉及"政治、军事和经济等内容，时间大致在 12 世纪初至 90 年代间，其中军事类项目的时间最晚为1939 年，政治类项目最晚为 1760 年前后，距今最近的是科技与法律类。"①这些项目为公民的档案管理提供了真正的落脚点，有效满足了公民的档案管理需求。

其次，配备专业指导人员。为了确保公民志愿服务工作的顺利开展，以及优化服务工作的最终成果，英国国家档案馆专门招聘了电子文件、信息开发、档案著录等方面的专家，为公民的档案管理提供专业指导。在英国国家档案馆网站中列出了部分档案馆工作人员的个人资料及工作职责，其中 Katy Mair 女士（哲学博士，2009年毕业于伦敦大学的玛丽皇后学院）的工作便是为志愿者在管理近现代重要档案文件时提供建议，帮助他们重新著录一些过去未曾被

---

① 张学斌．档案工作中的志愿服务探析——以英国档案志愿服务为例[J]．档案学研究，2015(2)：119-123．

著录正确的文件，并对著录好的文件进行审查。①

最后，建立志愿者之家。英国国家档案馆还专门成立了志愿者之家，协调志愿者在管理档案过程中出现的矛盾，维护志愿者的合法权益。志愿者之家中的工作人员不仅包括志愿者，还包括部分档案馆的工作人员，组织中成立决策部门，代表全体志愿者表达利益诉求。通过该决策部门，志愿者可以参与档案馆建设的部分规划与决策工作，为档案事业发展提出建议；此外，志愿者之家也担当了档案馆与志愿者之间官方的联系纽带，并帮助招募、培训新加入的档案志愿者。

(二)组织提供支持，保障服务规范持久

英国不少与档案有关的社会组织在促进档案志愿服务开展中也发挥了重要作用，其中贡献较大的主要有以下三个机构。

英国档案与文件协会(Archives & Records Association)，它是领导档案学者、档案保管员以及文件管理者的专业机构。英国国家档案馆与档案与文件协会建立了亲密的合作关系，在英国国家档案馆网站上，专门为档案与文件协会设置了超链接，告知用户可以在该平台获知更多档案信息，或者提供更多档案建议。英国档案与文件协会为档案志愿服务提供了志愿者服务政策与服务手册，并在制定的战略计划中突出强调公民的档案管理作用，指出将"加强团体和志愿者参与度，开发并实施国家档案馆用户参与新战略，吸纳新的志愿者、团体和伙伴"纳入2011—2015年度战略计划。此外，该协会每年颁发"档案志愿服务奖"，以表彰公民志愿者为档案部门作出的贡献。

国家档案馆之友(Friends of The National Archives)，它是协助国家档案馆保存、利用档案的自愿性慈善性质的社会组织。它于1988年成立，旨在通过募资等方式支持英国国家档案馆的档案志愿服务工作。它曾将捐款用于国家档案馆"1939至1946年'二战'

---

① The National Archives. Staff profiles[EB/OL]. [2019-12-16]. http：//www. nationalarchives. gov. uk/jobs/staf f-profiles. htm.

动员海报和画册保护工作、中世纪文件著录工作、18 世纪羊皮纸卷保护工作等，2011 年起又开展名为皇家炮兵文件标引工程的新项目"。① 除此之外，国家档案馆之友经常呼吁其他社会组织一同参与募资捐赠，支持国家的档案事业。

文化遗产彩票基金（HLF），它是英国国家彩票管理基金（NHMF）下设的非政府部门的公共服务机构。其主要资金来源是国家彩票。该机构自 1994 年以来，已为 26000 个遗产项目提供了 400 亿英镑的资金。其中，支持了 142 个由档案部门主导公民志愿者参与的项目。文化遗产彩票基金重视遗产的管理，认为档案作为历史的记录，需要被客观保存以便世世代代传承，因此通过提供对档案志愿服务的资金捐助，来鼓励更多的公民参与档案的开发利用，以此加深公众对国家历史文化遗产的了解和保护意识。

（三）志愿从事档案管理，建言献策档案工作

公民在英国国家档案馆中的志愿服务，主要是在各实体档案馆以及通过网络进行志愿服务。

首先是从事实体档案馆的志愿服务。在实体档案馆，公民的志愿服务主要包括：①馆员助理：在档案馆工作人员的指导下进行档案的整理、索引、数据录入、扫描、案卷目录等基础的档案管理工作；②大厅助理：在档案馆大厅提供档案咨询服务，包括回答利用者档案服务部门的具体方位、档案自助检索的基本操作、档案馆的开闭馆时间等等；③阅览室助理：对利用者进入阅览室前是否符合准入条件进行检查、查阅相关利用者的利用证明文件、监督阅览室中人员的档案阅读行为等；④讲解员：对档案馆举办的展览进行专题介绍、对档案馆的馆藏提供向导；⑤教育中心助理：重点服务对象为学生与老师，对档案馆中档案资源的教育开发部分进行讲解，引导学生了解档案信息内容，指导老师档案教育资源的开发。

此外是从事网络档案馆的志愿服务。①整理。一般在实体档案

---

① 闫静. 档案事业公众参与特点及新趋势探析——基于英国"档案志愿者"和美国"公民档案工作者"的思考[J]. 档案学研究，2014(3)：81-84.

馆中完成，包括对档案实体的整理以及整理后部分档案的数字化。
②著录。线上及线下均可完成的工作，如在"镜头中的加勒比海"
项目中，公民对美洲、亚洲、大洋洲、中东、地中海的图片进行了
著录标引。基本上英国国家档案馆开展的志愿项目，均涉及了公民
的档案著录。③编目。公民基本的志愿服务工作。如在英国"过贫
穷生活"项目中，对 19 世纪健康档案的编目等等。④添加标签。
志愿者对档案馆网站以及其他社交媒体上的档案文件标注现代化解
释或者描述性的元数据信息等标签。实质上，规范的标签可被视为
著录。⑤撰稿。公民志愿者针对自己感兴趣的档案文件，撰写评论
文章或补充介绍文章等。⑥建议。在线上或线下对档案馆的档案工
作给出批评、赞扬或建议，并得到档案馆的回应。档案馆需对用户
批评的处理和解释结果进行公布。

三、科学技术在管理工作中的有效运用

英国国家档案馆运用先进的科学技术保障档案馆自身的运行以
及档案志愿服务工作的有效开展，主要包括以下三个部分。

（一）物联网技术

所谓物联网技术，是"通过射频识别技术、红外感应器、全球
定位系统、激光扫描器等信息传感设备，利用现代通信技术，把待
识别物体与互联网进行连接，从而实现对物体的识别、定位、跟
踪、监控和管理。"①英国国家档案馆将馆藏档案贴上 RFID 射频识
别标签，并通过 RFID 手持终端在标签中录入案卷所属的全宗号、
目录号、案卷题目等等，档案志愿者在统计当前档案整理情况时，
只需使用手持终端便可以进行，而无须核对每一个案卷。此外，当
实体档案未经授权出库，标签信息会在红外感应器的帮助下与保安
系统联动报警，确保档案的安全，如果经过授权的档案出库，手持

---

① 燕妮. 浅论物联网技术的应用研究[J]. 科技信息，2013（19）：81+
94.

终端便会自动记录出库信息，并进行统计。如此，方便了公民志愿者对档案的整理与统计。

（二）RSS 技术

RSS 技术本质上来说，是一种信息聚合技术，目的在于提供更为方便、高效的互联网信息的发布和共享，用更少的时间分享更多的信息。为了令无法来到实地参与档案管理的公民更快速、便捷地获得项目信息，英国国家档案馆官方网站的"Follow us"板块，提供了"RSS"的信息平台，列举了档案志愿者以及普通的网站浏览者通过 RSS 阅读器可订阅到的平台信息，包括"Latest news""Podcasts""APPSI""Blog"以及"Re-users and licensees"，其中"Podcast"提供"iTunes"直接观看服务。档案志愿者利用 RSS 技术，在安装好 RSS 订阅器后，便可以任意订阅并接收以上平台的最新档案信息，了解英国国家档案馆最新开展的档案管理项目和最新的档案工作情况，以保证自己的信息获取权和档案管理参与权。

（三）计算机网络技术

计算机网络技术包括 ASP 技术、CGI 技术、CMF 技术、PHP技术、ASP. NET 技术、XML 技术、RDF 技术等，主要用于解决用户管理、内容管理、数字化、资源检索与发布、资源整合等方面的问题。英国国家档案馆网站之所以能够为档案志愿者的档案检索提供按地点、人名、项目、首字母 A-Z 等不同形式极富个性化的检索形式，正是源于对 RDF 技术（将各种 Web 应用整合成档案馆目录服务形式）以及 XML（可扩展的标记语言）的运用。而该网站为了帮助新加入的档案志愿者以及网页浏览者快速了解网站的操作，在网页中内嵌的指导视频，也是运用了 PHP 技术（服务器端HTML——嵌入式脚本描述语言）以及 ASF 流媒体技术的成果。这些技术可以说对档案志愿者的网络志愿服务带来了技术上、认识上的便利。

四、政策法规在档案管理中的规范监督

为了确保档案志愿者的档案管理权力以及履行相应的义务得到有效落实，相关的法律、政策、手册逐渐发布，其中，对档案志愿服务工作较有影响的包括以下几项。

（一）《信息自由法案》

英国《信息自由法案》为档案的信息公开和管理提供了法律意义上的依据。其核心思想包括四个方面：①规定积极主动出版公共信息是公共部门包括政府部门在内的重要义务；②在没有明确的限制条件和例外公开规定时，任何人都有权利获知感兴趣的公共信息；③在有可适用的例外公开的规定的情形下，也应具体问题具体分析，对于信息的是否公开应切实考虑公众利益；④设立信息专员和异议审查会来监督和提升信息公开的实施。① 该法律为公民的档案信息获取以及公共部门尤其档案部门的信息公开进行了细致的规定，这为档案志愿者接触范围丰富、内容复杂的档案提供了法律支持，确保了他们著录、标引、评论的信息对象的多元性，使得不同兴趣爱好的档案志愿者均能参与到某一领域档案的管理活动，进一步提升公民的档案管理意识。

（二）《数据保护法》

英国 1998 年实施的《数据保护法》，就取得、持有、使用或揭露有关个人数据处理过程等方面进行了规范。核心思想主要包括四项内容：①规定获得个人数据的主题为信息调查机构或信息管理机构；②规定数据的处理需要经过登记，不能随意变更、处理；③指派数据保护监督人进行数据处理的监督；④规定在涉及国家安全、犯罪、健康、教育与社会福利、文学与艺术等问题上，个人数据的

---

① 赵英莹. 中西方档案信息公开制度比较研究[D]. 哈尔滨：黑龙江大学，2012.

合法揭露。该法律为英国档案志愿服务工作的可行范围进行了限定，并对公民在参与档案管理中的义务和责任作出了法律意义上的界定。虽然公民可以参与部分档案工作，但是涉及机密信息，尤其是众多个人信息，如家谱档案、"一战"中的展示档案等等信息的开发利用，需要档案志愿者严格进行保密和在管理过程中做好相关的防泄密措施，以维护英国国家档案馆的声誉和形象。

（三）志愿服务政策

英国国家档案馆以及一些社会组织对档案志愿服务工作中公民的档案管理活动进行了具体的规定。档案部门依据"志愿服务标准实践简则"制定了志愿服务政策，包括档案志愿者手册、国家档案馆志愿服务指南等，要求志愿者遵守其中的原则积极完善自我，以达到"投入志愿服务"的标准。在档案志愿者手册中，档案馆对档案志愿者的含义、需要遵守的原则、所扮演的角色、工作态度及责任、享有的权利与义务进行了具体的规定；而在档案馆志愿服务指南中，对志愿服务的基础知识以及具体服务过程中可能遇见的情况结合案例进行了详细说明，使得档案志愿者通过这些政策手册获得了基本的志愿服务技巧，规范了服务的方式和方法，这对提升档案志愿服务的质量和社会认可度而言，具有积极的作用。

五、社交媒体在档案利用中的积极影响

在目前的各类媒体中，英国国家档案馆更愿意借助新型媒体而非传统媒体来宣传档案信息，与社会大众进行档案内容的互动交流。据统计，英国国家档案馆共在 13 个新媒体平台上开通账户，而用户接受度最高、参与最频繁的社交平台主要包括 YouTube、Flicker 和 Twitter。

（一）YouTube

YouTube 是世界上最大的视频网站，英国国家档案馆利用 YouTube 的知名度的优势，在档案馆官网发布了"电影中的档案"活

动(公布了十份不同类别的数字化档案作为基础材料，内容涉及十九世纪英国疯人院平面图及人们对英国战后生活不同观点等)，普通公民以及档案志愿者可以选取某份档案部分或者全部内容，结合自己的理解创作大约三分钟的视频，并上传到 YouTube 进行评比。① 借助 YouTube 这一平台，参赛者十分便利地将视频上传，并通过 YouTube 在线用户的分享、评论，扩大了该项目的知名度，最后英国国家档案馆收到了近千份参赛视频。活动截止之后，档案馆组织领导和专家组成评判小组，评选出一等奖一名和二等奖四名，不但激发了档案志愿者参与档案工作管理的积极性，更丰富了档案的开发形式，扩大了档案的社会影响。

（二）Flickr

Flickr 是雅虎旗下的图片分享网站，是一家提供免费及付费数位照片储存、方案之线上服务，提供网络社群服务的平台。档案志愿者利用该平台完成了"透过显微镜""发现"等线上项目，他们搜集与这些项目有关的图片上传至 Flickr，并在图片下方注明描述文字或征询标签，通过这种方式，档案志愿者本身也成为发动更多群众力量的档案管理主体，向更多的社会大众征求档案管理意见，以实现志愿服务的高效及高质量。英国国家档案馆自 2008 年在 Flickr 上开通官方平台，到 2014 年 1 月份，共有 162 个相片集，19775 张图片②，接受了包括标引、著录、贴标签、评论等在内的八种形式的公民参与方式，为整个英国乃至全球网民提供了近距离接触珍贵档案资料的机会，也为档案志愿服务工作的开展提供了便捷的平台。

（三）Twitter

Twitter 是全球互联网上访问量最大的十个网站之一，它作为微

---

① 张学斌. 国外档案信息资源开发的新方式探析——以英国国家档案馆为例[J]. 档案与建设，2014(3)：15-18.

② Flicker. 英国国家档案馆在 Flickr 上图片数量统计[EB/OL]. [2020-11-11]. http://www.flickr.com/photos/nationalarchives/.

博客的典型应用，允许用户将自己的最新动态和想法以简短的文字发送给个性化网站群，而不仅仅是发送给个人。因为具备信息发送简洁、接受面广的特点，英国国家档案馆的档案志愿服务工作中也运用这一社交媒体实现各项档案馆管理活动。在 2014 年 11 月 10—16 日一周内，英国国家档案馆举办"探索你的档案周"主题活动。为了吸引社会各界的眼球，扩大主题活动的传播范围，档案馆借助 Twitter 每天发布活动的相关进展，以标签的简短形式概括活动的特点、人群，呼吁社会大众的参与。档案志愿者中的一部分登陆档案馆在 Twitter 的官网账号，进行公民意见、访问量的统计，另一部分作为参与者一同在 Twitter 上发表自己的祝福、看法或对活动参加的期望，使档案周活动受到了来自世界各地近千万人民的关注，极大提升了档案志愿者服务的信心和对国家档案馆的信任。

六、各因素在志愿服务中的地位及关系

在英国档案志愿服务工作中，国家、社会组织、公民、大众媒体等发挥了特殊的作用，它们根据自身特点作用于项目开展的各个环节，保障了项目运行的质量。分析各因素在该工作中的地位和相互关系，有助于我们进一步了解英国国家档案馆与公民间的互动模式，带给我们更多关于社会治理下档案制度创新的思考。

(一)国家：工作开展的心脏

从英国档案志愿服务中国家的支持行为来看，政府在此过程中自始至终处于主导地位。法律规范以及科学技术、社会媒体均为公民的志愿服务提供了良好的制度支撑和宣传平台，而这些关键要素的发挥，正是在国家允许、支持的前提下进行的。首先，法律规范的出台并非个人意识的行为，从商讨、起草、审核、修改、定稿、试行再到真正的施行，集合众多法制专家、学者以及政府官员智慧的结晶。修法期间，需要不断组织相关人员讨论、修改，并举行论证会、听证会，耗费大量的时间和精力。而这些，都只能依靠国家力量完成。《信息自由法案》《数据保护法》等对公民档案信息的获

取以及个人信息隐私的保护，都足见国家在维护公民信息权利中作出的努力；同时，社交媒体、科学技术的繁荣兴盛也是国家坚持科技创新的结果。正是在国家的政策支持、资金划拨、人才培养下，科学技术才得以顺应时代的发展得到更人性化的建设，社会媒体才能逐渐从传统的广播、电视转为普通大众能共同参与的新型媒体。同时，国家为公民能够更好地进行志愿服务，划拨十多个项目予以支持，并提供指导委员会和小团队组织管理志愿者的相关事务，也可以看出国家在整个项目中的核心地位。

（二）社会组织：工作开展的躯干

社会组织是项目顺利开展的躯干。英国国家档案馆十分重视社会组织的力量，并与社会组织建立了友好的合作关系。从英国档案志愿服务工作的开展情况来看，社会组织为公民的档案管理提供了资金以及政策上的支持，包括制定档案部门志愿者政策和志愿活动计划，设立一年一度的志愿服务奖，表彰优秀公民档案志愿者，募集资金用于国家档案馆的档案志愿项目等。英国国家档案馆充分利用了社会组织的优势，将部分档案管理权力下放给民间机构，以缓解自身在档案事业建设中的财政投入压力，补充档案志愿服务的规范内容。将社会组织看作项目开展的脊梁，肯定了社会组织在参与档案工作中的关键地位，认为其支撑着公民在具体档案志愿服务中的行为，并作为国家的合作者，行使了部分具体的国家职能，分担英国国家档案馆的工作。但是，放眼整个英国档案工作的建设情况，可以发现：社会组织在档案管理中还是作为一种辅助性的机构，难以引起普通大众的关注，这导致只有小部分已具规模的社会组织得到公民档案志愿者的认可，另有相当一部分的小型社会组织，尚无法获得足够的关注，所以在档案制度创新的过程中，如何正确界定社会组织的价值，提升关注度，是需要思考的问题。

（三）公民：工作开展的手足

公民作为档案志愿服务的实际参与者，是工作开展中的手足。很大程度上，英国国家档案馆与社会组织为公民的志愿服务提供了尽可能宽松的工作环境。公民不但能够依靠服务手册和章程，了解工作的职能范围和具体工作流程，也可以依靠科学技术、社交媒体实现档案获取、利用的便捷，更可以通过法律规范确保个人合法的档案管理权力，以及限定具体的档案管理活动范围。公民个人在参与档案志愿服务时，应该具备高度的责任感和勤恳的工作态度。虽然一方面，国家的意志、社会组织的想法，以及当前技术、媒体和法律规范的客观发展水平，可能制约公民的服务行为，但是公民的服务行为、管理态度，同样影响其他因素的好坏。当档案志愿者们表现积极，充分挖掘档案信息，乐于处理档案事务，社会组织充分合作，那么国家档案馆将会对该活动投入更多的关注，更注重公民和社会组织在档案管理中的作用，而科学技术等辅助性因素，也会因此向着更人性化的方向建设、发展。公民在档案志愿服务中，是参与度最高的群体，也是受各种因素影响最大的群体，他们的行为，直接决定了服务工作开展的方式、方法和最后的成效。

（四）技术与媒体：工作开展的臂膀

在档案志愿服务中，科学技术和社交媒体为档案的个性化服务、档案志愿者信息获取的快速、便捷提供了巨大的帮助。技术与媒体是活动开展的臂膀，帮助档案志愿者进一步高效、高质地完成志愿服务。从技术的角度来说，RSS、物联网和计算机网络技术在一些管理项目中的运用，为档案馆实体档案的管理、档案网站建设以及档案信息开放作出贡献，拓宽了科学技术的作用领域，并为科技未来的发展方向提供了良好的启迪和实践平台；从社交媒体的角度来说，技术为媒体建设提供了技术支撑，而媒体为工作的开展进行了持续不断的宣传，并利用舆论的力量影响英国档案志愿服务中志愿者的行为以及工作的开展情况。当前的档案工作，不仅需要吸引档案"走进来"，收集与民生息息相关的档案文件，更需要档案"走出去"，将档案信息交予社会大众利用。英国国家档案馆对社交媒体以及科学技术的巧妙运用，真正实现了档案的"走出去"，使档案工作走进千家万户，将档案思维带入各行各业。依靠技术与媒体的力量，档案志愿服务的开展如虎添翼。

（五）法律规范：工作开展的血液

将法律规范看作工作开展的血液，是因为血液流经人体的每一寸地方，而法律规范作用于档案志愿服务的每一个环节。没有法律保障的档案管理行为，往往难以获得社会的普遍认可，其具体的管理方式、方法也容易造成偏差。英国国家档案馆为档案志愿服务提供了基本的法律制度保障，包括《信息公开法案》《数据保护法》《国家档案馆服务政策》等，这些制度规范不仅保障了公民合法获取档案信息以及参与档案管理的行为，更为公民个人档案的隐私保护以及参与档案志愿服务的人员的义务作出了依据。但英国国家档案馆在具体的微观政策方面，还存在着许多漏洞，尤其对于公民具体参与档案管理行为的范围界定和责任划分，技术与媒体在传播档案信息过程中的具体作用和奖惩措施，社会组织在帮助档案事务建设中的权益保障等方面，均没有给出具体规范。这是档案志愿服务工作今后开展过程中所面临的一大挑战，需要引起英国国家档案馆的重视，不断完善法规体系建设。

（六）各因素在工作开展中的关系

对各因素在工作运行过程中相互关系的探讨，可以从各因素服务工作中的地位窥知一二。如果将档案志愿服务比作一个人，那么国家的心脏地位、社会组织的躯干地位、公民的手足地位、技术与媒体的臂膀地位以及法律规范的血液地位，便对应这些人体器官在人体中的重要作用和具备的不同功能。

具体来说，国家是最为关键的核心所在，国家的态度、行为从一定意义上来说，决定了社会组织、公民、技术与媒体以及法律规范在档案管理中的作用。这些因素的开展情况，从本质上而言是由国家决定的。只有当国家支持档案管理的社会参与，支持社会组织力量的发挥，重视技术与媒体在新时代的表现，积极制定保障公民权利的法律规范，档案志愿服务才得以正常运行，同理，国家在档案制度创新中，也应当处于核心地位，且坚不可摧。

而在该服务中，社会组织分担了部分国家事务，成为国家行为的"代理人"，同时，因为其社会化的特性，更容易与公民接触，了解档案志愿者的志愿服务情况，并提供相应的帮助。公民是直接参与各种管理服务的执行者，因此它如同"手足"，以其实际行为反映着工作的运行状态和方向，受到社会组织与国家、科学与技术、法律法规的影响，但同时也影响着对方。脱离档案志愿服务，单看社会组织与公民间的关系，可以认为，在档案制度创新中，他们之间应该存在一种逻辑辩证关系，社会组织是一部分公民的聚合体，集中代表了一个群体的共同利益，并影响国家的行为和态度，公民在很多时候需要依靠社会组织向国家表达诉求，或者通过社交媒体直接反映档案管理需求。

科学技术与社交媒体使得英国国家档案馆的管理意图与档案志愿者的管理行为得到更好的实现。它们之间也存在着相互制约、相互促进的交织关系，如英国国家档案馆在提供档案志愿服务时运用的社交媒体 Twitter、YouTube、Flickr 等等，便是 Web2.0 技术在实践中的具体应用。各类社交媒体不但帮助国家、社会组织与公民更好地管理档案事务，并宣传最新的法律法规。

法律法规自始至终是整个工作运行的保障，维护并监督其他各因素在档案管理中行为的合法与不当。同时，其他各因素在具体档案管理过程中面临的问题、反映出的法律弊端与漏洞，也成为法律法规制定、完善、修改的依据。英国国家档案馆网站的尾部，放置了"Lgeal"板块，针对"Term of use""Privacy policy""Cookies""Freedom of information""Transparency"以及"Our fees"进行了具体的说明，以及给出了对应的法律和手册内容，这是英国档案志愿服务，以及英国国家档案馆其他档案管理活动必须遵循的基本政策。

因此可以说，这些因素在整个工作的运行中，存在着复杂且辩证的关系。通过对英国档案志愿服务的了解以及对各因素地位和关系的了解，对于档案制度创新追求的档案管理主体多元化、信息手段化、工作法制化、管理高效化，可以得到有关建设路径的思想与实践启迪。

337

后　记

　　本书系国家社科基金项目"社会治理视角下的档案制度变迁研究"（14BTQ069）成果。

　　社会治理是伴随着国家和社会关系互动发展而逐渐展现出来的当代社会无法回避的理论与实践场域。作为国家治理规则系统组成部分之一的档案制度，不仅是反映档案事务领域的管理规则，也是有着强烈功能指向性的规则系统。档案本质上是信息，档案制度本质上是信息制度，这一信息制度通过对档案信息权利的配置实现其制度功能。基于对档案制度本质的这一认识，应对其变迁过程提出具有综合解释力的多维理论分析框架。为此，本书首先从社会治理模式入手进行了档案制度变迁历程的分析，揭示了治理模式与档案制度间深刻的伴生关系；进而运用诺斯的三大制度变迁动力因素框架，讨论了国家、信息产权与意识形态在社会治理与前治理时期对档案制度变迁的不同作用方式与作用结果；为了更深层次揭示档案制度变迁的内在过程，又进一步分析了强制性、诱致性与中间扩散性三种制度变迁方式在中华人民共和国成立后档案制度变迁中的表现、规律及背后逻辑。全书为档案制度变迁建立了多层次、多角度的全景式、立体式的解释框架。

　　陆阳负责本书研究框架的制定、全书的组织、主要内容的设计与构思，并负责最后的统稿与修改。其中，绪论、第三章、第四章、第八章第四节、第九章由陆阳执笔，第五章由朱京菁执笔，第六章由杨伊纯执笔，第七章由赵宇执笔，第八章一、二、三、五节及案例由唐一芝执笔。曹志强、朱雯霞、林思源、白筱晴等研究生参与了书稿的校对与格式调整等工作，对她们的辛勤付出致以衷心的感谢！

本书从国家社科基金项目立项、研究过程的开展到形成专著并得以出版，得到诸多专家、同仁和朋友的指导与帮助，武汉大学出版社的詹蜜编辑为本书编辑出版付出了辛勤劳动。在此一并致以最诚挚的谢意！

书稿完成于 2019 年，鉴于作者学术水平、研究视野的局限，书中难免有疏漏和不当之处，恳请专家、学者和读者批评指正。